질문과 토론으로
한 걸음 더 통합사회

질문과 토론으로
한걸음더 통합사회

김기남 김대훈 박배균 박병석 엄은희 윤신원 윤정현 임미영 조해수 최영진 황규덕 황진태 지음

푹스코너

프롤로그

고등학교 '통합사회'는 아홉 개의 주제(행복·자연환경·문화·생활공간·인권·정의·시장경제·세계화·지속 가능한 미래)를 네 가지 관점(시간적 관점·공간적 관점·사회적 관점·윤리적 관점)에서 통합하여 가르치고 배우도록 하고 있다. 도입 초기에 "누가 가르칠 것인가?", "어떻게 가르칠 것인가?" 등을 둘러싸고 적지 않은 논란이 있었지만, 통합사회는 중학교 사회(지리·일반사회)·역사·도덕과 고등학교 2~3학년 선택 과목을 이어주며 학생들의 융합적 사고력을 높이는 역할을 충실히 해내고 있다.

 2025년부터 적용되는 2022 개정 교육과정에서 통합사회는 몇 가지 변화를 꾀했다. 우선, 고교학점제와 학기제에 따라 '통합사회 1'과 '통합사회 2'로 나뉘었다. 통합사회 1에서는 행복·자연환경·문화·생활공간을, 통합사회 2에서는 인권·정의·시장경제·세계화·지속 가능한 미래를 통합적 관점에서 다룬다. 또한 팬데믹, 디지털 전환과 4차 산업혁명에 따른 사회 변화와 시대적 요구에 따라 일부 내용 요소가 추가되었다. 무엇보다 가장 큰 변화는 통합사회가 수능 출제 과목이 되며 중요도가 높아졌다는 점이다. 통합사회 내용을 가지고 어떻게 변별력 있는 객관식 수능 문제를 낼지에 대한 우려도 있지만, 통합사회와 통합과학을 통해 많은 학생이 기초적인 사회, 과학 소양을 갖추게 될 것이라는 기대감도 크다.

이 책을 쓴 우리는 모두 학교 현장에서 지리를 가르치는 교사이거나 대학에서 지리학을 연구하는 학자이다. 통합사회 교육과정을 처음 접했을 때, 우리는 저잖이 당황했다. 시간적 관점, 사회적 관점, 윤리적 관점은 말할 것도 없고, 심지어 공간적(지리적) 관점조차 낯설었기 때문이다. 물론 지리학에서 익숙하게 다루던 주제(자연환경, 생활공간 등)도 있었지만, 행복, 인권, 시장경제, 정의 등 생소한 주제들을 어떻게 공간적 관점에서 접근할 수 있을지 막막했다. "공간적 관점이 도대체 뭐지?", "사회현상을 이해하는 데 있어 공간적 관점이 왜 중요하지?" 등, 이 책은 통합사회의 아홉 개 주제를 공간적 관점에서 재해석하기 위한 오랜 고민과 토론의 결과물이다.

이 책의 특징은 다음과 같다.
첫째, 이 책은 통합사회를 가르치는 교사들과 배우는 학생들에게 실질적인 도움을 주기 위해서 통합사회 교과서 단원 순서에 맞춰 본문을 배치했다. 예를 들어 이 책의 2~3장은 통합사회 1의 2단원 「인간, 사회, 환경과 행복」, 4장은 통합사회 1의 3단원 「자연환경과 인간」, 9장은 통합사회 2의 1단원 「인권보장과 헌법」에 해당하는 등 교과 단원에 맞추어 집

필했다.

둘째, 이 책은 변화하는 공간을 보여주고, 특히 최근 지리학의 연구 성과를 반영하고자 했다. 여전히 많은 사람들이 머릿속에 떠올리는 지리에 대한 이미지와 달리, 지리학의 연구 주제는 꽤 오래전부터 인권, 정의, 윤리 등으로 폭넓게 확장되어왔다. 이에 따라 이 책에서는 사회적 자연(social nature), 도시에 대한 권리(the right to the city), 공간 정의(spatial justice) 등의 개념을 사례와 함께 소개했다. 우리에게 있어 자연환경은 지리, - 법과 경제는 일반사회, 정의는 윤리의 영역이라는 오래된 관성이 존재하기 때문에 인권, 정의 등의 주제를 공간적 관점을 통해 다시 바라보는 것은 쉽지 않을 수도 있다. 그러나 그만큼 도전적이고 흥미로운 일이기도 할 것이다.

셋째, 이 책은 기후변화, 정보통신 기술, 청년 주거 문제, 저출산·고령화, 먹방의 유행 등 국내외 다양한 시사 이슈들을 공간이라는 렌즈를 통해 창의적으로 재해석하고자 했다. 예를 들어, 유럽으로 향하는 난민들에게 가장 중요한 물건인 휴대폰을 통해 정보화 시대에도 지리는 여전히 중요하다는 점을 이야기했다. 또한 최근 쏟아져 나오는 먹방 및 요리 프로그램 속에는 농업과 농촌 애기가 빠져 있다는 사실도 지적했다. 이를 통해 시사 상식을 넓히고 세상을 바라보는 안목을 기를 수 있을 것이다.

넷째, 이 책은 사회현상을 단편만 바라보지 않고 다각도로 분석하면서 통합적 사고력을 기르는 데 도움을 주고자 했다. 예를 들어, 기후변화는 단순히 탄소 배출과 재난의 문제로만 이해되어서는 안 된다. 기후변화는 미국의 대통령 선거 결과와 같은 정치적 문제이기도 하고, 선진국과 개발도상국의 갈등을 초래하는 경제적·정의적 문제이기도 하다. 다양한 스케일의 공간과 그 속의 행위자들 간 네트워크를 강조하는 공간적 관점은 이처럼 서로 다른 영역이라고 생각했던 사건들의 관계와 연결성을 이해하는 데 도움을 준다.

마지막으로, 이 책은 통합사회의 핵심 개념들을 공간을 통해 재해석하는 것을 넘어 기존에 당연하게 받아들였던 사회현상을 비틀어 다르게 바라보고자 했다. 예를 들어, "화력발전소와 송전탑 건설 반대를 님비 현상과 지역이기주의로 치부할 수 있을까?", "경쟁이 지배하는 사회에서 서로를 돌보는 경제가 과연 가능할까?", "총인구 감소의 시대에 우리나라 지방 정부들이 앞다퉈 내놓고 있는 성장 정책은 과연 타당할까?" 등의 질문을 던졌다. 이를 통해 더 나은 사회와 세계를 만드는 데 필요한 새로운 관점과 대안에 대해 함께 고민하고 싶었다.

그동안 이 책은 전국의 많은 학교에서 수업 참고 자료, 독서 토론 교재 등으로 활용되고, 대학교 학부 수업 교재로 채택될 만큼 호평을 받았다. 이 책에 관심과 애정을 보여주신 모든 분께 진심으로 감사드린다. 그리고 교육과정의 변화에 따라 개정판을 준비하며 이 책도 몇 가지 변화를 꾀했다. 통합사회 1, 통합사회 2의 목차에 맞춰 글의 순서를 조정하고, 통계 자료 및 사례를 되도록 최신으로 교체했다. 또한 시의적절하지 않은 주제는 삭제하고, 새로운 주제를 일부 추가했다. 학생들이 좀 더 쉽게 읽을 수 있도록 분량도 다소 줄였다.

『질문하고 토론하는 통합사회』의 책장을 넘기며 자신을 성장시키는 질문과 맞닥뜨리길, 배움이 실천으로 이어지게 되길 진심으로 바란다.

예정보다 일정이 많이 늦어졌음에도 불구하고 좋은 책을 만들기 위해 애써주신 폭스코너 출판사의 편집자님과 디자인팀께 감사의 말씀을 드린다. 그리고 의미 있는 통합사회 수업을 위해 이 순간에도 고민하는 전국의 모든 선생님을 응원한다.

2026년 2월
저자 일동

차례

Part 1

통합사회 1

1

공간적 관점은 왜 필요한 것일까?
공간을 통해 인간의 삶과 사회현상을 보다

지리는 공간을 통해 세상을 이해하고 설명한다

공간은 시간과 더불어 인간이 존재할 수 있는 근본적인 토대이자, 우리가 살아가는 구체적인 삶의 현장이다. 인간은 집, 마을, 도시, 국가 등 다양한 규모의 공간 안에서 성장하면서 그 공간을 기반으로 한 경험을 통해 자신을 둘러싼 세계를 이해해간다. 인간은 태어나서 죽을 때까지 단 한 순간도 공간을 떠나서는 존재할 수 없다. 결국, 인간의 삶이란 크고 작은 여러 공간을 이동하면서 자신이 머문 공간에 영향을 받거나 미치는 과정이라고 할 수 있다.

그러나 인간이 세계를 이해하고 배워가는 과정이 반드시 그가 살아가는 공간에서의 직접적인 경험을 통해서만 이루어지는 것은 아니다. 경우에 따라서는 일생 동안 단 한 차례도 국외로 나가보지 못한 사람이 일주일에 수차례씩 국경을 넘나드는 사람보다 세계를 더 잘 이해할 수도 있다. 비록 우리의 몸은 항상 지금 여기에 매여 있지만, 우리는 공간이라는 인식의 창(窓)을 통해 지금 여기와 다른 곳에서 펼쳐지는 삶의 모습들을 살펴봄으로써 인간과 사회에 대한 이해를 넓혀갈 수 있기 때문이다. 공간은 우리가 살아가는 삶의 현장일 뿐만 아니라 지금 여기와 다른 세상을 바라보고 이해할 수 있는 인식의 창이기도 한 것이다.

지도를 보는 아이
한 아이가 지도를 보며 다른 지역을 상상하고 있다. 지도는 공간을 재현한 것으로, 우리를 다른 곳으로 데려다준다.

공간이 지닌 이러한 특성에 관심을 기울이는 학문이 있다. 바로 지리학이다. 지리는 공간과 인간 삶의 관계라는 존재론적 물음에 관심을 기울일 뿐만 아니라, 공간상에서 인간의 삶과 사회현상이 어떻게 차별적으로 펼쳐지는지에 주목한다. 지리는 공간 속에 표출된 모습을 통해 특정한 장소를 중심으로 발생하는 사건과 현상이 우리가 사는 세계와 사회를 만들어가는 데 미치는 영향을 규명한다. 지리는 다른 학문과 달리 자신만의 독자적인 연구 대상을 규정하는 대신, '공간적 관점'이라는 고유한 시각을 통해 인간의 삶과 사회현상을 이해하고 설명할 수 있는 개념과 이론을 제공한다.

관점이란 사건이나 현상을 고찰할 때 그것을 바라보거나 이해하고자 하는 입장을 말한다. 관점은 생각에 방향성을 부여한다. 예를 들어, 한국전쟁을 시간적 관점에서 바라보면 일제강점기부터 냉전 시대로 이어지는 역사적 흐름에 주목할 것이며, 공간적 관점에서 바라보면 전쟁과 분단을 전후하여 휴전선을 사이에 두고 나타나는 인구 이동과 지역 차이를 탐구할 수 있을 것이다. 사회적 관점에서 바라보면 당시 남북한의 정치 체제와 이념 갈등을 촉발한 이유를 분석할 것이고, 윤리적 관점을 중요시하는 사람들은 전쟁의 도덕적 정당성에 질문을 던질 것이다. 또한 관점이 다르면 같은 사건과 현상일지라도 다르게 해석된다. 신대륙 발견이라는 역사적 사건을 바라보는 유럽인과 아메리카 원주민의 시선이 같을 수 없으며, 동일한 역사적 인물을 두고 마주하고 있는 두 국가 사이에서 완전히 다른 평가를 내리기도 한다. 이처럼 사람들은 자신이 처한 시간적·공간적·사회적·윤리적 맥락에 따라 서로 다른 관점을 취하게 되며, 그로 인해 같은 사건과 현상일지라도 다른 입장을 취하게 된다.

그렇다면 지리학에서 세상을 이해하고 설명하는 틀인 공간적 관점을 통해 세상을 바라보면 우리가 사는 세계와 사회가 어떻게 다르게 보일까? 공간적 관점을 통해 인간의 삶과 사회를 읽는다는 것은 구체적으로 무엇을 말하는 것일까? 공간적 관점은 우리가 사는 세계와 사회를 나아지게 하는 데 어떤 기여를 할 수 있을까? 도대체 공간적 관점은 왜 필요한 것일까?

공간과 사회는 긴밀하게 결합되어 있다

공간적 관점의 의미와 역할을 이해하기 위해서는 공간에 대한 이해가 선행되어야 한다. 공간은 일상생활에서 흔히 쓰이는 친숙한 말이면서도 상황과 맥락에 따라 그 의미가 달라지는 모호한 용어이기도 하다. 그래서 공간은 보통 수식어와 함께 쓰일 때 그 의미가 명확해지는 경우가 많다. 건축 공간, 실내 공간, 도시 공간, 사이버 공간, 심리적 공간, 우주 공간, 기억의 공간 등 공간이라는 말이 지닌 뜻은 그것이 사용된 맥락을 떠나서는 파악될 수 없을 정도로 다양하다. 그럼에도 불구하고 대부분의 사전에서는 공간(空間)을 '아무것도 없는 빈 곳'으로 간단히 정의하고 있다. 이러한 정의가 일반적인 것은 공간을 그 안을 채우고 있는 사건이나 사물과 무관하게 독립적으로 존재하는 대상으로 여기고 있기 때문이다. 공간을 일종의 빈 그릇으로 간주하고 있는 것이다.

그러나 지리학은 공간을 이해할 때 그 안에 위치한 내용물을 따로 떼어놓고 파악하지 않는다. 지리학에서 관심을 기울이는 공간은 다양한 사물과 사건과의 관계 속에서 총체적으로 인식되는 대상이지, 그 안에 위치한 객체들과 무관하게 존재하는 빈 그릇이 아니다. 우리가 살아가는 공간은 산, 강, 바다, 건축물, 농경지, 시가지 등의 자연환경과 인문환경뿐만 아니라 인간을 비롯한 수많은 생명체로 가득 차 있다. 비록 같은 시간에 동일한 지점을 서로 다른 객체들이 점유하는 건 불가능하지만, 이들은 공간상에서 일정한 거리를 두고 동시에 존재하면서 다양한 지리적 차이를 만들어간다. 특정한 공간 안에 위치한 사물들과 그곳에서 발생하는 사건들은 그 공간을 구성하는 객체인 동시에 새로운 공간을 만들어가는 주체이기도 한 것이다.

인간의 삶이 펼쳐지는 지리학의 공간은 물리적이면서 심리적이며, 또한 사회적이다. 우리가 지금 다니고 있거나 한때 다녔던 학교라는 공간은 명확한 위치와 건축물, 운동장 등의 구체적인 물리적 토대를 지니고 있다. 그런데 그 학교를 바라보는 사람들의 생각과 느낌은 모두 다르다. 공간에는 눈으로 확인할 수 있는 가시적인 속성뿐만 아니라, 의미와 감정, 이데올로기 등의 비가시적인 속성도 포함되어 있다. 어른들의 마음속에 있는 학교와 학생들이 생각하는 학교가 같을 수 없으며, 같은 학교를 다니고 있는 학생들 사이에서도 학교에 대한 느낌은 모두 제각각이다. 그러나 이런 생각과 느낌들이 전적으로 개인적인 것만은 아니다. 학교라는 공간에 대한 우리의 생각과 느낌은 가족제도, 교육제도, 자본주의와 같은 사회적 관계로부터 자유로울 수 없다. 우리가 살아가는 집, 마을, 도시, 국가 등의 크고 작은 모든 공간에는 그곳을 기반으로 맺어진 무수히 많은 사회적 관계가 자리하고 있다.

지리학자인 에드워드 소자(Edward Soja)는 이러한 공간과 사회의 연관성에 주목하여 '사회-공간 변증법(socio-spatial dialectics)'이란 개념을 제안했다. 소자는 공간이란 사회적 과정을 통해 만들어진 산물이지만, 다시 사회적 과정을 매개한다고 주장하면서 공간과 사회를 내적으로 긴밀하게 연결된 대상으로 바라볼 것을 당부하였다. 저마다의 공간이 지닌 특수한 모습들은 그곳을 기반으로 이루어진 인간의 실천에 의해 만들어진 결과이지만, 동시에 그곳을 살아가는 사람들의 삶을 특정한 방향으로 이끄는 원인이 되기도 한다. 예를 들어, 남북 분단이라는 공간적 단절은 한반도를 둘러싼 국내외의 사회적 관계에 의해 만들어진 산물이지만, 역으로 다시 그곳을 살아가는 사람들의 의식과 행위에 영향을 미쳐 한반도에 극명하게 대립되는 서로 다른 두 개의 사회를 만들고 있다. 만약 우리가 북한에서 태어나 자랐다면 지금과는 전혀 다른 생각과 행동을 하며 그 사회가 만들어지는 데 영향을 미치고 있었을 것이다.

인간은 시공간을 초월한 사회 속에 존재하는 것이 아니라, 공간적으로 구성된 여러 '사회들'을 넘나들면서 살아간다. 우리가 일상을 영위하는 집과 학교와 도시는 모두 공간인 동시에 하나의 작은 사회라

한반도 야간 위성 사진
평양을 제외한 국토 전역이 검게 나타난 북한과 불빛이 환한 남한의 모습이 대조적이다. 분단이라는 공간적 단절은 한반도에 극명하게 대립되는 서로 다른 사회를 만들어가고 있다.

고 할 수 있다. 사회는 항상 공간을 통해 조직되며, 공간을 통해 그 모습이 드러난다. 따라서 사회적인 것들은 언제나 공간적이며, 공간적인 것들 또한 언제나 사회적이기 마련이다. 공간과 사회는 분리된 것이 아니라 밀접하게 결합된 상태에서 서로를 만들어가고 있다.

공간을 통해 사회를 보면 차이와 관계가 읽힌다

우리나라의 중학교에서는 지리와 일반사회가 '사회'라는 하나의 교과목으로 구성되어 있다. 두 교과는 도시와 촌락은 지리의 영역이고, 법과 경제는 일반사회의 영역이라는 식으로 학습 주제를 차별화하는 방법을 통해 자신의 정체성을 유지하고 있다. 이러한 교과 간의 경계 짓기가 오랫동안 지속된 결과, 많은 학생들이 공간과 사회를 분리된 것으로 간주하거나 지표면을 구성하는 물리적인 대상으로 공간을 한정하여 이해하고 있다. 그러나 지금까지 살펴보았듯이 공간과 사회는 분리되어 존재하는 것이 아니며, 공간에는 지도 위에 표현된 위치와 범위로 환원할 수 없는 무수한 사회적 관계와 인간의 실천이 자리하고 있다. 이러한 공간과 사회의 내적인 관계를 자각할 때, 비로소 공간을 '통해' 사회를 읽는다는 것이 무엇인지 구체적으로 이해하게 된다.

공간적 관점은 다양한 공간 규모에 걸쳐 복잡하게 얽혀 있는 크고 작은 사회들의 실체를 밝혀내고, 그것이 만들어지는 차별적인 과정에 주목한다. 공간을 통해 사회를 보면 그 사회의 형태와 구조가 뚜렷하게 드러난다. 우리가 일상에서 사용하는 사회라는 말은 '한국' 사회, '일본' 사회, '미국' 사회라는 용법에서 드러나듯이 국가라는 정치 공동체를 뜻하는 경우가 많다. 사회과학의 여러 분과 학문들 또한 국가 전체를 균질한 사회로 가정하면서 자신들의 논리를 전개하고 있다. 그러나 사회는 국가를 통해서만 이해하기에는 훨씬 복잡하고 다양하다. 지방의 재래시장과 서울 강남의 고급 백화점을 통해 드러나는 우리 사회의 모습은 결코 동일하지 않으며, 제주도 주민들과 휴전선 근처에 사는 사람들이 남북이 분단된 현실을 체감하는 온도는 매우 다르다. 공간적 관점은 국가 단위로 모든 사회적 관계를 일반화시키는 것을 거부한다.

또한 공간적 관점은 공간상에 펼쳐진 지리적 차이를 확인하는 것을 넘어 그러한 차이를 만들어내는 힘과 그것이 연결되는 과정에 관심을 기울인다. 공간을 통해 세계를 보면 우리가 사는 세계가 국가 단위로 명확하게 구분된 분절된 모자이크가 아니라, 국가의 안과 밖을 가로지르면서 작동하는 무수한 관계에 의해 긴밀하게 연결된 체제임을 이해하게 된다. 우리가 매일 마주하는 밥상에는 우리나라로부터 수천 킬로미터 떨어진 곳에서 생활하는 농민들의 노고가 숨어 있으며, 청바지 한 벌이 만들어지기 위해서는 중앙아시아에서 생산된 목화가 지구를 한 바퀴 이상 돌며 세계 각지에서 이루어지는 여러 공정을 거쳐야 한다. 우리 모두는 지금 이곳으로부터 멀리 떨어진 곳에 사는 수많은 사람들에 의존하고 있으며, 또한 지금 이곳에서 하는 실천과 행위를 통해 알게 모르게 그들에게 영향을 미치고 있다. 공간적 관점은 이러한 상호 연결성과 의존성에 대한 자각을 일깨워 우리가 왜 한 번도 본 적 없는 타자들에 대해 책임을 느껴야 하는지를 이해하도록 한다.

　더 나아가 공간적 관점은 보다 좋은 사회를 위해 필요한 실천이 무엇인지 성찰하게 한다. 우리는 변화와 생성의 과정을 시간의 흐름 속에서만 이해하려는 경향이 있다. 그래서 시간이 흐를수록 점점 공간의 차이가 소멸되면서 전 지구적인 수준에서 인류의 생활 모습이 비슷해질 것으로 예측하고 있다. 그러나 저마다의 공간이 지닌 특수성은 시간이 흐른다고 해서 사라져야 할 대상이 아니라, 오히려 그 특별함이 새로운 미래를 열어가는 주요한 힘이 된다는 것을 이해할 필요가 있다. 오늘날 전 세계적으로 커다란 인기를 얻고 있는 팝뮤직은 아프리카인들의 민속음악에서 큰 영향을 받았고, 고대 그리스의 아테네

시민들이 폴리스(도시 국가)를 통해 지향했던 삶은 지금도 세계의 많은 시민들에게 커다란 울림을 주고 있다. 인류의 역사는 사전에 정해진 경로를 따라온 것이 아니라, 공간에 펼쳐진 다양한 객체들의 만남과 부딪침을 통해 협상적으로 만들어져왔다. 공간적 관점은 이러한 만남과 부딪침을 통해 만들어지는 새로운 힘들에 관심을 기울이도록 하여 보다 좋은 사회를 위한 실천을 꿈꾸도록 한다.

공간은 우리가 존재하는 곳이자, 세계를 바라보는 인식의 창(窓)이며, 또한 세상을 바꾸어나갈 수 있는 실천의 장이기도 하다. 그리고 우리는 이러한 공간을 구성하고 있는 객체이자 그곳을 더 좋은 곳으로

K-POP에 열광하는 외국인(출처: 연합뉴스)
K-POP은 세계 각지에서 유행하는 다양한 음악 스타일이 통합하여 만들어졌다. 그리고 이러한 K-POP이 하나의 스타일이 되어 세계 각지의 문화에 영향을 미치고 있다.

만들어갈 수 있는 능동적인 주체이기도 하다. 우리가 살아가는 공간이 바뀌면 사회도 바뀌고, 이로 인해 우리 삶 또한 더욱 풍요로워질 것이다.

 한 걸음 더

1 내가 지금과 다른 국가나 지역에서 태어나 성장했다면, 지금의 내 모습은 어떠했을까? 내가 처한 공간적 상황이 나의 의식과 행위에 어떤 영향을 미치고 있는지 생각해보자.

2 국가라는 단위를 넘어서 사회를 바라보는 것이 왜 필요할까? 모든 사회현상을 국가 단위로 일반화하는 방식이 지닌 한계는 무엇이며, 이를 보완하는 방편으로 공간적 관점이 필요한 이유에 대해 논의해보자.

3 세계화로 인해 전 세계의 생활양식이 비슷해지면서도, 한편으로는 지역의 고유한 정서와 문화가 담긴 콘텐츠들이 세계적인 공감을 얻으며 글로벌 트렌드를 주도하고 있다. 지역의 특수성이 어떻게 전 지구적 차원에서의 변화를 이끌어낼 수 있는지 토론해보자.

4 우리는 왜 한 번도 본 적이 없는 수천 킬로미터 떨어진 타인의 삶에 대해 책임을 느껴야 할까? 공간적 상호 의존성이 어떻게 개인의 윤리적 책임으로 이어질 수 있는지 토론해보자.

2

행복, 개인의 마음만의 문제일까?
행복과 공간의 관계를 탐색하다

행복은 '소유'보다는 '경험', '비교'보다는 '관계'를 통해 온다

우리는 흔히 '~라면'이라는 가정을 통해 자신의 미래를 행복과 연결하려 한다. '원하는 대학에 간다면, 지금보다 훨씬 더 행복해질 텐데', '돈을 많이 번다면, 아무 걱정 없이 살 수 있을 텐데', '남들이 부러워할 만한 좋은 직장에 다니면, 더 바랄 것이 없을 텐데'와 같은 생각을 자주 한다. 왠지 남들보다 더 좋은 대학에 가고, 돈을 많이 벌고, 사회적 지위가 높아지면 지금보다 훨씬 더 행복한 삶이 펼쳐질 것만 같다. 그런데 이러한 욕망들이 모두 실현된다면 행복한 삶이 기다리고 있을까? 도대체 행복이란 무엇이며, 우리는 어떤 모습의 행복을 추구해야

행복을 경험하고 있는 아이들
두 아이가 밝게 웃고 있다. 기쁨, 재미 등의 긍정적인 감정은 행복을 구성하는 중요한 요소이다.

하는 것일까?

　행복을 한마디로 정의하는 것은 쉽지 않은 일이다. 행복은 삶의 질, 삶의 만족도, 주관적 안녕감(subjective well-being), 복지 등과 혼용되어 사용되고 있으며, 사람들이 추구하는 행복의 모습 또한 개인이 처한 상황에 따라 매우 다양하게 나타난다. 오랫동안 힘들게 공들인 일을 끝낸 후에 맛보는 성취감과 휴가 때 해변에서 만끽하는 여유로움은 전혀 다른 기분이며, 가지고 싶었던 장난감을 갖게 되어 잔뜩 들떠 있는 어린아이의 기쁨과 속세를 멀리하고 수양에 정진하는 수도승들의 평온함 사이에는 딱히 공통점이 없어 보인다. 그러나 자세히 들여다보면, 이들 모두가 자신의 삶에 대해 만족감을 느끼고 있다는 걸 알 수 있다. 행복은 사람들이 자신의 삶에 만족해하는 정도를 나타낸 주관적인 정서 상태이다. 그리고 이러한 만족감의 중심에는 즐거움과 의미가 자리하고 있다.

우리는 맛있는 음식을 먹거나 재미있는 영화를 보면 기분이 좋아진다. 즐거운 경험을 통해 기쁨이나 재미와 같은 긍정적인 감정을 느끼는 것은 개인의 행복에 있어서 매우 중요한 부분이다. 하지만 행복은 순간의 즐거움을 넘어서서 의미와 목적을 추구하는 과정에서도 찾아온다. 사람들은 당장은 힘들지만 자신을 성장시킬 수 있는 의미 있는 일을 하거나, 타인의 삶에 도움이 되는 행위를 할 때 긍지와 보람을 느낀다. 인생에서 긍정적인 감정을 많이 경험하는 것 못지않게 의미와 목적을 추구하는 자아실현적인 삶을 살아가는 것 또한 행복에 이르는 유용한 방법이 될 수 있다.

그러나 이 둘 중 어느 하나만 선택하여 추구할 필요는 없다. 실제로 행복감이 높은 사람들은 인생의 의미와 목적을 추구면서도 즐거운 경험을 많이 하는 충만한 삶을 살아가는 경우가 많다. 행복은 소유보다는 경험에 가까운 영역이며, 타인들과 비교하기보다는 그들과 관계를 맺어가는 과정을 통해 온다.

그럼에도 불구하고 여전히 많은 현대인들은 타인들이 이뤄낸 성과나 화려한 겉모습을 부러워하면서 그들이 지닌 돈과 권력과 지위를 행복의 요인으로 생각하고 있다. 그러나 돈과 권력과 지위는 행복해질 수 있는 수단으로서만 의미를 지니지, 그것을 지녔다고 바로 행복이 찾아오는 것은 아니다. 오히려 개인의 행복 수준은 부(富)나 사회적 지위보다는, 그러한 부와 사회적 지위를 이용해 어떤 일을 하느냐에 따라 더 크게 좌우된다. 자신이 가진 돈과 지위를 이용해 긍정적인 감정을 고양시킬 수 있는 경험을 하거나 타인들을 돕는다면 더 행복해질 수 있다. 그러나 돈과 지위 그 자체를 목적으로 좇는다면 오히려 행복은 멀어질 수 있다. 행복의 조건과 행복은 다른 것이다. 행복의 조건들이 행복으로 연결되기 위해서는 소유와 비교보다는 경험과 관계를 소중하게 여기는 삶을 추구해야 한다.

공간은 행복의 모습을 틀 짓는다

오랫동안 사람들은 행복과 행운을 동일한 것으로 바라보았다. 행복은 운이 좋으면 찾아오는 마치 선물과도 같은 것이었다. 그러다가 경제력이 향상되고 개인의 삶에 대한 통제력이 커지면서 사람들은 차츰 행복을 새롭게 이해하기 시작했다. 오늘날 사람들은 행복을 적극적으로 추구해야 할 삶의 목표로 인식하고 있다. 그러나 지구상의 모든 사람들이 동일한 모습의 행복을 추구하는 것은 아니다. 세계에는 다양한 행복의 정의와 그것을 추구하는 서로 다른 방식이 존재한다.

공간은 인간의 삶이 영위되는 구체적인 장소이다. 인간은 신체를 지닌 존재이기 때문에 누구든 특정한 공간을 점유하면서 살아가기 마련이다. 그런데 인간이 살아가는 공간은 삶이 펼쳐지기만을 기다리는 수동적인 대상이 아니다. 공간이 지닌 저마다의 특성은 인간의 활동들이 누적되어 만들어진 결과이지만, 동시에 그곳을 살아가는 사람들의 삶의 방향을 유도하거나 제약하는 원인으로 작용하기도 한다. 공간이 지닌 이러한 역동적인 힘은 인간이 추구하는 행복의 모습에도 큰 영향을 미친다.

행복은 크게는 대륙이나 국가에서부터 작게는 도시나 마을에 이르기까지 사람들이 살아가는 공간에 뿌리내린 문화적 전통과 그곳에서 통용되는 지배적인 가치와 깊이 연결되어 있다. 그래서 같은 공간을 살아가는 사람들 사이에는 동일한 모습의 행복을 추구하는 경향이 강하게 나타난다. 우리가 사는 동아시아 지역에서는 낮은 각성 상태의 편안함을 이상적인 정서로 여기는 사람들이 많지만, 미국을 비롯한 서구에서는 많은 사람들이 높은 각성 상태의 즐거움을 추구하는 경향이 강하다. 또한 집단주의적인 문화가 강한 동아시아에서는 주변 사람들로부터 인정을 받는 정도에 따라 개인의 행복감이 크게 달라지만, 개인주의가 발달한 서구에서는 주변 사람들의 인정보다는 자신의 신념과 행동 양식을 유지하는 정도에 따라 개인의 행복감이 더 크게 좌우된다.

개인이 추구하는 행복의 모습은 국가라는 사회적 공간 안에서 형성된 제도와 정책의 영향을 받기도 한다. 세계적으로 행복한 국가들이 몰려 있는 북유럽과 라틴아메리카 사람들이 추구하는 행복의 모습 또한 많은 차이가 난다. 덴마크, 아이슬란드 등의 북유럽 국가들은 모두 경제 수준이 높고, 빈부 격차가 크지 않으며, 사회적 안전망이 잘 갖추어져 있다. 이들 국가의 국민들은 정부와 이웃을 무척 신뢰하고 있으며 자신이 좋아하는 일을 스스로 선택해서 즐기는 자유를 누리고 있다. 이에 반해 멕시코, 콜롬비아 등의 라틴아메리카 국가들은 경제 수준이 낮으면서도 빈부 격차가 크고, 실업률과 범죄율 또한 높아 매일 불안한 상황에서 살아야 한다. 그럼에도 불구하고 이들 국가의 국민들이 느끼는 행복 수준은 이들의 선조들이 살았던 남부 유럽의 국가들보다 높게 나타난다. 라틴아메리카 사람들은 자유롭게 인생을 살아

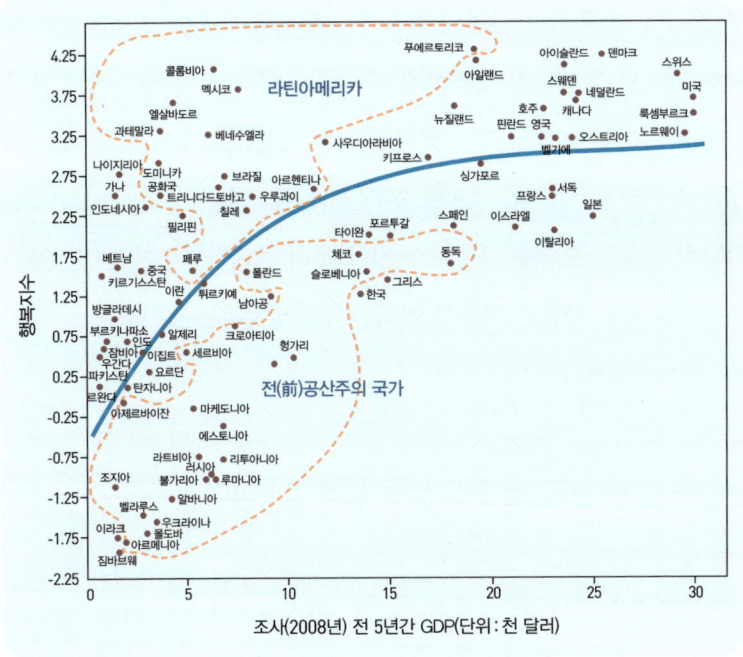

국가별 소득 수준과 행복 수준의 관계

1만 5,000달러까지는 국가의 소득 수준과 행복 수준이 대체로 비례하는 경향이 나타나지만, 라틴아메리카 국가들은 소득 수준이 낮음에도 불구하고 매우 높은 행복 수준을 보여주고 있다.

Inglehart, R., Foa, R., Peterson, C., and Welzel, C., Development, freedom, and rising hapiness: A global perspective(1981~007), Perspectives on psychological science, 3(4), 2008, p.264~285 참조.

가는 것을 매우 중요하게 여기고 있으며, 실제로 자신의 삶을 적극적으로 즐기는 낙천적인 생활을 하고 있다.

우리가 추구하는 행복의 모습은 특정한 공간을 살아가고 드나드는 사람들의 가치와 욕망과 행위 등이 결합되면서 만들어진 것이다. 따라서 인간이 추구해야 할 단 하나의 행복만 상정한 채, 공간에 따라 서로 다르게 나타나는 행복의 모습에 우열을 가리려 드는 것은 무의미한 일이다. 세계 각 지역에서 추구하는 행복의 모습은 고정된 것이 아니라 앞으로 얼마든지 변화해갈 수 있는 대상으로 이해되어야 한다. 그리고 이러한 변화는 각 지역의 지리적 특성의 영향을 받아 매우 다양하게 나타날 것이다. 중요한 것은 세계 각 지역에서 추구하고 있는 다양한 행복의 모습을 바탕으로 지금 우리가 대한민국이란 공간에서 추구하고 있는 행복의 모습이 어떠한지를 성찰하는 것이다.

공간은 행복의 조건을 품고 있는 삶의 장소이다

왜 사람들마다 자신의 삶에 대해 만족하는 정도가 모두 다른 것일까? 누구는 자신의 삶을 매우 행복하게 느끼는데, 누구는 그렇지 못한 것일까? 행복감이 높은 사람들은 낮은 사람들보다 행복한 유전자를 더 많이 물려받았거나, 그가 속한 사회에서 추구하는 행복의 모습에 더 적합한 성격을 지녔을 가능성이 크다. 혹은 행복한 사람들은 그저 남들보다 좀 더 많은 행운이 찾아왔을 수도 있다. 하지만 개인의 행복이

유전적인 요인과 성격적인 특질, 그리고 행운이라는 요소만으로 모두 설명될 수는 없다. 개인마다 행복 수준이 다른 이유 중의 하나는 그가 살아가는 공간에 형성된 삶의 조건들이 다르고, 그런 조건들로 인해 인생의 모습 또한 달라지기 때문이다.

공간은 인간으로서의 삶을 영위할 수 있는 다양한 요소들이 복합적으로 구성되어 있는 삶의 무대이다. 그러나 공간이 제공하는 삶의 조건들은 결코 균등하게 분포하고 있지 않다. 고용 기회, 교육의 혜택, 공동체의 유무, 복지 수준, 환경의 질 등은 국가별로 많은 차이가 날 뿐만 아니라, 한 국가 내에서도 특정한 지역이 상대적으로 더 많은 혜택을 받는다. 이러한 삶의 조건들의 차이는 그곳에서 살아가는 사람들의 인생을 서로 다른 방향으로 유도하거나 제약하여 결과적으로 자신의 삶에 대한 만족감의 차이로 이어진다. 경제 수준이 높고 민주주의가 발달한 안정된 나라에서 자아실현을 꿈꾸는 사람들과, 내전에 휩싸인 나라에서 생존을 위협받는 사람들의 행복감이 같을 수는 없다. 다양한 삶의 기회가 제공되고 개인의 자유가 존중받는 지역에서 자율적으로 살아가는 사람들과, 선택의 폭이 좁고 권위주의적인 문화가 팽배한 지역에서 수동적인 삶을 지탱하는 사람들이 자신의 인생을 서로 다르게 평가하는 것은 충분히 예상할 수 있는 일이다.

심리학자인 대니얼 길버트(Daniel Gilbert)는 대부분의 사람들이 인생에서 행복에 영향을 미칠 수 있는 세 가지의 중요한 선택을 한다고 말했다. 그것은 '어디에 살 것인가?', '무엇을 할 것인가?', '누구와 함께 할 것인가?'이다. 이중 '어디'에 관한 선택은 다른 선택들을 틀 지을 정도로 인간의 행복에 많은 영향을 미친다. 어디에 사느냐에 따라 추구하는 행복의 모습이 달라지고, 무엇을 하고 누구와 함께하는가가 어느 정도 결정되기 때문이다. 거주 공간은 그 자체가 행복의 조건으로, 인간의 행복에 영향을 미치는 직업, 관계, 환경 등의 다른 많은 삶의 조건들을 틀 짓고 있다.

행복은 마음만의 문제가 아니다. 마음은 외부 환경이 미치는 영향을 조절할 수는 있어도 환경 그 자체를 바꿀 수는 없다. 행복은 인간이 살아가는 공간 안에 뿌리내린 삶의 조건들과도 깊은 관련을 맺는다. 사람들의 행복감은 그들이 어떤 공간에서 살아가느냐에 따라 매우 다른 궤적을 그려간다.

공간은 사람들 간의 관계를 매개한다

레바논에는 '사람이 없다면, 천국도 갈 곳이 못 된다'라는 속담이 있다. 모든 것이 평화로운 천국이라고 해도 함께 어울릴 사람들이 없다면 한없이 쓸쓸한 시간을 보내게 될 테니 말이다. 개인의 행복에 있어서 타인들과의 관계는 매우 중요하다. '닥터 해피니스'라고 불리는 에드 디너(Ed Diener) 박사와 긍정심리학의 창시자인 마틴 셀리그만(Martin Seligman) 교수는 공동 연구를 통해 좋은 인간관계를 행복의 '필요조건'으로 제안했으며, 조지 베일런트(George Vaillant) 교수는 하버드대학교 졸업생들의 삶을 75년 동안 추적하여 따뜻한 인간관계가 행복한 인생을 유도한다는 결론을 내렸다. 우리는 남들보다 뛰어난 자신의 모습을 상상하면서 행복을 붙들려 하지만, 사실 행복은 '비교'보다는 '관계'를 통해 찾아온다는 걸 보여주는 연구들이다.

타인과의 좋은 관계가 행복의 중요한 조건이라고 할 때, 공간은 타인들과의 관계를 매개하는 만남의 장소로서 의미를 지닌다. 사람들이 서로 만나기 위해서는 동일한 시간, 같은 공간에 위치하고 있어야 한다. 누군가와 약속을 잡는다는 것은 곧 같은 공간을 함께 사용하겠다는 말이기도 하다. 카페에서 친구와 이야기를 하거나 세미나에 참석하여 발표자의 의견을 경청하기 위해서는 반드시 그 시간에, 그 자리에 있어야 한다. 공간적인 근접성은 더 많은 만남의 기회를 제공하여 삶을 특정한 방향으로 유도하기도 한다. 사람들은 자신과 성격이 비슷한 사람들에게 끌리는 경향이 있지만, 일상생활에서의 관계는 성격의 유사성보다는 공간적인 근접성을 중심으로 이루어진다. 거주 장소에 따라 학교와 직업 등이 결정되며, 이로 인해 평생 동안 만나게 될 친구와 잠재적인 결혼 상대자까지 결정된다. 이렇듯 공간과 장소는 사람들의 움직임이 만나고 엮여 더 큰 만남으로 이어지는 연결의 기회를 제공한다.

행복한 감정은 대면 접촉을 통해 주변 사람들에게 전파되기 때문에 같은 장소를 살아가는 사람들의 집단적 성질이 되기도 한다. 니컬러스 크리스타키스(Nicholas A. Christakis) 교수와 제임스 파울러(James H. Fowler) 교수는 미국 보스턴 근교에 있는 프레이밍엄에 사는 사람들을 대상으로 타인의 행복이 개인의 행복에 미치는 영향을 연구했다. 이들의 연구에 의하면, 공간적으로 거리가 멀어질수록 사람들 간의 대면 접촉이 줄어들기 때문에 타인의 행복이 개인의 행복에 미치는 영향력이 감소하는 것으로 나타났다. 같은 장소를 살아가는 사람들은 얼굴을 마주하면서 접할 기회가 많기 때문에 타인의 행복감에 많은 영향을 미쳤지만, 공간적으로 멀리 떨어져서 지내는 사람들은 만날 기회가 적으므로 별다른 영향을 미치지 못했다.

그러나 사람들 사이의 관계가 단순히 물리적인 거리에만 영향을 받는 것은 아니다. 공간의 구조와 형태 또한 사람들의 관계를 매개하는

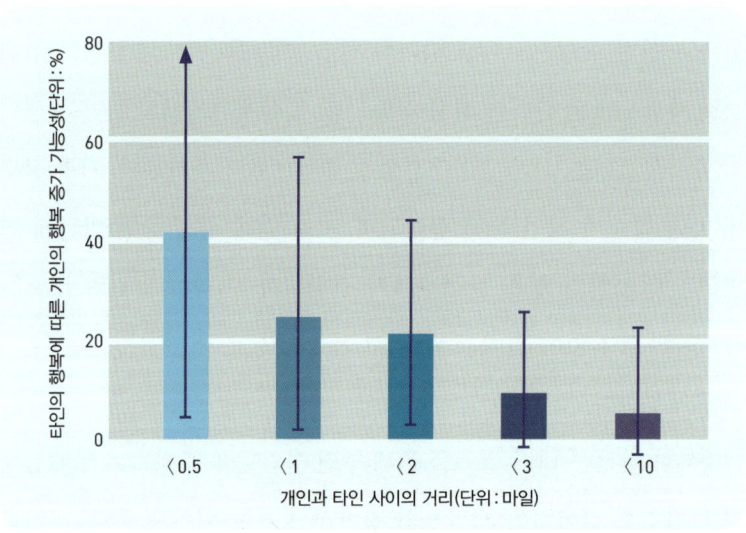

거리의 증가에 따라 타인의 행복이 개인의 행복에 미치는 영향
Fowler, J. H., & Christakis, N. A., Dynamic spread of hapiness in a large social network: longitudinal analysis over 20 years in the Framingham Heart Study, Bmj, 2008 참고.

데 큰 영향을 미친다. 드라마 〈응답하라 1988〉에서는 쌍문동의 골목길을 중심으로 많은 이야기가 펼쳐진다. 쌍문동의 골목길은 만남과 교류의 장소로, 이곳에서 맺어진 마을 사람들의 돈독한 관계는 공동체적인 삶을 유지하는 원동력이 되었다. 이들은 쌍문동의 골목길에서 얼굴을 마주하면서 이야기를 나누고, 기쁨과 슬픔을 함께하면서 서로를 가족처럼 지지하고 격려했다. 그러나 현재 우리나라에서는 많은 사람들이 아파트에 거주하면서 이웃이 누구인지 모른 채 지내고 있다. 아파트에 거주하는 동안 대부분의 사람들이 주민들과 맺는 관계는 엘리베이터 안에서 어색하게 시선을 주고받는 정도가 고작이다. 개인의 행복 수준을 예측할 수 있는 가장 큰 변수가 타인들과의 좋은 관계라고 할 때, 이웃을 상실한 거주 공간의 변화는 개인뿐만 아니라 사회적으로도 큰 손실이 되고 있다.

 한 걸음 더

1 행복이 개인의 마음가짐만으로 도달할 수 있는 것인지, 아니면 사회적·공간적 여건이 뒷받침되어야 하는 것인지 토론해보자.

2 거주 지역의 변화가 개인의 행복에 어떻게 영향을 미칠 수 있는지 논의해보자.

3 돈으로 행복을 살 수 있을까? 행복을 증진할 수 있는 소비 방안에 대해 이야기해보자.

4 주거 형태가 행복에 영향을 미칠까? 개인의 프라이버시를 보장하는 주거 형태와 공동체적 유대감을 주는 주거 형태가 어떤 방식으로 행복에 영향을 미치는지 비교하고, 내가 선호하는 주거 형태를 이야기해보자.

3

우리가 꿈꾸는 행복의 지도,
어떻게 그려가야 할까?
행복의 지도는 주어진 것이 아니라 만들어가는 것

사람들은 왜 행복의 지도를 그리기 시작했을까?

전기, 의료, 교육 등 생활에 필요한 대부분의 비용을 정부에서 대주는 나라가 있다. 이 나라에서는 남자들이 결혼을 하면 정부가 집을 지을 땅을 마련해주고, 매달 용돈까지 준다. 이 나라에서 사는 한, 돈에 관해서는 걱정이 없을 것 같다. 이런 나라가 정말 있을까? 이런 나라에서 산다면 얼마나 행복할까? 현실 세계에는 없을 것 같은 이런 나라가 실제로 존재한다. 서남아시아의 석유 왕국 카타르이다. 그러나 카타르 사람들이 느끼는 행복 수준은 생각보다 높지 않다. 돈으로 명품을 구입할 수는 있어도 인간의 행복에 영향을 미치는 자유·사랑·신뢰·

관계 등을 사들일 수는 없기 때문이다.

　세계 각국의 정부들은 오랫동안 경제성장이 자국민들을 행복하게 해줄 것으로 믿어왔다. 그래서 대부분의 국가들이 경제발전을 국가 최대의 목표로 설정하고, 이에 도달하기 위해 국가의 역량을 우선적으로 집중해왔다. 그러나 경제가 성장한다고 국민들의 행복 수준이 계속해서 증가하는 것은 아닌 것으로 밝혀졌다. 저개발 국가의 국민들이나 소득수준이 낮은 계층의 사람들에게는 경제력이 행복에 중요

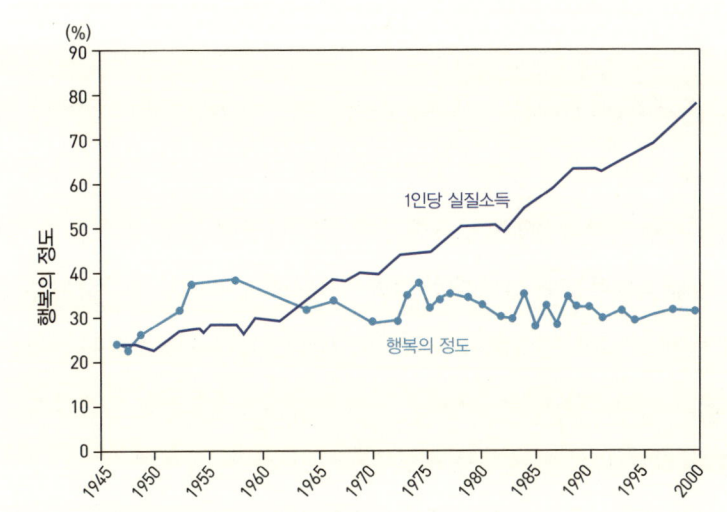

미국의 1인당 소득 변화와 행복 수준과의 관계

미국에서는 1947년 이래 1인당 실질소득이 세 배 이상 증가해왔으나 국민들의 행복 수준은 별다른 변화가 없었다. 그럼에도 불구하고 돈과 그에 따른 지위와 권력 등이 행복과 직결될 것이라는 믿음이 지속되는 이유는 현시대의 소비자본주의가 자신의 체제를 유지하기 위해 행복을 소유와 비교의 대상으로 왜곡시키고 있기 때문이다. Layard, R., Happiness: Lessons from a new science, Penguin UK, 2011 참고.

한 영향을 미친다. 영양 상태와 주거 환경 등이 열악한 상황에서 소득 수준이 증가하는 것은 이러한 문제들을 해결할 수 있는 기회로 작용할 수 있기 때문이다. 그러나 소득이 일정 수준을 넘어서면 소득과 행복 사이의 상관관계가 사라진다. 부유한 나라의 국민들이 가난한 나라에 사는 사람들보다 전반적으로 행복한 것은 사실이지만, 부유한 국가들 간에서는 경제력 하나만으로는 그 나라의 국민들이 느끼는 행복감을 설명할 수 없다.

한 국가의 경제력을 보여주는 척도인 1인당 GDP가 그 나라 국민들의 전반적인 삶의 질을 나타내는 지표로 적합하지 못하다는 반성과 함께 이를 대체하는 '인간개발지수(HDI, Human Development Index)', '생활의 질 지수(QLI, Quality of Life Index)' 등의 척도들이 개발되었다. 그러나 이 척도들에는 인간의 감정이 고려되지 않아 개인의 주관적인 정서 상태인 행복을 예측하기에는 부족한 점이 있기 때문에, 직접 설문조사를 해서 응답자들이 답한 삶에 대한 만족도까지 측정 지표로 추가하는 다양한 행복지수들이 등장했다. 오랫동안 개인의 감정과 철학적 사유의 대상으로 여겨졌던 행복이 비로소 국가 수준에서 고민하는 정책의 대상이 된 것이다. 이제 세계 각국 정부들은 자국민들의 행복 수준을 증가시키거나 감소시킬 수 있는 객관적인 행복의 조건이 존재하고, 이를 국가가 개선해나감에 따라 보다 행복한 사회를 건설할 수 있다고 믿고 있다. 그래서 해마다 다양한 기관에서 국가별 행복지수를 조사하고, 이를 바탕으로 행복의 지도를 만들어 공론의 장으로 이끌고 있다.

그렇다면 행복의 지도가 말하고자 하는 것은 무엇이며, 우리는 이를 어떻게 읽어야 하는 것일까?

행복의 지도에서는 무엇을 읽어야 할까?

우리는 국가 간의 경계가 명확하게 그려진 세계지도를 보는 데 익숙하다. 그래서 때로는 자신도 모르게 세계를 국가 단위의 경합의 장으로 인식하기도 한다. 그러나 행복은 국가 간에 우열을 가리면서 경쟁적으로 추구해야 할 대상이 아니다. 행복의 지도를 읽을 때는 국가별 행복 순위에 집중하기보다는 국가마다 추구하고 있는 다양한 형태의 행복이 있다는 사실과 그러한 행복을 구성하고 있는 요인들의 차이에 주목해야 한다. 행복의 지도는 조사 기관이 행복을 어떻게 정의하느냐에 따라 다르게 그려진다. 국가마다 행복의 의미가 다를 뿐만 아니라, 문화적인 요인에 의해서도 설문에 대한 반응이 크게 달라지기 때문이다. 따라서 행복의 지도는 우리가 살아가는 공간이 지도로 재현되는 과정에서 사라진 다양한 행복의 조건들을 찾아 나서는 만남의 장으로 활용되어야 한다.

　다음에 제시된 두 지도는 서로 다른 기관에서 제작한 '세계행복지도'이다. 위쪽의 지도는 UN에서 2024년에 발표한 「세계행복보고서(World Happiness Report)」에 수록된 국가별 행복지수를 근거로 제작한 것이며, 아래의 지도는 영국의 신경제재단(NEF)에서 2024년에 발표한 '지구행복지수(Happy Planet Index)'에 수록된 지도이다. UN에서는 2012

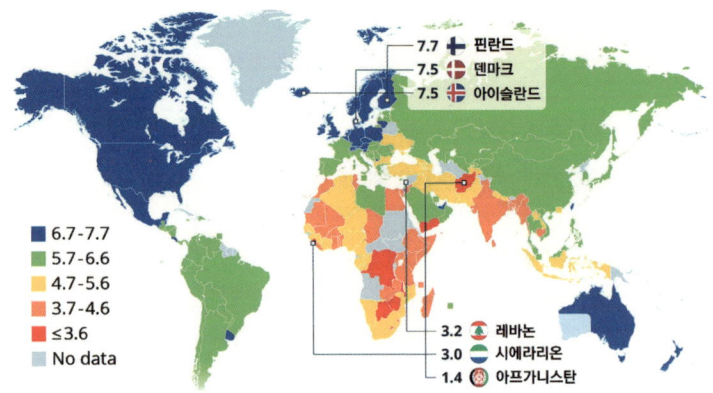

UN의 세계행복지도(2024년)

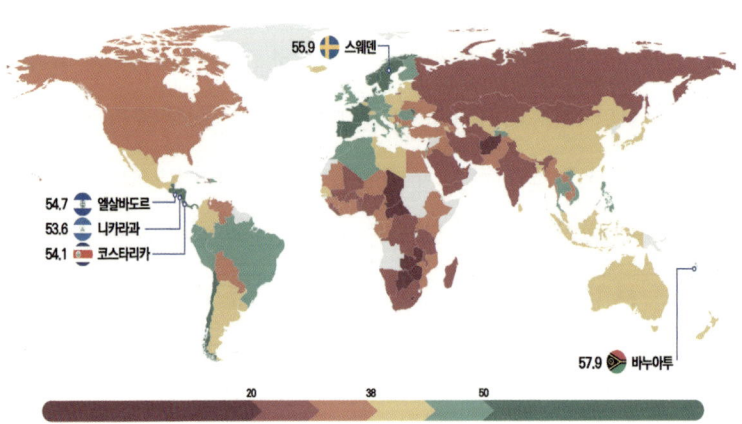

신경제재단의 지구행복지도(2024년)

년부터 국가별 행복지수를 조사해 매년 세계의 행복 수준을 보여주는 보고서를 발표하고 있는데, 이 조사에서는 각 조사대상국의 국민들에게 사회적 안전망(어려움에 처했을 때 도움을 청할 사람이 있는가?), 선택의 자유

(자신의 인생을 선택할 수 있는가?), 관용의식(자선단체에 기부를 하고 있는가?), 주관적 부패지수(정부와 기업의 부패가 어느 정도인가?)에 관해 묻고, 이에 대한 응답자들의 반응에 1인당 국민소득과 기대수명을 더해 국가별 행복지수를 산출하고 있다. 이 조사에서는 덴마크, 아이슬란드, 노르웨이, 스웨덴, 핀란드 등의 북유럽 국가들과 네덜란드, 스위스 등의 서유럽 국가가 항상 상위를 차지하고 있다.

UN의 행복지도와 달리 신경제재단에서 제작한 행복지도에는 코스타리카, 칠레 등의 라틴아메리카에 위치한 국가들이 상위를 차지하고 있는 것을 볼 수 있다. 신경제재단에서 사용하는 행복지수는 생활만족도(모든 요인들을 고려할 때 전반적으로 당신의 생활에 얼마나 만족하는가?), 평균수명, 생태발자국(ecological foot print) 등을 고려하여 도출한 것이다. 생태발자국은 인간이 자연에 남긴 피해 정도를 나타내는 지표로, 그 수치가 크면 클수록 지구 환경에 많은 피해를 끼친다는 의미가 담겨 있다. 신경제재단에서 사용하는 행복지수는 인류의 장기적인 행복에 있어서 지속 가능한 환경이 미치는 영향력에 초점을 둔 것으로, 조사대상국의 환경의 차이에 따라 국가 간의 행복지수가 크게 달라진다.

국가 간의 행복지수를 비교한 세계지도는 국가 전체를 동일한 행복수준을 갖는 균질한 공간으로 가정한다. 그러나 한 국가 내에서도 행복 수준은 지역에 따라 많은 차이가 난다. 국가 내에서의 불평등한 행복의 분포를 이해하기 위해서는 다른 스케일로 그려진 행복지도, 즉 보다 좁은 지역을 상세히 담은 행복지도가 필요하다.

스케일은 흔히 축척이라고 불리는 지도학적 개념으로, 여러 가지

지리 현상이 발생하고 작동하는 공간 범위를 나타내는 의미로 사용된다. 그러나 스케일은 지도학적인 기능을 넘어 우리가 사는 세계를 다양한 측면에서 보다 사실적으로 이해할 수 있는 인식의 틀이기도 하다. 스케일을 달리하면 행복의 지도가 새로운 의미로 다가온다. 보다 상세하게 그려진 행복의 지도는 먼 곳으로 향해 있던 시선을 가까운 곳으로 돌려 생활공간에서 발생하는 불평등한 행복의 조건에 대해 생각해보게 한다.

지금 우리는 어떤 행복의 지도를 그려가고 있을까?

우리나라는 행복의 지도에서 어디쯤에 위치하고 있을까? 안타깝게도 우리나라 사람들이 느끼는 전반적인 행복 수준은 높지 않은 편이다. 우리나라는 지난 50년 동안 빠른 경제성장을 이룩했지만, 삶의 만족도는 이에 부응하지 못하고 있다. 2025년에 발표된 UN의 「세계행복 보고서」에서 우리나라 사람들의 행복 수준은 10점 만점에 6.038점으로, 전체 조사 대상국 147개국 가운데 58위였다. 한편, 2024년에 OECD에서 발표한 「더 나은 삶 지수(Better Life Index)」중 삶의 만족도를 측정하는 항목에서 우리나라는 5.8점을 나타냈는데, 이는 OECD 평균인 6.7점보다 낮은 수치이다.

우리나라 사람들의 행복감이 낮은 이유로 과중한 노동 시간이 지적되고 있다. 우리나라의 전반적인 노동 시간은 감소하는 추세이지만,

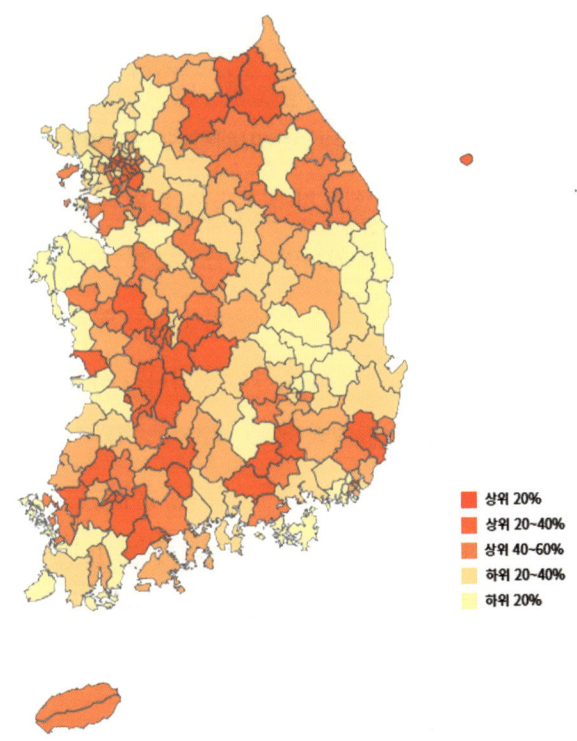

| 상위 20% |
| 상위 20~40% |
| 상위 40~60% |
| 하위 20~40% |
| 하위 20% |

대한민국 국민행복지수(출처: 국회미래연구원, 2019)

대한민국 행복지수는 건강, 안전, 환경, 교육, 관계 및 사회참여, 여가, 삶의 만족도를 종합한 지수로 시·군·구별로 많은 차이가 난다. 행복은 한 국가 내에서도 불균등하게 분포한다.

매우 긴 시간 동안 일하는 직원의 비율은 OECD 평균보다 훨씬 높은 편이다. 우리는 행복해지기 위해 일을 하지만 정작 일을 많이 할수록 행복은 멀어지게 된다. 노동 시간이 많다는 것은 시간에 쫓기는 피곤한 삶이 이어진다는 것을 의미한다. 이와 대조적으로 전 세계에서 행복한 나라로 손꼽히는 덴마크에서는 많은 사람들이 오후 4시가 되면 퇴근해 마을 단위의 다양한 공동체 활동에 참여하고 있다. 행복은 개인의 마음에서 오는 문제만이 아니다. 개인이 행복한 국가를 만들려면 행복한 경험을 촉진할 수 있는 제도가 뒷받침되어야 한다. 우리나라가 행복한 국가로 변화하기 위해서는 무엇보다도 노동 시간을 줄여일과 여가의 균형을 이루는 것이 시급하다. 저녁이 있는 삶은 인간으로서 누려야 할 당연한 권리이다.

불안정한 고용 형태도 우리나라 사람들의 낮은 행복감의 원인이 되고 있다. 한국노동연구원에서 조사한 우리나라 사람들의 고용 형태별 삶의 만족도를 보면 정규직의 행복 수준이 가장 높았고, 비정규직 중에서도 하루하루 불안정한 상황에서 일을 해야 하는 일일근로자의 삶의 만족도가 가장 낮게 나타났다. 일자리가 불안하면 미래를 설계하기 어렵다. 불안한 미래는 자신이 하고 싶은 일이 무엇인지조차 생각하지 못하게 할 정도로 선택의 자유를 제한한다. 국가가 부유해진다고 국민들이 행복해지는 것은 아니다. 국민소득이 증가해도 성장의 혜택이 소수에게만 집중된다면, 오히려 상대적인 박탈감만 커질 뿐이다. 국민 다수가 원하는 일을 하면서 자기 성장을 통한 행복을 누리도록 하려면 장기적인 안목을 가지고 비정규직의 처우를 적극적으로 개선해나가야 한다.

우리나라에서 지역사회의 공동체 문화가 파괴된 것도 국민들의 행복 수준을 떨어뜨리는 원인이 되고 있다. 2024년에 OECD에서 발표한 「더 나은 삶 지수」를 보면, 공동체 역량을 측정하는 항목에서 우리나라의 경우 80%의 사람들이 필요할 때 의지할 수 있는 사람이 있다고 응답했는데, 이는 OECD 평균인 91%보다 낮은 수준이다. 이와 대조적으로 세계적으로 행복한 국가인 뉴질랜드, 핀란드, 아이슬란드 등은 본 항목에서 매우 높은 수치를 나타냈는데, 이들 국가들은 모두 거주 장소를 중심으로 형성된 질 높은 공동체를 지니고 있다. 그러나 우리나라에서는 집을 자산 증식의 수단으로만 중요하게 여기고, 그 집이 위치한 장소를 중심으로 형성된 주민들 간의 관계의 질에는 무심한 편이다.

인간의 행복에 있어서 신뢰할 수 있는 이웃이 있다는 사실은 매우 중요하다. 거주 장소에서 이웃들과 좋은 관계를 형성하는 것은 심적인 안정감을 제공할 뿐만 아니라, 갑작스러운 어려움에 처했을 때 기댈 수 있는 든든한 버팀목이 되기도 한다. 따라서 믿을 수 있는 이웃이 가까이에 있는 사람들은 외롭거나 불안하지 않다.

그곳에 간다면 더 행복해질 수 있을까?

과도한 노동 강도, 청년 실업, 높은 자살률, 외모 지상주의, 소득 격차, 지역 불균형 등 우리 사회가 안고 있는 문제들은 도무지 탈출구가 없어 보인다. 이러한 우리나라의 모습을 두고 지옥 같은 한국 사회라는 뜻을 지닌 '헬조선'이라는 서글픈 신조어가 생겨나기도 했다. 그래서 많은 사람들이 보다 행복한 삶을 위해 이민을 꿈꾸기도 한다. 왠지 '지금 이곳'보다는 '앞으로 그곳'에서 더 행복해질 수 있을 것만 같다. 그렇다면 과연 우리가 부러워하는 행복한 국가들에서 살면 정말로 더 행복해질 수 있을까? 이에 대한 대답은 생각보다 간단하지 않다.

사람들은 다른 지역의 행복을 예측할 때 초점주의의 오류에 쉽게 빠져든다. 초점주의란 어떤 사건이나 대상을 머릿속에 그릴 때 초점이 되는 몇 가지의 요소에만 과도하게 주의를 기울인 나머지, 현실을 구성하고 있는 다양한 요인들을 간과하는 경향을 말한다. 심리학자들이 미국에서 1년 내내 맑은 날씨가 지속되는 캘리포니아의 주민들과, 겨울이 춥고 긴 중서부 지역의 주민들을 대상으로 상대 지역의 삶의 만족도를 평가하도록 하는 실험을 했다.

실험 결과 중서부 지역의 주민들은 캘리포니아에 거주하는 주민들의 삶의 만족도를 자신들이 거주하는 지역보다 높게 평가했다. 하지만 두 지역의 실제 삶의 만족도는 거의 차이가 없었다. 이러한 결과가 나타난 이유는 중서부 지역에 거주하는 사람들이 상대 지역의 '좋은 기후'라는 두드러지고 매력적인 특징에만 관심을 기울여 캘리포니아에서 사는 사람들의 일상에 미치는 다른 요인들을 과소평가했기 때문이다. 인간의 행복에 있어서 장소가 중요한 이유는 그곳에서 삶을 유지하고 관계를 맺어가면서 인생의 의미를 발견하기 때문이지, 그곳을 떠올리거나 잠깐 방문해서가 아니다.

초점주의는 다른 나라로 이민을 가서 경험하는 자신의 행복을 예측할 때도 나타난다. 사람들은 이주하고 싶어 하는 지역의 한두 가지 긍정적인 요소에만 집중한 나머지 실제로 그 지역에서 살아가는 사람들의 행복에 미치는 다양한 측면들을 간과할 가능성이 크다. 그러나 행복은 사회로부터 분리된 개인의 고립된 감정이 아니다. 한 사회에서 개인이 느끼는 행복감은 그 지역에 뿌리내린 문화와 연관되어 있다. 대체로 사람들은 자신의 성격과 특질이 주류 문화와 잘 맞을 때 높은 행복감을 느낀다. 이는 사람들이 본인과 비슷한 사고방식과 행동 양식을 지닌 사람들 속에서 생활할 때 더 큰 자유로움을 느끼고, 사회적으로 인정받기도 쉽기 때문이다. 따라서 이주한 국가의 문화가 자신과 잘 부합한다면 별문제가 없겠으나, 그렇지 않다면 행복 수준이 높은 국가에서 살아도 기대했던 것만큼 행복하지 않을 수도 있다.

물론 지구상의 어딘가에는 나를 더 행복하게 만들어줄 수 있는 국가나 도시가 분명히 존재할 것이다. 아니, 우리나라에도 지금 여기보다는 더 많은 삶의 기회와 매혹적인 사람들로 넘실대는 행복한 장소들이 나를 기다리고 있을지도 모른다. 그래서 많은 사람들이 지금 여기에 자신을 가두지 말고, 자신에게 맞는 장소를 찾아 용기를 내어 떠나라고 한다. 그러나 그것은 용기만의 문제가 아니다. 우리 주변에는 '떠날 수 있는' 상황이 허락되지 않는 사람들이 많으며, 그것은 나에게도 적용될 수 있다. 행복을 전적으로 개인의 문제로만 바라본다면, 정치는 사라지고 적응만이 남게 된다. 적응만이 남은 세상에서 우리가 할 수 있는 것은 제시된 매뉴얼을 열심히 좇아 행복의 승자가 되든가, 아니면 그렇게 되지 못한 자신을 탓해야만 한다. 나만의 행복한 장소를 찾아 떠날지, 우리라는 관계 속에서 행복한 장소를 함께 만들어갈지는 결국 선택과 실천의 문제이다.

행복한 장소를 만들면 '우리'가 행복해진다

우리는 '어디는 어떻다'라는 식으로 다양한 장소들에 관해 배워왔다. 그래서 장소마다 고유한 성격이 있고, 그 성격이 앞으로도 계속될 것이라고 믿고 있다. 그러나 본래부터 주어진 장소의 고유한 성격은 존재하지 않는다. 장소는 주어지거나 발견하는 것이 아니라, 만들어지는 것이다. 행복을 전적으로 개인의 문제로만 바라본다면, 장소는 주어지거나 발견되기만을 기다리는 수동적인 대상으로 전락하게 된다. 그러나 행복을 '우리'의 문제로 바라본다면, 장소는 함께 만들어가는 타협과 실천의 대상이 된다. 우리가 부러워하는 행복한 국가들 또한 그곳에서 살아갔던 사람들과 지금 살아가고 있는 사람들의 의식적인 노력이 누적되어 만들어진 것이지, 처음부터 주어진 것이 아니다.

알프스의 산악 국가 스위스는 20세기 초까지만 해도 유럽에서 가장 낙후된 국가 중의 하나였다. 치즈를 녹여 빵을 찍어 먹는 퐁듀에는 눈이 쌓여 고립된 스위스인들이 생존을 위해 굳은 빵을 먹던 방식에서 비롯됐다는 서글픈 사연이 담겨 있다. 한때 많은 스위스인들이 생계를 해결하기 위해 이웃 국가들의 군대에서 용병으로 근무하기도 했다.

그러나 오늘날 스위스는 하늘 아래 첫 번째 낙원이라고 불릴 정도로 부러움을 사는 나라가 되었다. 스위스가 행복한 국가가 되는 과정에는 시민들의 적극적인 참여가 있었다. 스위스는 독일어, 프랑스어, 이탈리아어, 로만슈어 등 다양한 언어가 사용되는 나라이다. 언어의 차이에 따라 생활권이 분리되어 있지만, 스위스의 행복지수는 언어권에 따라 차이가 나지 않는다. 스위스에서는 지방자치의 참여 정도가 높은 주일수록 주민들의 행복 수준이 높게 나타난다. 지방자치에 참여한다는 것은 주민들 스스로 자신이 사는 지역을 만들어간다는 의미이다. 스위스인들은 자신이 살고 있는 지역에 대한 자부심이 강한데, 이는 대대로 이웃들과의 연대와 협력을 통해 그들이 사는 지역을 원하는 모습으로 만들어왔기 때문이다.

레고와 동화의 나라로 유명한 덴마크 또한 처음부터 행복한 나라는 아니었다. 한때 덴마크는 노르웨이와 스웨덴, 그리고 독일의 북부 지역을 통치하던 북유럽의 강대국이었다. 그러나 19세기 중반에 있었던 독일과의 전쟁에서 패하면서 과거의 영토를 모두 잃어버려 전 국민이 실의에 빠지게 되었다. 그런데 오히려 이때부터 오늘날 덴마크 사회의 근간이 되는 발전이 시작되었다.

덴마크 사람들은 폐허가 된 조국이 다시 국제 무대에서 큰소리를 칠 수 있는 강대국이 되기보다는 작더라도 국민들이 행복할 수 있는 내실 있는 나라가 되기를 희망했다. 행복한 국가를 만들고자 했던 이들의 열망은 곧 곳곳에서 실천으로 이어졌다. 농촌에서는 농민들이 자체적으로 협동조합을 만들어 운영하면서 잡초만이 무성했던 황무지를 비옥한 낙농지대로 탈바꿈시켰으며, 산업 현장에서는 노동자와 경영자와 정부 간의 오랜 협상을 통해 어떤 일을 해도 생활하는 데 어려움이 없도록 충분한 기본소득을 보장하기에 이르렀다.

아이슬란드는 2008년 전 세계를 강타한 경제위기 속에서 가장 큰 타격을 입은 국가임에도 불구하고, 2015년 UN에서 발표한 국가 행

지방자치에 참여하고 있는 스위스 주민들

덴마크의 협동조합

덴마크에서는 1882년 생산을 위한 최초의 협동조합이 탄생한 이래 1950년대부터는 대부분의 우유 생산 농가가 협동조합에 참여하고 있다. 협동조합이란 경제적으로 약소한 처지에 있는 농민, 중·소상공업자, 소비자 등이 중심이 되어 재료나 상품 등을 구매·생산·판매·소비하는 과정에 있어서 일부나 전 과정을 협력적으로 운영하는 조직단체를 말한다.

복 순위에서 당당히 2위를 차지한 이래 줄곧 상위에 랭크되고 있다. 2025년 세계행복보고서에서도 아이슬란드는 국가별 행복 순위 3위를 차지하고 있다. 아이슬란드인들은 다른 나라 사람들보다 인플레이션은 잘 참지만, 실업에는 완강하게 저항한다. 인플레이션은 다 함께 감내하는 분산된 고통이지만, 실업은 나와 관계를 맺은 누군가에게 집중되는 선택적인 고통이기 때문이다. 아이슬란드 사람들은 일생 동안 서너 개의 직업을 가지는데, 특히 많은 사람들이 시인이나 음악가가 되기도 한다. 물론 시인이나 음악가로서의 삶은 대부분의 경우 실패로 끝나지만, 이들은 실패해도 자유로이 새로운 시도를 한다. 이들의 뒤에는 국가와 시민사회가 함께 만들어낸 사회적 안전망이 촘촘하게 작동하고 있기 때문이다.

스위스, 덴마크, 아이슬란드 등은 모두 우리나라보다 국토 면적이 작은 나라들이다. 이 나라들은 이렇다 할 지하자원이 없고, 토양은 척박하고, 기후는 농업 활동은커녕 생활하기에도 불편할 정도이다. 하지만 이들 국가의 국민들은 자국을 세계에서 가장 행복한 장소로 변화시켰다. 국제 무대에서 영향력을 행사할 수 있는 강한 국가가 국민들의 행복을 보장하는 것은 아니다.

행복한 국가는 깨어 있는 시민들의 참여로 만들어지는 것이다. 나와 너를 넘는 보다 커다란 행복은 내가 살고 있는 지금 이곳을 변화시키려는 시민들의 노력으로부터 시작된다. 나에게 맞는 행복한 장소를 찾아 떠나면 나만 행복해질 수 있지만, 행복한 장소를 만들면 우리 모두가 함께 행복해진다. 내가 살고 있는 장소로부터 분리된 나만의 행복은 존재하지 않는다. 행복은 같은 장소를 살아가는 사람들이 만들어가는 우리의 과정이지, 결코 나만의 결과가 아니다.

행복의 지도는 고정된 것이 아니다. 행복의 지도는 지금 이곳에서 우리가 하는 생각과 실천으로 새롭게 그려갈 수 있다.

 한 걸음 더

1 행복을 국가 정책의 평가 지표로 삼아야 할까? 국가는 왜 국민의 감정적 상태인 행복을 관리하고 측정해야 할까?

2 환경 보존을 위해 현재의 소비를 희생하는 것이 정당할까? 인류의 장기적인 행복을 위해 현세대의 물질적 풍요나 소비를 제한하는 환경 중심적 행복 정책의 유효성에 대해 토론해보자.

3 국가가 제공하는 사회적 안전망이 개인의 나태함을 부르는지, 아니면 진정한 자아실현과 행복의 토대가 되는지 생각해보자.

4 공동체와 분리된 나만의 행복이 존재할 수 있을까? 인간의 행복이 공동체적 연대 없이는 지속 가능하지 않다는 주장에 대해 어떻게 생각하는지 이야기를 나눠보자.

4

자연을 바라보는
우리 안의 인간중심주의를 넘어서자고?
사회적 자연, 인간과 자연이 연결되는 지점을 성찰하다

자연은 '저절로 그러한' 것인가?

'자연'이라는 말을 들었을 때 머릿속에 떠오르는 심상을 물어보면, 대부분의 사람들은 인간의 손길이 닿지 않는 순수한 영역, 사회로부터 벗어나 휴식을 취할 수 있는 삶의 안식처, 인간의 생존에 필요한 각종 자원을 제공하는 환경적 토대 같은 것이라고 이야기하곤 한다. 즉 우리는 흔히 자연을 인간이 살아가는 사회 저편에 존재하는, 때 묻지 않은 무언가로 간주하는 경향이 있다. 국어사전을 살펴봐도 자연에 대한 이러한 인식이 잘 나타나 있는데, 국립국어원의 표준국어대사전에는 자연(自然)이란 "사람의 힘이 더해지지 아니하고 저절로 생겨난 산,

강, 바다, 식물, 동물 따위의 존재. 또는 그것들이 이루는 지리적·지질적 환경"이라고 되어 있다. 그런데 이것은 자연과 사회를 이분법적으로 바라보는 관점에 기초해서 내려진 정의라고 할 수 있다.

　전통적으로 자연은 인간과 무관하게 저절로 형성되어 그 상태로 계속해서 존재하는, 사회로부터 분리된 대상으로 여겨져왔다. 그러나 인간의 손길을 거치지 않은 대상으로 자연을 한정하는 것은 개념적 정의에 해당할 뿐이지, 우리가 일상에서 접하는 자연의 실제 모습과는 많이 다르다. 오늘날 대부분의 자연은 인간의 행위와 무관한 '자연 그대로'의 것이 아니다. 농촌 풍경을 지배하는 논, 밭, 과수원 등의 농경지들은 오랜 세월에 걸쳐 인간 활동이 누적되어 형성된 산물이며, 도시 내부 곳곳에 자리 잡은 도심 숲은 처음부터 끝까지 정교한 기획

약 2,000년 전 이푸가오족에 의해 만들어진 필리핀 루손섬 바네웨 지역의 계단식 논

아래 조성된 경우가 많다. 심지어 인간의 거주지로부터 멀리 떨어진 깊은 오지조차 방문객들이 남긴 흔적들로 인해 시시각각 그 모습을 달리하고 있다.

물론 여전히 인간의 손길이 닿지 않은 원시의 모습을 간직한 자연이 존재하기도 하지만, 이는 기후나 지형적인 요인으로 인간의 접근이 어렵거나 특정한 목적을 가지고 보존하고 있는 경우가 대부분이다. 인간이 자연과 관계를 맺으며 살아가는 이상, 자연은 인간에 의해 간섭을 받을 수밖에 없으며, 이로 인해 끊임없이 변형되기 마련이다. 자연과 사회를 이분법적으로 분리해서 바라보는 관점 또한 인간의 의도와 실천으로 만들어진 것이지, 본래부터 주어진 고유한 사유 방식은 아니다. 자연과 사회가 분리되어 있다는 이분법적인 세계관은 자연을 인간의 목적에 따라 활용하는 과정에서 출현했다. 근대 이후 인간은 발달된 과학기술을 이용해 자연에 가치를 매기고 개발하는 일에 몰두해왔다. 이 과정에서 인간은 스스로를 자연보다 우위에 있는 존재로 규정하고, 자연을 인간의 필요와 욕구를 충족시키기 위한 수단으로 대상화했다. 그 결과, 자연이 사회 밖에 존재하는 독립된 영역으로 간주되어 자연과 사회의 분리가 가속화된 것이다.

그러나 자연과 사회는 분리된 채로 존재하기보다는 늘 긴밀하게 연결된 상태에서 상호 영향을 미쳐왔다. 인간이 자연을 변형시키는 것 못지않게 자연 또한 인간에게 많은 영향을 끼친 것도 틀린 말이 아니다. 삼림 파괴, 기후변화, 자원 고갈, 환경오염 등은 인간이 자연을 이용하는 과정에서 발생한 현상으로 이는 다시 인간의 삶을 제약하거나 새로운 방향으로 유도하는 원인이 되고 있다.

　자연이 인간의 행위와 무관한 순수한 것이 아니며, 자연과 사회가 분리된 존재가 아니라는 사실을 깨달으면, 자연과 사회의 관계를 바라보는 새로운 관점이 필요하다는 걸 알게 된다. 그러나 단순히 자연과 인간이 상호 영향을 미치고 있다는 사실을 강조하는 것만으로는 부족하다. 자연과 인간이 연결되는 방식은 해당 사회가 처한 상황에 따라 매우 다양하게 나타나기 때문이다. 따라서 자연이 다양한 사회집단에 따라 차별적으로 인식되고 재생산되는 장면을 포착하기 위해서는 자연에 영향을 미치는 인간의 행동을 만들어낸 사회적 과정부터 탐색할 필요가 있다.

　이런 성찰을 바탕으로 지리학자들에 의해 활발하게 제기되어온 대안적인 관점이 바로 '사회적 자연(social nature)'이라는 개념이다. 사회적 자연은 자연이 사회로부터 분리된 순수하고 독립적인 영역이라는 사고방식을 거부하고, 자연과 사회가 연결되는 지점에 주목한다. 그리고 다양한 사회집단에 의해 자연이 차별적으로 인식되고 재현되는 과정뿐만 아니라, 자연을 변형시키는 힘이 무엇인지에 관해서도 많은 관심을 가진다.

　사회적 자연 개념을 통하여 자연과 사회의 상호 관계에 대한 이해가 깊어질수록 인간은 자연이 단순히 인간에게 필요한 '자원'으로 존재한다는 인간중심주의에서 벗어나 인간의 필요와 상관없이 자연은 그 자체로 존재할 수 있다는 탈인간중심적 인식으로 진전할 수 있다. 궁극적으로 이러한 인식의 전환은 인간과 자연을 아우르는 지구의 지속 가능성에 기여한다.

이와 같이 사회적 자연이라는 새로운 인식을 통해 우리나라의 주요 하천들이 어떻게 사회적으로 구성돼왔으며, 그것이 다시 사회적 관계에 어떤 영향을 미치고 있는지 살펴보기로 하자.

자연에 이름이 붙여지는 순간 그 자연은 사회적 존재가 된다

이름을 알고 나면
이웃이 되고

색깔을 알고 나면
친구가 되고

모양까지 알고 나면
연인이 된다.

아, 이것은 비밀●

앞의 글은 나태주 시인이 풀을 소재로 쓴 연작시 중 하나인 「풀꽃 2」이다. 시에서 화자는 어느 풀꽃의 이름을 알아낸다. 곧 그 풀꽃은 이

● 나태주, 「꽃을 보듯 너를 본다」, 지혜, 2015.

웃이 되더니 친구를 거쳐 연인으로까지 발전하게 된다. 숲이나 들판에 자라는 다양한 초본식물을 한데 묶어 풀이라고 부른다. 풀은 어느하나의 특정한 식물을 지칭할 때보다는 이름 모를 식물들을 집합적으로 가리킬 때 쓰는 말이다. 그러한 풀들 중에서 이름을 알고 있는 대상이 있다면, 그것은 다른 풀들과 달리 보이게 된다. 평상시에 민들레를알고 있었다면 숲이나 들을 산책할 때 다른 어떤 풀들보다 민들레가눈에 띄기 마련이다. 인간은 언어를 통해 존재를 선택적으로 지각하고 인식하기 때문이다.

시인이 풀꽃과 관계를 맺어간 방식은 사람들이 자연을 인식하고 해석하는 과정에도 그대로 적용된다. 연속적으로 펼쳐진 광범위한 자연 중에서 특정한 자연을 떼어내어 차별적으로 인식하기 위해서는 언어가 필요하다. 국토 최동단에 위치한 바위섬들을 떠올리기 위해서는 '독도'라는 두 글자가 필요하고, 한강부터 금강, 영산강, 낙동강까지흐르는 강줄기는 '4대강'이라는 이름을 통해 그 존재가 드러나게 된다. 물리적인 측면에서는 독도와 4대강 모두 그 이름과 무관하게 존재하지만, 이들이 인간의 인식 체계 안으로 들어오기 위해서는 반드시사회적으로 합의된 언어의 도움을 받아야 한다.

자연에 이름을 붙이고 의미를 규정하는 것은 다양한 사회적 맥락에처한 다수의 행위자들에 의해 수행된다. 따라서 동일한 자연이 상반된 이해를 가진 행위자들에 의해 상이하게 재현되는 과정에서 대립과갈등이 발생하기도 한다. 전 세계인이 이용하는 인터넷 지도에서 독도와 동해를 표기하는 방법을 둘러싸고 벌어지는 한·일 양국 간의 대립과 갈등은 자연이 어떻게 사회적으로 구성되는지를 극명하게 보여주는 사례이다. 인터넷 지도를 제공하는 글로벌 IT 기업들이 일본 정부의 요구를 받아들여 독도를 '다케시마'로, 동해를 '일본해·동해' 병기가 아닌 '일본해' 단독으로 표기할수록 독도와 동해는 우리나라 사람들의 민족의식을 고취하고 대한민국의 영토 주권을 상징하는 핵심적인 장소가 된다. 이처럼 자연에 특정한 이름이 붙여지는 순간, 그 자연은 그저 있는 그대로의 대상이 아니라 특정 가치나 의미를 담은 자연으로 바뀌게 된다. 다시 말해, 가치중립적인 물리적 대상에서 가치지향적인 사회적 자연으로 전환되는 것이다.

자연을 사회적으로 구성하는 과정에서 발생하는 대립과 갈등은 국가들 사이뿐만 아니라 한 국가 내에서도 발생한다. 우리나라에서는 1960~1970년대 국가 경제발전 과정에서 각 지역의 하천에 경제발전에 필요한 기반시설인 다목적댐이 건설되었는데, 이 과정에서 지역 간의 충돌과 갈등이 있었다. 국가가 지역의 이해관계보다 국가적 차원의 발전을 명분으로 삼아 각 지역의 대표 하천들을 '4대강'이라는 국가적 스케일로 틀 짓기를 시도하면서 오늘날 우리가 알고 있는 4대강에 대한 인식이 형성되기 시작했다.

2020년대인 현재에 4대강을 떠올려보라면 우리는 4대강을 구성하는 강들(한강, 금강, 영산강, 낙동강)이 위치한 개별 지역보다는 하나로 통합된 수계를 떠올린다. 누군가는 국가적 스케일에서의 4대강은 알더라도 지역 스케일로 내려가서 구체적으로 지역의 어떤 강들이 4대강에 속하는지는 모를 수 있다. 이처럼 오늘날 국가적 스케일로 인식되고 있는 4대강은 왜 3대강도 5대강도 아닌, 하필 4대강이 되었을까?

우리 사회에서 4대강이라는 용어는 1960년대 후반 이전에는 존재하지 않았다. 이 용어가 출현하기 이전의 각 하천들은 그 지역의 주민들이 필요에 따라 자유롭게 이용할 수 있는 자유재였지, 화폐적 가치를 갖는 경제재가 아니었다. 하지만 군사 쿠데타로 집권한 박정희 정권이 자신의 취약한 정치적 정당성을 보완하려는 일환으로 경제개발 계획을 추진하면서 각 지역의 하천 이용은 지역주민을 위한 목적보다 국가 경제발전을 위한 목적이 우선하기 시작했다. 1961년 건설부 산하에 수자원국이 신설되면서 물을 자원으로 보는 인식이 생겼고, 국가는 물을 대량으로 가둬 각종 용수(공업용수, 농업용수 등)로 공급하거나 전력을 발전할 수 있는 다목적댐 건설이 국가 경제를 발전시킨다고 선전했다.

지금까지 자유재로서 자유롭게 물을 이용했던 지역주민들은 댐 건설로 인하여 더 이상 물의 이용이 자유롭지 못하게 되고, 수몰로 인해 농사를 짓던 터전이 사라지거나 강제 이주를 겪게 되면서 국가에 반발하기도 했다. 박정희 정권이 군사 쿠데타로 국가권력을 장악한 상황이어서 지역의 반발이 크지 않았을 것으로 예상할 수 있다. 하지만 예상을 벗어난 사례들이 있다. 가령 강원도 춘천에서 의암댐(1967년 완공) 건설로 초래될 지역의 경제적·사회적·환경적 피해를 우려한 지역주민들 중 수천 명은 1965년 12월 서울의 한국전력 본사로 상경해 시위를 벌였고, 지역신문에서는 "댐을 부숴버리겠다"[*]는 주민들의 강

●《강원일보》 1965년 12월 5일 자.

경한 목소리를 전했다. 당시 지역주민들은 순순히 국가정책을 따르지 않았던 것이다.

박정희 정권은 자신들이 세운 경제발전계획을 추진하기 위해 안정적인 수자원 확보가 필요했고, 의암댐 사건과 같은 지역의 반발을 무마하고 일반 국민들의 지지를 얻어야 했다. 그리하여 1966년 다목적댐의 신속한 건설을 보장하는 '특정다목적댐법'이 제정되고, 댐 건설을 맡을 정부 산하 조직인 한국수자원개발공사(현재의 한국수자원공사)가 1967년에 설립되었다.

특히, 경제발전 전략이 1960년대 경공업 중심의 수입대체 산업화에서 1970년대에는 중공업 중심의 수출 주도 산업화로 변화하면서 이전보다 훨씬 많은 공업용수 및 전력의 확보가 필요할 것으로 예측되었고, 이에 대규모 다목적댐의 필요성도 증대되었다. 그리하여 박정희 정권은 각종 용수로 이용할 하천 수량의 과학적 측정과 다목적댐 건설 위치를 선정하기 위한 기초 조사로 4대강 유역 조사를 실시했다. 그 결과를 바탕으로 1970년 대통령 직속 4대강유역종합개발위원회를 설립하고, 1971년 4대강유역종합개발계획(1972~1981)이 수립되었다. 또한 중공업 육성이 담긴 제2차 경제개발5개년계획(1967~1971)에도 4대강 유역 개발이 포함되었는데, 상징적으로 제2차 경제개발5개년계획 기념우표에는 "4대강유역개발"이라는 문구가 들어가 있다.

앞서 언급된 계획들에 따라서 각 하천에는 소양강댐, 대청댐, 안동댐과 같은 대규모 다목적댐이 건설되었고, 더 이상 개별 강의 이름이 아닌 4대강으로 호명되는 게 자연스러워졌다. 또한 정부와 언론은

제2차 경제개발5개년계획 기념우표

(출처: 한국우표포털서비스)

전근대적 하천이 댐 건설을 통해 근대화가 되고, 우리에게 살기 좋은 '낙토(樂土, 행복하게 살 수 있는 좋은 땅)'를 제공할 것이라 선전하면서 4대강 개발에 대한 긍정적 인식을 심었다. 이제 4대강은 국가 경제발전과 동의어가 된 것이다. 그 과정에서 각 지역의 하천들은 지역주민들이 자유롭게 이용할 수 있는 자유재가 아닌, 국가 소유의 경제재이자 국가 주도의 수자원 정책이 추진되는 국가 공간으로 변화했다.

요약하면, 국민에게 보여줄 경제발전계획의 성공이 절실했던 박정희 정권은 수자원개발계획을 추진하는 과정에서 지역의 반발을 무마하고 국민들의 지지를 얻기 위해 네 개의 하천을 하나로 묶어 4대강이라는 이름이 붙여진 사회적 자연을 만들어낸 것이다.

이처럼 동일한 자연이라도 그것이 재현되는 방식은 사회집단의 이해관계에 따라 상이하게 나타난다. 그리고 자연의 상이한 재현은 사회 구성원들이 자연을 서로 다르게 지각하고 해석하는 데 많은 영향을 미친다. 따라서 인간이 자연을 인식하는 방식은 개인의 심리적 차원을 넘어 그들이 처한 사회적 맥락에 따라 달라지는 사회적 행위로 이해되어야 한다. 자연은 인간이 사는 세계의 저편에 독립적으로 존재하는 가치중립적인 대상이 아니라, 인간이 살아가는 사회 안에서 선택적으로 인식되고 끊임없이 재생산되는 가치지향적인 대상이다.

자연의 사회적 재구성과 인간의 이익 추구

자연은 인간의 간섭으로 인해 끊임없이 변형되고 있다. 지구상에 인간이 출현한 이래, 자연은 그 형태와 물리적 구성이 지속적으로 변화했다. 인간은 야생동물들을 자신의 목적에 맞게 가축으로 길들였으며, 농작물을 재배하기 위해 숲과 초지를 농경지로 바꾸어왔다. 상습적인 침수의 위험에 노출되었던 하천 주변은 인공 제방을 건설하고 배수 시설을 정비하여 거주하기에 적합한 공간으로 탈바꿈시켰으며, 석유나 천연가스 등의 지하자원을 개발하기 위해 시베리아와 알래스카 곳곳에 도로와 도시를 건설했다. 오늘날 지구상에서 인간의 손길이 거치지 않은 '자연 그대로의 것'을 찾기란 쉬운 일이 아니다.

물론 인간만이 자연에 영향을 미치는 것은 아니다. 개미는 땅속이나 굵은 나무 기둥 안에 자신들의 정교한 왕국을 건설하고, 비버는 하천이나 늪에 나뭇가지와 흙을 이용해 견고한 댐을 쌓기도 한다. 그러나 인간이 자연에 미치는 영향력은 다른 동물들보다 훨씬 광범위하고 파괴적이다. 인간과 자연의 상호작용은 결코 정해진 틀 안에서 반복적으로 진행되지 않는다. 인간이 자연과 맺는 관계는 특정 집단의 자본을 유지하고 증식하는 방향으로 이루어진다. 인간이 자연을 개조하는 이유는 인류 전체의 생존과 번영을 위해서라기보다는 일부 세력의 이익과 깊은 관련이 있는 경우가 많다.

현재 아프리카 대륙 곳곳의 숲과 초지를 파괴하며 건설되고 있는 대규모 농장들은 인류의 식량문제를 해결하기 위한 방편으로 이루어지는 인도적인 행위가 아니다. 다국적 농업회사가 자신의 이익을 관철하려는 과정에서 나타난 현상이다. 특정 세력의 자본이 자연에 가하는 압력은 생태적으로 불균등한 지리를 창출하기도 한다. 부유한 국가에 사는 사람들의 삶의 질을 위해 각종 공해 산업들이 가난한 나라 혹은 같은 국가의 부유한 도시로부터 가난한 도시로 이전한 결과, 생태적으로 혜택을 입는 지역과 피해를 보는 지역이 차별적으로 나타나게 되었다.

사회적 자연은 자연에 영향을 미치는 인간의 목적과 그것이 창출하는 불균등한 지리에 관해 질문한다. 자연을 사회적으로 재구성할 수 있다는 것은 특정 집단의 이익을 위해 자연을 정치적인 수단으로 이용할 수 있다는 의미이기도 하다. 대표적인 예로 이명박 정부에서 추진한 4대강 살리기 사업을 들 수 있다. 4대강 살리기 사업을 기념하여 우표를 발간한 정부 기관은 4대강 살리기 사업이 "해마다 반복되는 수해를 예방하고, 수질 개선과 생태 복원을 통해 우리 하천을 건강한 하천으로 지키며, 수변 여가 공간을 조성하여 삶의 질을 개선하고 이와 더불어 지역 발전을 꾀한다는 목적을 가지고 추진"하였다면서 본 사업의 핵심인 댐을 우표의 배경 그림으로 실었다. 그러나 4대강 사업이 완료된 현재, 그 효과에 대한 다양한 의문이 제기되고 있다.

4대강 살리기 기념우표(출처: 한국우표포털서비스)

4대강 살리기 사업은 가뭄과 홍수를 방지하고 하천 생태계를 복원할 목적으로 열여섯 개의 댐들을 하천 유역에 건설했다. 이처럼 인간이 과학기술을 이용해 지형을 바꾸고 유량과 유속을 변화시켰다는 점에서 새로운 사회적 자연이 만들어진 것이다. 하지만 건설된 댐들로 인해 유속이 느려지고, 또 기후변화의 영향으로 고온현상이 장기간 지속되면서 심각한 녹조 현상이 발생했다. 녹조는 물속에 사는 생명체들의 생존에 필요한 햇빛과 산소의 유입을 차단하면서 하천 생태계를 파괴했다. 게다가 유속이 느려진 데 따라 물이 고인 지점에서는 악취를 내뿜는 외래종 큰빗이끼벌레의 개체 수가 급격히 증가해 하천 생태계가 변화될 것으로 우려되고 있다.

그렇다면 정부는 이처럼 환경에 막대한 피해를 입히고 지역주민들의 삶의 질을 떨어뜨리는 사업을 왜 강행한 것일까? 그것은 정부가 4대강 살리기 사업을 통해 이익을 얻는 집단의 요구를 수용했기 때문이다.

4대강 중 낙동강의 녹조 현상

'녹조라테'라는 신조어가 나왔을 정도로 4대강의 녹조 현상이 심각하다.

감사원의 조사에 따르면, 4대강 살리기 사업에 참여한 대기업 건설사들은 합법적인 경쟁 입찰을 통해 선정된 것이 아니라, 건설사들끼리 낙찰 예정자를 사전에 협의하는 담합을 저질러서 막대한 이익을 챙긴 것으로 드러났다. 굴지의 건설사들이 1960~1970년대에 건설한 다목적댐, 고속도로, 발전소와 같은 사회 기반 시설들은 한국의 경제성장 초기 단계에 매우 중요한 역할을 했다. 하지만 눈부신 경제성장을 이루고 사회 기반 시설이 충분히 구축된 오늘날에도 대기업 건설사들은 댐과 보 건설로 인하여 야기될 경제적·사회적·환경적 문제들을 우려한 시민사회의 비판에도 불구하고, 자신들의 이익을 관철하기 위해 4대강 살리기 사업을 지지한 것이다.

4대강 살리기 사업으로 변형된 하천 생태계는 가치중립적인 과학기술의 결과물이 아니다. 자연이 변형되고 재생산되는 지점에는 기술적인 요인뿐만 아니라 정치적·경제적인 힘들이 깊숙이 개입한다. 자연을 변형시키는 힘은 그것을 통해 특정한 목적을 달성하고자 하는 인간의 의도와 분리될 수 없다. 4대강 살리기 사업을 통해 나타난 부정적인 현상들은 이 사업을 통해 자신들의 이익을 관철하려는 집단들의 의도와 행위 속에 내재되어 있던 결과이다.

인간과 비인간이 함께 환경 위기를 넘어서기

오늘날 자연은 이윤을 창출하기 위해 끊임없이 형태와 구성이 바뀌기를 강요받고 있다. 자본의 증식을 위해 자연이 생산되고 재구성되고 있는 것이다. 이러한 과정에서 인간과 생태계를 위협하는 수많은 문제들이 발생하고 있으며, 이를 해결하기 위해 큰 사회적 비용이 지불되기도 한다. 4대강 살리기 사업을 통해 살펴보았듯이 사회적 자연은 환경문제가 사회의 구조적 측면으로부터 기인하고 있음을 알게 해준다. 또한 자연을 사회로, 인간을 자연으로 다가서게 하여 두 주체가 어떻게 만나야만 지속 가능한 지구를 만들어갈 수 있는지에 관해 성찰하도록 도와준다.

인간과 자연이 상호 긴밀한 관계를 맺고 있다는 이해가 깊어질수록 인간의 필요를 충족하고자 자연을 자원으로만 바라보는 것을 당연시한 우리의 인식, 즉 인간중심주의도 성찰하게 된다. 근대화 이전에 자유재로서 하천을 인간이 자유롭게 이용하고, 박정희 정권에서 본격적으로 사회적 자연으로서 4대강을 형성하고, 이명박 정권에서 4대강 살리기 사업이라는 국가 프로젝트가 추진되었던 배경에는 모두 인간의 필요를 실현시키기 위해서였지, '비인간 자연'의 필요에 대한 고민은 부재했다. 4대강에 녹조 현상이 발생하고 큰빗이끼벌레가 급증한 것은 자신들을 내버려두라는 비인간 자연의 인간을 향한 외침일 수 있다. 뉴질랜드의 마오리족은 이러한 비인간 자연의 외침에 먼저 귀를 기울였다.

인간이 만든 법체계는 권리와 의무가 귀속되는 법인격을 인간에게 배타적으로 부여해왔다. 그런데 2017년 뉴질랜드 대법원은 뉴질랜드 북섬의 황거누이(Whanganui)강에게 법인격을 부여했다. 그러니까 한강, 낙동강과 같은 하천이 권리와 의무를 갖게 된 상황인 것이다. 이러한 대법원 판결은 황거누이강을 이용하는 마오리족의 끊임없는 요청에 의하여 가능했다. 마오리족은 황거누이강이 인간들의 필요에 의해서만 이용되면 결국 하천 생태계가 파괴될 것을 우려했다. 물론 황거누이강이 법인격을 인정받았다고 해서 강에 오염이 발생했으니 직접 법원에 출두해 자신의 권리를 주장할 수는 없다. 하지만 법인격이 부여된 하천은 인간 대리인을 통하여 자신의 권리를 주장할 수 있다. 황거누이강의 대리인으로 지역에 오래 거주해온 마오리족이 선정되었다. 대리인이 된 마오리족은 정부로부터 황거누이강 관리에 대한 지원금을 받기도 하지만, 금전적 이유 때문에 강의 법인격을 주장한 것은 아니었다. 오랫동안 지역에 거주하면서 자연과의 깊은 교감을 경험한 마오리족은 인간의 필요가 아닌, 비인간 자연의 필요를 이해할 수 있었고, 그러한 상호작용을 바탕으로 국가를 상대로 강의 법인격 인정을 요구할 수 있었던 것이다. 비인간의 필요를 반영한 하천 관리는 자본 증식만을 위하여 자연을 활용하려는 인간의 욕망과 대조적이다.

사회적 자연은 인류가 직면한 환경 위기가 근본적으로 어디에서부터 시작되었는지를 파악하기 위해서 자연에 압력을 가하는 인간의 행위를 야기하는 정치적·제도적·이데올로기적 측면에 대한 탐색의 필요성을 촉구한다. 또한 환경 위기를 해결하기 위하여 우리 안의 인간중심주의의 한계를 확인하고, 지속 가능한 지구를 위해 인간과 비인간 자연이 새로운 관계를 맺어야 한다는 강력한 메시지를 전하고 있다.

법인격을 부여받은 뉴질랜드의 황거누이강

1 자연은 정말 인간의 손길이 닿지 않은 '순수한 것'일까? 우리가 일상에서 접하는 자연(공원, 하천, 농촌 풍경 등) 가운데 사회적 자연의 예를 찾아보고, 왜 그렇게 볼 수 있는지 토론해보자.

2 자연에 이름을 붙이는 행위는 왜 중요할까? '독도', '4대강'처럼 자연에 붙여진 이름이 사람들의 인식과 행동을 어떻게 바꾸는지, 글에 나온 사례를 중심으로 이야기해보자.

3 자연을 개발하는 것은 언제 정당화될 수 있을까? 경제발전과 환경보호 중 하나를 선택해야 하는 상황이 온다면, 우리는 어떤 기준으로 판단해야 할지 논의해보자.

4 강이나 숲 같은 자연에게 '권리'를 인정하는 것은 가능하고 바람직할까? 뉴질랜드 황거누이강의 법인격 사례를 참고하여, 우리나라에서도 자연에 권리를 부여하는 제도가 필요하다고 생각하는지 의견을 나눠보자.

5

기후변화 시대, 우리의 삶은 지속 가능한가?
탈탄소 사회로의 전환이 답이다

영화 속 암울한 지구촌 미래, 정말 현실이 될까?

아름다운 별, 지구에서의 인류의 삶은 먼 미래에도 지속 가능할까? 우주를 다룬 SF 영화 〈인터스텔라〉는 기상 악화로 식량 자원이 부족해지는 문제에 직면한 2040년의 지구촌을 배경으로 시작한다. 먼지가 풀풀 날리는 삭막한 지구의 식량 위기를 뒤로한 채 인류 생존에 적합한 행성을 찾아 나선 주인공의 목숨을 건 악전고투가 눈물겹게 그려진다. 미래를 다룬 또 다른 영화, 봉준호 감독의 〈설국열차〉는 기상 이변으로 꽁꽁 얼어붙은 지구촌에서 유일하게 살아남은 사람들이 열차를 타고 똑같은 궤도를 달리며 벌어지는 우울한 인류의 미래를 그린다. 부족한 자원을 두고 열차 앞 칸의 상류층과 꼬리 칸의 빈곤층 간에 벌어지는 극단적인 갈등은 참혹하기까지 하다.

화제가 된 또 다른 영화, 레오나르도 디카프리오가 주연을 맡은 〈돈 룩 업〉이 그린 지구의 미래는 어떤가? 지구를 멸망시킬 정도의 거대한 혜성이 지구로 접근하는 상황에서도 선거와 지지율에 매몰된 정치인들은 진실을 외면하고, 대중매체는 자극적인 가십거리로만 사안을 다룬다. 이처럼 과학적 경고를 무시하고 무관심과 분열, 조롱으로 일관하다가 인류는 파국을 맞게 된다. 그 파멸의 순간, 아이러니하게도 소수의 특권층만이 몰래 제작한 우주선을 타고 지구를 탈출하여 새로운 행성을 향해 떠난다. 세 편의 영화에서 예견한 암울하고 황량한 지구, 더 황량한 우주 속에서 펼쳐지는 미래 인간들의 고군분투기는 단지 영화 속 한 장면으로 끝날까? 아니면 나와 우리 후손들이 앞으로 겪을 미래의 모습일까?

사람들이 지구촌의 미래를 이토록 어둡게 상상하는 것은 아마 지구촌 곳곳의 현실이 그 단초를 제공하고 있기 때문일 것이다. 2011년 70억 명이던 세계 인구는 2022년 80억 명을 넘어섰으며, 2037년에는 90억 명을 넘을 것으로 예상된다. 그만큼 자원 소비는 늘어날 것이고, 생태 환경은 파괴될 것이다. 오늘날 세계는 다양한 이권과 갈등에 얽혀 전쟁이 빈번해지며 난민도 급증하고 있다. 게다가 지구촌 곳곳에서 가뭄과 산불, 폭풍과 홍수, 폭염에 한파와 폭설까지 이상기후가 끊임없이 보고되고 있다. 살기 힘들어진 사람들은 고향을 등지고 지구촌 곳곳을 떠도는데, 그 수만 1억 2천만 명을 넘어섰다. 이러한 강제

지구온난화에 대한 경각심을 촉구하기 위한 몰디브의 수중 내각회의

네팔의 히말라야 각료회의

실향민들 중에는 분쟁이나 박해 외에 기후변화로 인한 재난 때문에 이주해야 하는 '기후 난민(climate refugee)'도 포함될 수 있는데, 기후 난민은 국제법적 난민으로 인정되지 않아 공식적인 집계나 숫자 파악이 어렵다. 분명한 것은 기후 난민의 수가 매년 증가해 전쟁이나 분쟁으로 인한 실향민 수를 앞지르는 해도 빈번해지고 있다는 점이다. 세계은행(World Bank) 등의 주요 기관들은 2050년까지 기후변화의 영향으로 최대 2억 명이 강제로 이주할 수 있다고 경고하고 있다.

기후변화는 전 인류가 마주한 위기다

2025년에도 어김없이 환경위기시계가 발표되었다. 환경위기시계의 바늘은 세계가 9시 33분, 한국은 8시 53분을 가리키고 있다. 환경위기시계는 전 세계의 환경 전문가들이 참여해 지구 환경 파괴에 따른 인류 생존의 위기 수준을 시간으로 시각화한 자료로, 12시 자정에 가까워질수록 위기 인식이 높다는 의미이다. 세계 평균은 지난 25년간 위험 구간인 9시대를 기록 중인 반면, 한국은 2024년 9시 11분이던 것이 뒤로 물러나며 20년 만에 처음 8시대로 내려갔다. 문제는 이런 변화가 실제 환경이 개선되었기 때문이 아니라 위기를 위기로 느끼지 않는 한국 사회 전반의 '기후 무감각증' 때문이라는 지적이 있다는 점이다.

세계경제포럼에서 발간한 「2025 세계 위험 보고서(Global Risks Report)」에서도 10년 이내 마주할 심각한 위험 1위로 '극단적 기상 현상'이 선

매우 위험　　　　　　　　　　　**위험**

2025년 세계와 한국의 환경위기시계(출처: 환경재단)
환경재단·아사히글라스재단은 매년 공동으로 환경위기시계를 발표한다. 2025년 설문조사에는
전 세계 121개국 1,751명의 환경·지속가능발전·ESG 전문가와 시민사회 활동가가 참여했다.
시간대별로 0~3시는 양호, 3~6시는 불안, 6~9시는 심각, 9~12시는 위험을 나타내며, 12시에
가까울수록 인류의 생존이 불가능해진다는 걸 의미한다.

택되었고, 뒤이은 2~4위까지 모두 환경과 연관된 위험이 제시되었다.

　이처럼 기후변화를 비롯한 환경문제는 인류에게 중차대한 문제이
다. 특히 최근의 기후변화는 산업화·도시화와 같은 인위적 요인에 의
한 것으로, 지난 200년간 누적된 경제성장의 결과물이다. 우리나라는
지구온난화로 인해 해수면이 상승해 침수되고 있는 섬나라도 아니고,
만년설이 녹아내리는 산악국가도 아니니까 상관없는 일이라고 말할
수 있을까? 지구촌에는 가뭄으로 인한 산불, 집중호우로 인한 도시 침
수 등 이상기후 때문에 눈물짓는 사람들이 많다지만 내가 살고 있는
지역과는 무관하니 안심할 수 있을까? 세계는 네트워크로 얽혀 돌아
간다. 내가 먹는 음식, 내가 입는 옷, 내가 숨 쉬는 공기까지 무엇 하나

10년 이내 마주할 위험 상위 5위(출처: Global Risks Report 2025)

1. [환경적] 극단적 기상
   Extreme weather events
2. [환경적] 생물다양성 손실과 생태계 붕괴
   Biodiversity loss and ecosystem collapse
3. [환경적] 지구 시스템의 중대한 변화
   Critical change to Earth systems
4. [환경적] 천연자원 부족
   Natural resources shortages
5. [기술적] 허위 정보와 왜곡 정보
   Misinformation and disinformation

독자적인 것이 없다. 기후변화는 식량 생산, 산업, 인구 이동, 생태 환경 등 전방위적인 영향을 미친다. 지구촌의 그 누구도, 더 나아가 미래 세대까지도 기후변화로부터 자유로울 수 없다. 기후변화는 더 이상 미룰 수 없는 인류의 숙제인 셈이다.

글로벌 기후 거버넌스, '공동의 그러나 차별화된 책임'

기후변화의 책임은 누구에게 물어야 할까? 산업화의 정도에 따라 기후변화에 미친 영향이 다른 만큼 국가마다 책임 정도가 다를 수밖에 없다. 하지만 기후변화는 전 세계적으로 영향을 미치는 지구적 차원의 위기이기 때문에, 개별 국가의 대응뿐 아니라 지구적 차원의 협력과 대안 모색이 필요하다. 기후변화에 대한 지구촌의 논의는 1990년대부터 시작해 오늘날까지 이어지고 있다. 오늘날의 기후변화에 관한 갈등이나 합의를 이해하기 위해서는 그 전개 과정을 개괄적으로 살펴볼 필요가 있다. 중요한 진전을 이룬 회의를 중심으로 기후변화 협의의 역사적 맥락을 짚어보기로 하자.

첫 번째 진전은 1992년 브라질 리우데자네이루의 지구정상회의(Earth Summit)와 함께 열린 유엔환경개발회의에서 166개국 정상이 서명함에 따라 유엔기후변화협약(UNFCCC)이 체결된 것이다. '리우회의'는 사회주의 체제가 무너진 후 세계의 시장과 시민사회가 하나로 연결되는 지구화 시대를 본격적으로 맞이해, 세계 각국 정상들이 모여 공동의 미래를 전망하고 공동의 과제를 도출한 뜻깊은 장이었다. 이 회의에서 지구 공동체가 직면한 과제로 '기후변화' 의제가 제시되었고 이에 대한 공동의 대응 노력이 필요하다는 점이 합의되었다.

물론 합의 과정에는 큰 진통이 있었다. 이미 산업화의 완숙기에 있는 선진국들과 이제 막 세계화된 경제에 진입하여 산업화의 희망을 품고 있는 개발도상국들의 입장이 달랐기 때문이다. 이에 '공동의 그러나 차별화된 책임'의 원칙이 도출되었다. 다시 말해 산업화를 먼저 달성한 24개 OECD 국가와 11개 전환경제국*이 온실가스 배출에 더 큰 책임이 있으므로 개도국보다 먼저 감축 노력을 실시해야 한다는

• 사회주의 계획경제에서 벗어나 시장경제로 전환 중인 국가들을 의미한다.

뜻이다(당시 한국은 OECD 국가가 아니었으므로 의무적 감축 대상국에서는 제외되었다).

두 번째 진전을 이룬 회의는 1997년 일본 교토에서 열린 제3차 당사국총회(COP 3)로, 기후변화 대응에 있어 중대한 발걸음을 내디딘 자리였다. 이 회의에서는 기후변화의 주범인 주요 온실가스에 대한 정의*가 이루어졌고, 2008~2012년(1차 공약 기간) 사이 1990년대 대비 온실가스 총배출량을 평균 5.2% 줄이자는 목표가 수립되었기 때문이다. 그리고 선진국과 개도국에게 차별적인 의무를 부여하는 '교토의정서'도 이때 채택되었다.

하지만 교토의정서의 운명도 순탄치는 못했다. 2001년 3월, 조지 부시 미국 대통령이 '불공평, 고비용'을 이유로 교토의정서 비준을 거부했으며, 더 나아가 미국 내에서는 기후변화 자체를 의심하는 '기후회의론'이 유포되기까지 했다. 우여곡절 끝에 교토의정서는 2005년부터 발효되었지만, 그 이후에도 여러 차례의 고비를 넘어야 했다. 이 과정에서 교토의정서 다음의 새로운 체제에 대한 논의는 마련되지 못한 채 교토의정서의 공약 기간을 연장(2013~2020년)하는 땜질 처방만 이루어졌다.

세 번째 진전! 2015년 파리에서 열린 제21차 당사국총회(COP 21)에서 마침내 기후변화 대응의 목표와 세부규칙을 포함한 '파리협정'이 체결되었다. 교토의정서 이후 18년 만에 새로운 합의에 도달하게 된 것이다. 파리협정에서는 2020년에 만료되는 교토의정서 체제를 대체

• 지구온난화는 대기 중의 온실가스(GHGs, Greenhouse Gases) 농도가 증가하면서 온실효과가 발생하여 지구 표면의 온도가 점차 상승하는 현상을 말한다. 온실효과를 일으키는 6대 온실기체는 이산화탄소(CO_2), 메테인(CH_4), 아산화질소(N_2O), 수소불화탄소(HFCs), 과불화탄소(PFCs), 육불화황(SF_6)이다.

파리 기후변화회의

전 세계에 벌어진 기후변화 종식 시위

할 신기후체제로 온실가스 배출 감소를 통해 환경과 경제, 사회 발전
의 조화를 이루는 '지속 가능한 발전'을 추구하기로 했다. 그러기 위
해 지구 평균기온의 상승을 산업화 이전 대비 '2℃보다 상당히 낮은

수준으로 유지'하기로 하고 1.5℃ 이하로 억제하기 위해 노력하기로 했다. 지구촌 곳곳에서 더 끔찍한 재앙이 터지기 전에 화석연료 시대를 끝내야 한다는 데 뜻을 모은 것이다.

선진국만이 아닌 협상 당사국 196개국이 모두 참여하여 자발적인 국가별 감축 목표를 수립해야 한다는 점도 교토의정서와의 큰 차이점이다. 또한 구속력 있는 협정인 만큼, 각국이 제시한 감축 목표는 2023년 이후 5년마다 점검하며 결코 후퇴해서는 안 된다는 원칙을 수립했다. 기후변화 대응에 소요되는 비용은 선진국을 중심으로 기존 국제개발협력기금(ODA)과는 구분되는 별도의 재원을 마련한다는 내용도 협정문에 공식적으로 포함되었다.

2015년 지구촌 각국 정상들은 왜 갑자기 착해진 걸까?

파리협정에서는 금세기 후반, 신규로 배출되는 온실가스가 제로에 수렴하는 탄소 중립(carbon neutral)에 도달하자는 목표를 세웠다. '탄소 중립'은 '넷제로(Net-Zero)'라고도 불리는데, 인간 활동에 의한 온실가스 배출량을 최대한 줄이고 남은 배출량은 흡수 또는 제거하여 순배출량을 '0'으로 만드는 것을 의미한다. 즉 저(低)탄소가 아니라 탈(脫)탄소 사회로의 전환을 이루자는 획기적인 주장을 담고 있는 셈이다. 1992년 유엔기후변화협약이 체결되고 여기까지 오는 데 23년이란 긴 시간이 걸렸다. 그동안 서로 자국의 이해를 내세우며 합의를 하지 못하고 갈등하던 국가들이 갑자기 지구를 위해 '착한' 결정을 내린 이유는 뭘까?

무엇보다 지구가 지속 가능하려면 시간이 얼마 남지 않았음을 과학자들이 끊임없이 증명하며 경고했기 때문이다. 과학자들은 대기 중의 이산화탄소 농도 450ppm을 기후변화의 중대한 분기점, 이른바 티핑포인트로 본다. 이 기준점을 넘어서면 세계의 평균기온은 산업혁명 이전과 비교할 때 2℃ 이상 올라가게 되는데, 그렇게 되면 홍수와 가뭄, 이상한파, 이상고온, 극지대 빙하 해빙에 따른 해수면 상승이 본격화되는 등 기후변화로 인한 재앙이 현실화될 가능성이 매우 높기 때문이다. 마치 탄성을 잃은 고무줄처럼 다시는 산업화 이전 수준으로 돌아갈 수 없을 것이라는 비관적 전망도 나오고 있다. 미국 해양대기청(NOAA)의 자료에 따르면 2023년 기준 이산화탄소 연평균 농도는 419.3ppm이었으며, 2024년에는 422.8ppm을 기록하며 계속해서 역대 최고 기록을 경신하고 있다.

유엔은 기후변화협약에 따라 '기후변화에 관한 정부 간 협의체(IPCC, Intergovernmental Panel on Climate Change)'라는 전문기구를 만들어 기후변화의 위험을 과학적으로 평가하고, 기후변화협약의 당사국들이 올바른 정책 결정을 내릴 수 있도록 보고서를 발행하는 임무를 부여했다. IPCC는 1990년 이후 총 여섯 차례의 기후변화에 관한 평가보고서를 발간했다. 출범 초기만 해도 기후변화를 인정하는 집단과 부인하는 집단 간의 이해관계가 첨예하게 대립했지만, 2007년 발표된 IPCC 제4차 보고서를 통해 기후변화가 명백하며 변화의 원인은 인간 활동의 결과일 가능성이 '매우 높다(90% 이상)'는 일치된 의견이 도출되었다.

구분	보고서 내용
1차 보고서(1990년)	인간 활동의 영향이 확실하지 않다.
2차 보고서(1995년)	기후변화는 인간 활동의 영향이 원인 중 하나일 수 있다.
3차 보고서(2001년)	기후변화는 인간 활동의 영향이 66% 이상이다.
4차 보고서(2007년)	기후변화는 인간 활동의 영향이 90% 이상이다.
5차 보고서(2013~2014년)	기후변화는 인간 활동의 영향이 95% 이상이다.
6차 보고서(2021~2023년)	기후변화에 대한 인간 활동의 영향이 명백하다.

기후변화에 관한 정부 간 협의체(IPCC) 보고서의 내용 변화

IPCC의 제5차 보고서에서는 지난 100년간(1901~2012년) 지구의 평균기온이 이미 0.89℃가 상승했다는 결과가 포함되었다. 변화를 위해 노력할 시간조차 그리 많이 남지 않았다는 심각한 경고인 셈이다. 이 보고서에 따라 2015년 파리에서 열린 당사국총회(COP 21)에서는 기후변화 대응이라는 전 인류적 과제를 놓고 토론이 벌어졌고, 파리협정을 통해 2021년부터 신기후체제를 출범시키자는 원칙이 합의되었다. 원칙이 합의되었다고 해서 곧바로 실행으로 이어지는 것은 아니다. IPCC의 제6차 보고서는 기후변화에 대한 인류의 행동 시한이 거의 끝나가고 있음을 강력히 경고하며, 1.5℃ 목표 달성을 위해 즉각적인 대규모의 행동을 촉구하고 있다.

이러한 과학자들의 경고만으로 국제사회는 신기후체제라는 합의에 도달할 수 있었을까? 교토의정서 체제에서 이해타산을 따지며 갈등하던 국가들이 갑자기 지구를 위해 '착한' 결정을 내린 또 다른 이유가 있다. 그것은 경제계가 화석연료 기반의 산업에 등을 돌리고 '저탄소 경제'를 선택했기 때문이다. 재생에너지를 늘려 에너지 수입 의존도를 낮추고, 에너지 단열 및 효율화 방안 등 저탄소 기술 분야에 투자해 경제성장을 도모한다는 것이다. 그도 그럴 것이 선진국을 중심으로 환경운동이 확산되고 이것이 사회제도로 반영되면서 탄소 규제 등이 강화되는 추세이기 때문이다. 여기에 발맞추지 못하면 기업도 성장하기는커녕 시장에서 퇴출당할 수 있다.

예를 들어 유럽연합(EU)의 환경 규제가 강화되면서 유럽에서 자동차를 판매하려면 2020년부터 제조사별 평균 이산화탄소 배출량을 $95g/km$ 이하로 낮춰야 하며, 2021년 이후에는 이 기준이 모든 판매 차량으로 전면 적용되었다. 이를 충족하지 못할 경우에는 $1g/km$ 초과할 때마다 차량 한 대당 매년 95유로의 벌금을 내야 한다. 이산화탄소 배출량 규제는 점차 강화되므로 과징금 부담은 점점 커질 테고, 궁극적으로는 내연기관차 판매 금지라는 시장 퇴출의 압박을 받게 될 것이다. 실제로 유럽 최대 자동차 제조사인 폭스바겐은 2020년 CO_2배출 목표를 소폭 초과했다는 이유로 1억 유로(약 1,300억 원)가 넘는 막대한 벌금을 유럽연합에 지불해야 했다. 이제 기업이 살아남기 위해서라도 연구개발에 힘을 쏟아야 하는 것이다. 2024년 기준 재생에너지, 전기차, 에너지 효율 분야에 대한 투자 규모는 화석 기반 에너지 투자보다 약 두 배 많은 수준으로, 그 격차는 점차 확대되고 있다. 이것은 무엇을 의미할까? 그린 산업이 미래 성장 동력임을 경제계에서도 알아차리고 발 빠르게 움직이고 있음을 뜻한다.

IPCC 1.5℃ 특별보고서 채택을 촉구하는 청소년들(출처: 청소년기후소송지원단)

2018년 인천 송도에서 열린 제48차 IPCC 총회장 밖에서 청소년 100여 명은 「지구온난화 1.5℃ 특별보고서」 채택을 촉구하는 플래시몹 활동을 했다. 당시 IPCC 이회성 의장은 직접 학생들을 만나 격려하며 "청소년의 요구를 적극 수용해 1.5℃ 보고서를 꼭 채택할 것"이라고 말했다. 이 총회에서 195개국 만장일치로 1.5℃ 특별보고서를 승인했다.

기후변화의 책임은 누구에게 물어야 할까?

신기후체제는 지난 200년간의 산업화 시대와 구분되는 새로운 패러다임을 요구한다. 지구적·국가적·지역적·개인적 차원에서 기존과는 다른 사고와 행동을 요구하며, 모든 분야에서 '지속 가능한가?'라는 질문이 중요해지고 있다. 이렇게 많은 육식을 먹으면 환경은 지속 가능한가? 초저가 옷이 넘쳐나는 가운데 쉽게 구입하고 빨리 폐기하는 방식은 지속 가능한가? 인공지능(AI) 사용에 따른 에너지 소비는 지속 가능한가? 1.5℃ 목표 달성을 위한 탄소 예산˙이 얼마 남지 않았는데, 지금과 같은 인류의 삶의 방식은 지속 가능한가? 묻고 또 묻고, 점검

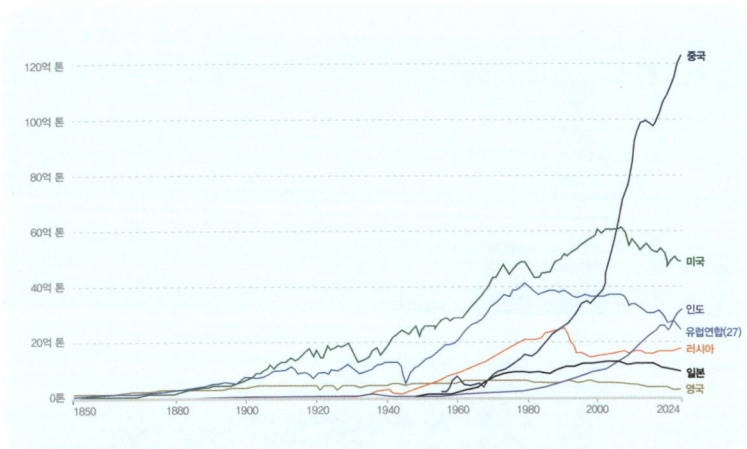

국가별 탄소 배출량 추이(1850~2024년 기준)(출처: Global Carbon Budget, 2025)

• 지구의 평균기온 상승을 1.5℃ 이내로 제한하기 위해 인류가 추가로 배출할 수 있는 온실가스의 총량을 의미한다.

하고, 해법을 찾아 나가야 한다.

그럼, 끝나지 않은 질문을 던져보자. 기후변화의 책임은 누구에게 물어야 할까? 2024년 기준 세계에서 탄소를 제일 많이 배출한 국가는 중국으로, 전 세계 배출량의 약 30%를 차지하며 그 증가세도 뚜렷하다. 이어 미국, 인도, 러시아 순으로 탄소 배출량이 많았으며, 27개 국가 연합인 유럽연합은 지속적으로 탄소 배출량이 감소하는 것으로 나타났다.

하지만 국가별 누적 이산화탄소 배출 비율을 살펴보면 이야기가 달라진다. 1750년 이후 가장 많은 이산화탄소를 배출한 국가는 미국으로, 누적 배출량의 약 1/4을 차지한다. 러시아와 영국, 유럽연합의 역

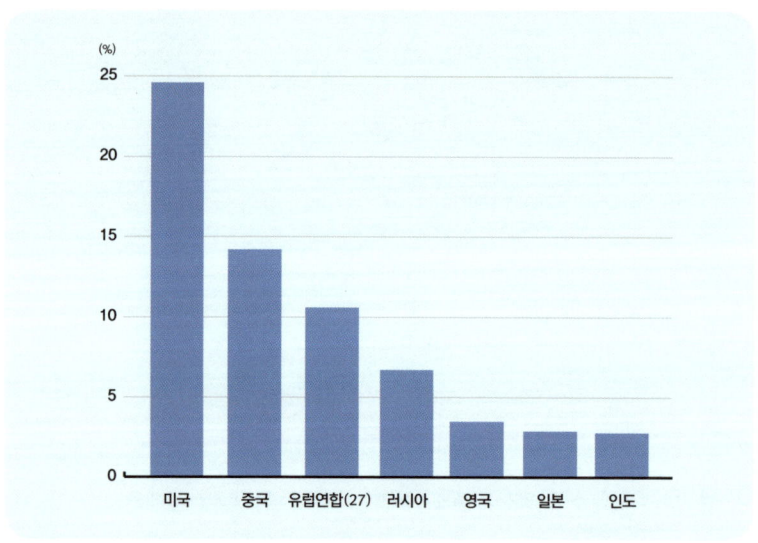

국가별 누적 CO_2 배출 비율(1750~2022년) 〔출처: Global Carbon Project (GCP) 2023; Our World in Data(2024)〕

사적 책임도 크다. 1980년대 이후 탄소 배출량이 급증하고 있는 중국과 인도의 누적 배출 비율도 점차 증가 추세이다. 하지만 1인당 탄소 배출량을 묻는다면 이야기가 또 달라진다. 이산화탄소는 한 번 배출되면 대기 중에 수백 년간 머무르기 때문에 기후변화의 주범으로 주목하는 것이다. 따라서 기후변화의 책임을 묻는다면 현재의 배출량과 누적 배출량, 국가별 배출량과 1인당 배출량, 산업화 수준과 무역구조 등을 종합적으로 살펴봐야 한다.

그렇다면 이어지는 질문. 기후변화의 책임을 국가 단위로 물어야 하나? 초국적 자본을 바탕으로 움직이는 거대 기업은 책임이 없나? 경제적 이윤을 추구해온 수많은 기업들이 화석연료를 기반으로 성장해왔고, 온실가스 감축 의무를 어쩔 수 없이 지켜야 하는 규제로 인식하는 경향이 있다. 기업이 환경에 대한 책임에서 벗어나기 위해 규제가 약한 개발도상국으로 공장을 이전해 탄소 배출에 대한 책임을 회피한다면 어떻게 해야 할까?

글로벌 공급망을 장악하고 있는 초국적 기업의 참여 없이 기후변화에 효과적으로 대응하기는 어렵다. 유럽연합은 탄소국경조정제도를 통해 기업이 규제가 약한 개발도상국으로 공장을 이전하여 제품을 생산하더라도, 이 제품을 다시 선진국 시장에 판매할 때 책임을 지도록 하는 장치를 마련했다. 또한 은행 및 투자 기관들이 기후 리스크를 반영하여 화석연료 관련 기업이나 기후 목표 이행이 부진한 기업에 대한 투자를 제한하는 일이 늘고 있다. 이러한 추세를 반영하여 기업 활동에 필요한 전력의 100%를 재생에너지로 사용하겠다는 캠페인 RE100(Renewable Electricity 100)에 자발적으로 동참하는 기업들이 증가하고 있다. 2014년 시작 당시 약 13개 기업이 참여했으며, 2024년에는 전 세계적으로 약 430개 기업이 참여하고 있다. 파리협정 발효 후 기업의 ESG(환경·사회·지배구조) 경영의 중요성이 증대되고 기업의 사회적 책임이 강화되면서, 기업은 이제 환경문제를 재무적 리스크로 인식하고 기후변화 대응을 필수적인 경쟁력으로 요구받고 있다.

탄소 중립으로 가는 길, 책임을 묻고 행동하는 시민들

국가와 기업을 움직이는 힘은 결국 국민과 소비자로부터 나온다. 기후변화의 문제를 자신의 일로 인식하고 문제 해결을 위해 적극적으로 나서는 시민들이 세상을 바꾸고 있다. 기후변화의 책임과 피해가 불평등하게 나타나는 현실에서, 정의로운 생태 전환을 추구하는 시민사회의 역할이 점차 중요해지고 있다.

2024년 말 기준, 전 세계에서 진행된 기후 소송은 약 3,000건에 달하는 것으로 보고되었다. 파리협정 체결 이후 기후 소송이 폭발적으로 증가하고 있는데, 사람들이 기후 위기 대응을 위해 법원으로 눈을 돌렸기 때문이다. 특히 정부의 불충분한 기후 목표가 미래 세대의 권리를 침해한다는 헌법 소송과 기업의 그린워싱•을 비판하는 소송이

• 실제로는 환경에 도움이 되지 않거나 오히려 해를 끼치면서도, 환경 친화적인 이미지를 과장하거나 왜곡하여 홍보하는 행위를 의미한다.

핵심을 이루고 있다. 네덜란드 우르헨다 재단 및 900여 명의 네덜란드 시민이 제기한 소송은 정부를 상대로 해 이긴 세계 최초의 기후 소송으로 기록되며, 전 세계 기후 소송에 막대한 영향을 미쳤다. 이어진 독일 노이바우어 소송, 그리고 최근 한국의 헌법재판소 기후 소송 등에서 시민의 손을 들어주는 판결이 잇달아 나오면서, 기후 소송이 단순한 경고를 넘어 실제 국가정책과 기업 전략을 바꾸는 동력이 되고 있는 것이 사실이다.

지속 가능한 세계를 위해서는 시민 개개인의 인식 전환과 생활양식의 변화가 필수적이다. 하지만 더 큰 틀에서 보면 탈탄소 사회를 향한 사회·기술·경제적 차원의 재구조화와 에너지·전력 부문의 전환이 동시에 이루어져야 한다. 시민과 지역사회, 기업과 국가, 국제사회가 모두 연결된 네트워크 사회에 살고 있는 우리는 기후변화의 책임에서 자유로울 수 없다. 기후변화라는 거대한 흐름을 바꾸기 위해서는 시민들의 연대와 협력이 절실하다.

사실 기후변화의 진행을 완벽하게 통제하는 것은 현재로서는 불가능한 일이다. 이미 대기 중에 배출된 온실가스로 인한 영향이 현실에서 나타나고 있기 때문이다. 따라서 기후변화에 대응하는 일은 온실가스의 배출을 줄이는 완화(mitigation) 활동뿐 아니라 거대한 변화에 인류의 생활양식을 적응(adaptation)시키는 활동도 중요하다. 기후변화의 영향은 사회경제적 취약 국가나 취약 계층에 더 큰 피해를 가져올 가능성이 크다. 국제적 차원에서는 주요 기후 취약국에 대한 기후변화 대응 ODA(공적개발원조)의 제공을, 국내적으로는 취약 계층을 위한 폭염 대책이나 겨울철 난방비 지원 등과 같은 기후 복지적 차원의 노력이 필요한 이유다. 인류의 미래를 위협하는 기후변화에 대응하기 위해 내가 속한 공동체는, 그리고 나는 어떤 선택을 해야 할까? 앞에서 이야기했듯 인류에게 남겨진 시간은 그리 많지 않다.

 한 걸음 더

1 미국이나 유럽연합은 지난 200년간 쌓아온 누적 탄소 배출량이 많고, 중국이나 인도는 현재 탄소 배출량이 많다. 기후 위기 해결 비용을 낼 때, 과거에 많이 배출한 국가와 현재 많이 배출하는 국가 중 누가 더 많이 부담해야 할까?

2 축산업은 온실가스 배출의 큰 원인 중 하나다. 기후 위기에 대응하기 위해 고기에 세금을 부과하는 '육류세'를 도입하거나 학교 급식에서 고기를 줄여야 한다는 주장이 있다. 이에 대한 생각을 이야기해보자.

3 유럽연합은 탄소를 많이 배출해 만든 제품에 세금을 매기는 '탄소 국경세'를 도입했고, 몇몇 선진국은 도입을 검토하고 있다. 이것은 기후 위기를 막기 위한 정당한 조치일까, 아니면 자국 산업을 보호하기 위한 또 다른 무역 장벽일까?

4 기후변화의 피해를 더 오래, 더 심각하게 겪을 당사자는 어린이와 청소년, 청년들이다. 기후 관련 정책을 결정할 때, 미래 세대의 표에 가중치를 주거나 투표 연령을 더 낮춰야 한다는 주장이 있는데, 이에 대해 어떻게 생각하는지 토론해보자.

6

다문화 공간의 조선족, 그들은 누구일까?
다양한 문화가 공존할 수 있는 공간이 필요하다

다문화란 무엇일까?

『완득이』는 2008년 김려령 작가가 발표한 장편소설로, 이후 영화화되어 많은 사람들에게 알려졌다. 소설은 고등학생 도완득의 성장 이야기를 다룬다. 주인공 완득이는 공부도 못하고 가난한 집에 살지만, 싸움만큼은 자신 있는 열일곱 살 소년이다. 작품 속에는 장애를 가진 아버지를 둔 아들이 겪는 어려움, 어릴 적 집을 나갔다 돌아온 베트남인 어

● 최근엔 '조선족'이라는 단어보다는 '중국 동포' 또는 법무부에서는 '한국계 중국인'이라 칭하는 등 다른 용어를 쓰고 있는 추세다. 이는 '조선족'이라는 명칭에는 비하하는 느낌이 담겨 있기 때문이다. 그러나 '조선족'이 아직까지는 학계에서 일반적으로 사용되고 일반인들과 학생들에게 많이 알려진 용어이므로 비하의 의미 없이 이를 그대로 사용하기로 한다.

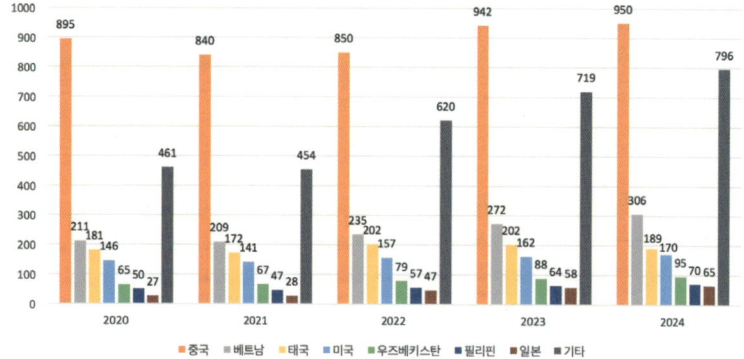

국적별 체류 외국인 수 변화(출처: 법무부 출입국통계)

머니의 존재, 그리고 외국인 노동자들의 인권 문제 등 다양한 사회 현실이 담겨 있다. 이는 우리 주변에서 벌어지고 있는, 그리고 앞으로 더 확산될 수 있는 '다문화 사회'의 단면이라 할 수 있다.

1990년대 이후 우리나라에는 외국인 이주자가 급격히 유입됐다. 이들 대부분은 이주 노동자와 결혼 이민자였다. 한국 사회는 세계적으로 낮은 출산율로 인한 노동력 부족, 특히 3D 업종 기피로 생긴 구조적 인력 공백, 그리고 농촌 총각을 비롯한 사회적 지위가 낮은 남성들의 결혼난 등으로 인해 외국인 이주자를 받아들일 수밖에 없었다. 이로써 다양한 민족과 언어를 사용하는 외국인의 수가 늘었고, 다문화주의와 다문화 정책에 대한 논의가 활발해졌다.

외국인 이주자들을 받아들이는 우리의 자세

외국인 이주자의 증가는 단지 그들만의 문제가 아니다. 그들이 우리의 생활공간에 들어온 이상, 한국 사회도 지금까지와는 다른 모습으로 변화해야 한다. 정부는 2006년부터 다양한 다문화 정책을 시행해왔다. 그러나 한국 사회의 다문화 정책은 오랫동안 단일민족 의식과 순혈주의를 강조해온 문화적 정서 속에서, 문화 다양성 확대보다는 외국인을 한국 문화에 동화시키려는 경향이 강했다.

예를 들어, 이주 여성을 대상으로 하는 언어교육은 그들의 언어를 존중하며 다양한 언어교육을 제공하기보다, 일방적으로 한국어 교육에 집중하거나, 김치 담그기 등 한국 문화를 주입하는 행사 위주로 진행되는 경우가 많다. 또한 정부 정책의 주요 대상이 다문화 가정, 특히 결혼 이민자에 국한되는 점도 문제다. 실제로 한국에 온 이주자 중 가장 큰 비중을 차지하는 것은 이주 노동자이며, 그들의 권익과 사회 통합을 위한 정책은 여전히 부족하다. 이주 노동자를 바라보는 국가의 시선은 합법적 이주 노동자와 불법 이민자를 구분하고, 불법 이민자를 색출해 제거해야 할 대상으로 설정하고 있을 뿐, 그들을 우리 사회의 구성원으로 받아들이고 이해하려는 체계적인 정책은 부족한 실정이다.

다문화 사회에서 다문화 공간으로

친구와 약속을 잡기 위해 통화를 하는 장면을 생각해보자. 대화 중에 우리는 흔히 이렇게 묻곤 한다. "너 어디야?" 우리는 상대방의 안부를 묻고 인사를 건네며 무의식적으로 상대방의 '위치'를 확인한다. 이 단순한 예는 인간의 삶에 있어서 장소와 공간이 얼마나 중요한지를 단적으로 보여준다. 인터넷과 같은 통신 네트워크로 전 세계가 연결된 현대사회에서도 영토성(territoriality)은 사회적 관계를 조직하는 중요한 원리인 것이다. 아무리 통신 속도가 빨라지고 교통 기술이 발달해도

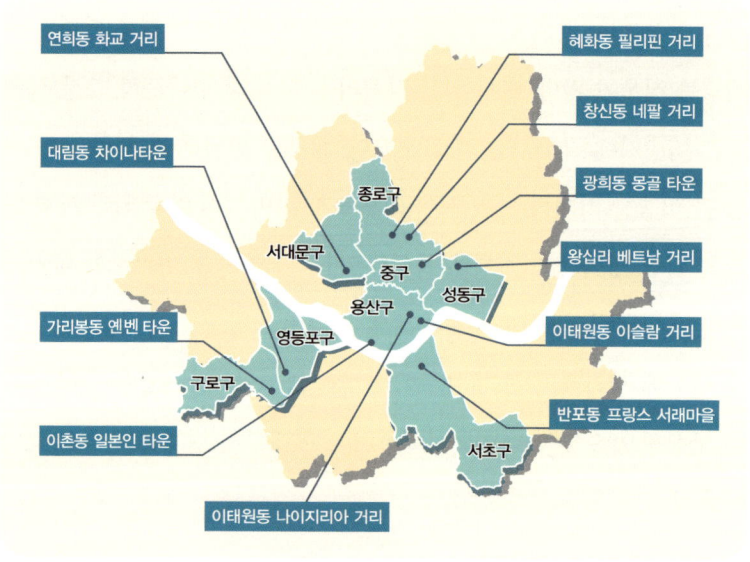

서울의 대표적인 다문화 공간(출처: 한국지리지 서울, 2015)

• 특정 공간이나 지역을 차지하고 통제하려는 인간 또는 집단의 사회적·정치적 행동 및 의식을 의미한다.

공간은 소멸되지 않는다. 단지, 성격과 의미가 변할 뿐이다.

다문화주의 또는 다문화 사회라는 말에는 공간적 의미가 포함되어 있다. 오늘날 발생하고 있는 인적·문화적 교류는 과거에는 볼 수 없었을 정도로 광범위하며 지구적 차원에서 이루어지고 있다. 이런 교류와 만남은 전 세계에 다양한 다문화 공간을 형성한다. 다문화 공간의 개념은 기본적으로 다문화주의 또는 다문화 사회에서 논의되어온 현상들을 공간적 차원에서 생각해볼 수 있도록 함으로써, '다문화'에 대한 이해를 더욱 높여줄 수 있게 도와준다.

지리학에서 말하는 다문화 공간은 기본적으로 사회 공간의 균질화를 목표로 하기보다는, 타자의 존재를 인정하며 문화적 차이에 대한 상호 존중을 전제로 한다. 즉 문화적 다양성에 관한 인정을 전제로 한 민주 정치의 이상을 내포한다고 할 수 있다. 다문화 공간은 정치적으로는 민주적 질서를 확립하고, 경제적으로는 불평등을 완화하며, 문화적으로는 다양성을 존중하는 조화로운 지역사회를 목표로 한다. 다문화 공간은 제도로 고정된 장소가 아니라, 사회 구성원의 합의와 조화를 통해 '만들어지고 유지되는 공간'인 것이다.

이주민들의 거주지 선택과 다문화 공간의 형성

한국의 대표적 다문화 공간으로는 서울 가리봉동과 대림동의 차이나타운, 경기도 안산시 원곡동의 외국인 마을, 프랑스인이 많이 거주하는 서울 반포동 서래마을 등을 들 수 있다. 서울 구로공단*과 가까운 가리봉동과 대림동, 구로동에는 1990년대 초반 조선족이 집단으로 거주하기 시작했다. 국내 체류하는 외국인 중 절반 정도가 중국인(조선족 포함)일 정도로 중국인은 한국에 거주하는 외국인 중 절대 다수를 차지한다. 일반적으로 외국에 거주하는 이민자들은 도시 내 특정 공간에 밀집해 고유한 지역공동체를 형성하며, 국내에 거주하는 조선족 역시 이와 유사하게 특정 지역에 집중되는 경향을 보인다.

중국인들 중 일부는 '한국' 또는 '서울'에 간다고 말하지 않고, '가리봉동', '대림동'에 간다고 말하기도 한다. 이것은 한국에 이주해오는 중국인들에게 '가리봉동'과 '대림동'이라는 지역 및 장소가 갖는 특별함을 보여주는 사례다. 가리봉동으로 조선족이 모이는 건 그 장소를 중심으로 조선족들의 사회적 네트워크가 형성되어 있어 구인과 구직

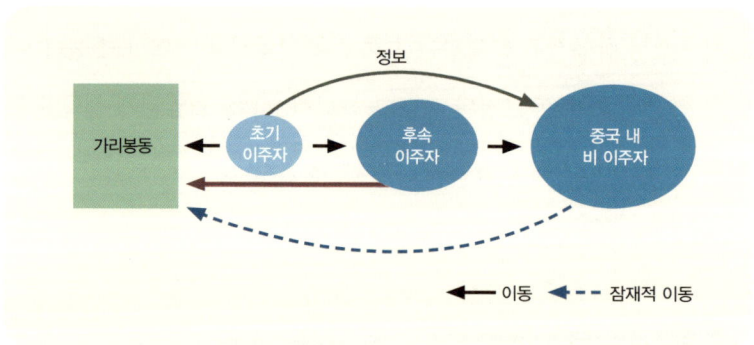

서울 가리봉동 내 조선족의 이주 과정(출처: 안재섭, 「서울시 거주 중국 조선족의 사회·공간적 연결망」)

• 1960년대 서울 구로구와 금천구 일대에 조성된 공업 단지로 2000년에 서울디지털산업단지로 명칭이 변경되었다.

및 경제활동에 필요한 정보를 손쉽게 얻을 수 있기 때문이다. 다시 말해, 가리봉동이 조선족의 집단적 거주지로서 발전하는 데 중요한 역할을 한 요인은 조선족들 간의 네트워크, 즉 이주 연결망이 존재하기 때문이다. 이와 같은 이주 연결망은 조선족들이 대규모, 연쇄적으로 우리나라에 이주하면서 초기 이주자와 후속 이주자, 그리고 중국에 있는 잠재적 이주자들 간에 한국 이주에 관한 정보들을 교환하는 네트워크가 형성됐다는 의미이다.

안산시 원곡동과 서울 가리봉동·대림동에 다문화 공간이 형성된 이유는 수도권의 산업구조 변화와 관련이 있다. 원곡동은 인근의 반월공단과 시화공단에서 일하던 한국인 노동자들의 거주지였으나, 3D 업종에 대한 한국인 노동자들의 기피 현상과 임금 상승에 따른 중소기업들의 외국인 노동자 이용 전략 등으로 인해 1990년대 들어 한국인 노동자들이 이곳을 떠나기 시작했다. 이에 따라 원곡동에 빈집이 늘어나면서 상대적으로 저렴한 값으로 주택을 찾는 것이 수월해졌다. 이때 인근 공단에 취업한 외국인들이 원곡동으로 유입되기 시작했고, 다양한 국적의 외국인이 증가하면서 문화적 장벽도 낮아지게 되었다. 이후 외국인을 상대로 하는 구인과 구직 서비스, 주택시장 등이 발달하면서 외국인 노동자들을 원곡동으로 흡수하는 요인이 되었다.

가리봉동의 경우 1990년대 후반부터 조선족의 이주가 본격화되었다. 가리봉동 인근에 있는 구로공단은 1960년대 만들어진 한국의 대표적인 산업단지였다. 그러나 1990년대 국내 산업구조의 변화로 공단에 있던 제조업체들이 타 지역으로 이전하거나 사라지게 되면서, 공

현재의 안산시 원곡동

가리봉동의 쪽방(출처: 서울역사박물관 https://museum.seoul.go.kr)

단 주변에 있던 '쪽방'이라 불리던 공단 노동자들의 주택이 점차 비어
가기 시작했다. 이 쪽방들은 열악한 주거 여건으로 임대료가 아주 저
렴했기 때문에 혼자 입국해 생활하는 조선족들이 이용하기에 적당했

다. 또한 가리봉동은 서울 도심뿐만 아니라 인천·경기 지역으로의 접근성이 뛰어나고, 인근에 건설 관련 일용직 인력시장이 형성되어 있어 조선족들이 모여들게 되는 중요한 요인으로 작용했다.

2004년 시행된 고용허가제는 외국인 이주 노동자의 국내 유입 증가의 계기가 되었다. 고용허가제는 저숙련 부문 외국인력의 체계적인 도입과 관리를 통한 중소기업의 인력난 완화 등을 위해 만들어졌다. '출입국관리 시행령'상 체류사증을 기준으로 비전문취업(일반고용허가제,[•] E-9), 방문취업(특례고용허가제,[••] H-2) 등을 외국인 이주 노동자로 정의할 수 있다. 일반고용허가제를 통해 유입된 이들은 캄보디아, 네팔, 베트남, 인도네시아 등 동남아시아 출신이 90% 정도이다. 또 이들의 대부분은 인구 규모가 작은 중소도시에 거주하며 서울과 같은 대도시에 거주하는 수는 극히 적다.

반면 특례고용허가제를 통해 입국한 외국인 이주 노동자의 절반 정도는 조선족이며, 이들의 대부분은 서울에 거주하고 있다. 조선족의 서울 집중성은 기본적으로 그들이 하는 일의 특성에 원인이 있다. 조선족 이외의 외국인 이주 노동자들은 한국어 구사 능력이 부족하기 때문에 일하는 과정에서 소통이 적은 저임금 노동 분야에서 일하는 경우가 많다. 하지만 조선족은 한국어 사용과 한국 문화에 대한 친화도가 상대적으로 높아 요식업, 가사도우미, 간병인 등 의사소통의 필요성이 큰 서비스업에 많이 종사하고 있다. 이러한 특징은 공간 분포

• 비전문취업(E-9) 체류 자격으로 입국하여 합법적으로 취업한 외국인 근로자.
•• 외국 국적 동포가 방문취업(H-2)으로 입국하여 취업한 외국인 근로자.

순위	일반고용허가제			특례고용허가제		
	지역명	인구감소지역 해당 여부	비율(%)	지역명	인구감소지역 해당 여부	비율(%)
1	충북 음성군	×	4.9	서울 영등포구	×	2.2
2	경기 포천시	×(관심지역)	4.6	서울 금천구	×	2.1
3	전남 영암군	○	3.5	서울 구로구	×	2.1
4	전남 완도군	○	3.3	경기 안산시	×	1.5
5	경북 고령군	○	3.3	경기 시흥시	×	1.5
6	전남 진도군	○	3.1	충남 아산시	×	0.9
7	경남 함안군	○	2.8	경기 오산시	×	0.9
8	충북 진천군	×	2.7	경기 안성시	×	0.9
9	경북 성주군	○	2.3	충북 진천군	×	0.9
10	경기 안성시	×	2.1	충북 음성군	×	0.9

지역의 인구 대비 이주 노동자 분포 상위 10개 지역(2021년)(출처: 유희연, 「우리나라 저숙련 이주 노동자 지역 분포 현황과 특징」)

에도 반영된다. 일반고용허가제로 입국한 외국인 이주 노동자들은 주로 중소도시의 산업단지에 분포하고 있는 반면, 특례고용허가제로 입국한 조선족들은 서울의 대림동, 가리봉동 등을 중심으로 값싸고 교통이 편리한 주거지역에 집중해 그들의 공동체를 형성하고 있다.

이처럼 국경을 넘는 이주와 정착의 과정은 구체적인 공간을 중심으로 이루어지는 경향이 나타난다. 이를 이해하기 위해서는 지리적인 시각이 필요하다. 우리나라로 이주해온 사람들의 정착 과정에서는 먼저 이주해온 사람들이 그들의 거주 공간을 기반으로 새로 이주해 들어온 사람들과 연결망을 만들어낸다. 이런 연결망은 이주민들을 특정 공간으로 집중시키는 결과를 낳는다.

다문화 공간을 대하는 우리의 차별적 태도

캐나다 출신 지리학자 에드워드 렐프(Edward Relph)는 저서 『장소와 장소상실』에서 "장소를 규정하는 의미와 기능의 유형들이 모든 문화 집단마다 동일할 필요는 없지만, 장소에 대한 이해는 일상 사회의 생활 공간이란 맥락 속에서 의미 있는 경험이 중심이 되어야 한다"고 말했다. 렐프의 관점에서 보면, 장소의 의미는 그곳에서 사람들이 어떤 경험을 하느냐에 따라 달라진다. 이런 점에서 프랑스인이 주로 거주하는 '서래마을'과 조선족이 모여 사는 '가리봉동', '대림동'은 서로 다른 생활 경험과 문화가 스며든, 성격이 다른 다문화 공간이라 할 수 있다. 그러나 내국인의 인식과 태도는 이 두 공간에 대해 뚜렷한 차별성을 보인다. 즉 동일하게 다문화적 특성을 지닌 지역임에도 불구하고, 장소에 부여되는 의미와 사회적 평가는 문화 집단에 따라 달라지며, 이는 한국 사회의 다문화 수용 방식과 편견을 드러내는 중요한 사례라 할 수 있다.

　일부 한국인들은 '가리봉동', '대림동' 지역이 일종의 차이나타운으로 변화하는 것에 대해 매우 부정적이며 불편한 태도를 보인다. 반면, 이 일대에 집을 소유하고 있어 임대업을 하거나 부동산 중개업을 하는 이들은 조선족의 거주로 발생하는 경제적 이익 때문에 그들의 필요성을 인정하는 경우가 많다. 한 연구*에 의하면 다수의 한국인들은

---

* 박재영·강진구, 「서울시 조선족 밀집지역과 거주공간 확대에 대한 연구: 가리봉동·구로동·대림동을 중심으로」, 탐라문화, 53호, 2016.

조선족이 특정 공간에 밀집하여 거주하는 것에 대해 위협을 느끼고 있다고 한다. 특히 조선족의 생활방식과 문화적 차이에 대해 부정적 인식을 갖고, 때로는 경멸에 가까운 태도를 보이기도 한다. 한 주민은 "무질서에 무책임하다고 해야 할까요. 그러니까 담배를 피우다가 길거리에 막 버리고, 눈앞에서 뻔히 쓰레기를 치우고 있는데 그 앞에다 버리고 가고, 이 사람들은 그런 개념이 없어요"라며 비난한다. 또한 주민들은 이러한 조선족의 생활 태도에 대해 자신들이 소수자란 인식을 망각하기 때문이라고 주장한다. 다시 말해, 조선족들이 분산되어 살면 어떻게든 한국의 문화나 법을 준수하려고 노력하겠지만, 이들이 집단으로 모여 살기 때문에 거추장스러운 한국의 법과 문화를 지키지 않고 중국에서 생활하던 방식으로 산다는 것이다.

반면 서래마을은 이색적 혹은 이국적 장소를 경험하고 싶은 이들에게 인기를 끌고 있다. 장소에 대한 내국인의 인식도 조선족 밀집 지역과는 반대로 아주 긍정적이다. 그러나 프랑스인 거주 지역인 서래마을에서 방문객들이 체험할 수 있는 프랑스적 요소는 그리 많지 않다. 그럼에도 불구하고 방문객들은 이곳을 작은 프랑스라고 부른다. 그 이유는 에드워드 렐프가 말한 '대중적 정체성(mass idenity)' 때문이다. 서래마을을 방문한 방문객의 대부분이 인터넷 블로그나 방송 등을 통

• 한성미 외의 「서래마을의 장소 정체성에 대한 연구」에 의하면, 서래마을에 거주하는 프랑스인 대부분과 마을을 방문한 프랑스인을 인터뷰한 결과 서래마을은 프랑스 마을로 알려져 있음에도 프랑스적인 느낌이 거의 없다고 응답했다. 또한 서래마을에 거주하는 프랑스인을 조사한 결과 서래마을의 프랑스적 요소로 주한프랑스학교, △△△△△이라는 빵집, 프랑스어라고 응답했는데, 이 중 가장 중요한 요소라고 말한 주한프랑스학교가 외부인의 출입을 철저하게 차단하는 것을 생각하면, 방문객들이 서래마을에서 프랑스적인 느낌을 체험할 수 있는 장소성은 극히 미약하다고 할 수 있다.

해 이곳에 관한 정보를 얻는다. 장소의 실제 구성 요소보다는 티브이와 인터넷 등 각종 매체를 통해 얻은 정보를 바탕으로 '서래마을 = 프랑스적 장소'이며, 프랑스 양식의 상업시설들로 이루어진 장소라는 결론을 내리게 되는 것이다. 그리고 선진국인 프랑스라는 국가적 이미지가 겹치면서 서래마을은 가보고 싶은 멋진 장소로 포장되는 것이다.

뉴욕의 차이나타운이나 리틀이탈리아 같은 경우 해당 소수민족에 의해 주거지와 상권이 형성된 곳이지만, 외국인과 현지인들이 상호 교류하며 함께 만들어가는 다문화 공간으로 성장했다. 그러나 서울의 가리봉동과 대림동, 프랑스인이 모여 사는 서래마을은 이와는 거리가 멀다. 가리봉동과 대림동의 차이나타운은 한국인들의 따가운 시선, 그리고 한국의 저소득층과 중장년층의 일자리를 뺏어가는 침입자˙들이 거주하는 곳이라는 부정적 인식이 상호 충돌하는 공간인 반면, 반포동 서래마을은 프랑스라는 상징성의 상업적 활용과 그 상징성을 소비하려는 방문객의 의도가 상호 작용하여 만들어진 가상 또는 상상의 (imaginary) 장소라고 할 수 있다.

• 조선족 및 개발도상국의 저임금 노동력의 유입은 국내 노동자들의 임금 협상력을 떨어뜨리며, 임금 인상을 억제하는 효과가 나타난다. 조선족과의 일자리 경쟁에서 밀려 실업자가 된 저소득층들은 가족 간의 유대감 상실, 정치적 소외와 무관심이 외국인 혐오와 같은 병리적 현상으로 나타나기도 한다. 조선족 범죄에 대한 국내 언론 및 대중들의 혐오 의식도 이와 관련이 있을 것이다.

우리 모두는 지구인이다

미래 사회는 분명 다문화 공간으로 변화할 것이다. 따라서 이주자를 우리 문화에 흡수해야 할 대상으로 보는 것이 아니라, 함께 공존하며 다문화 공간을 만들어가는 공동의 주체로 바라봐야 한다. 또한 이주자들이 자유롭게 자신의 문화를 표현할 수 있는 환경이 보장되어야 한다. 이를 위해 다문화 정책은 문화적 차원에만 머물지 않고, 사회·문화·경제·정치 등 다양한 측면에서 종합적으로 접근해야 한다.

세계화는 사람과 자본, 정보가 국가의 경계를 넘어 자유롭게 이동하도록 만들었다. 국제적 인구 이동의 증가는 국민국가(민족국가)에 기초한 기존의 시민성 개념과는 다른 차원의 시민성을 요구한다. 예를 들어, 한 학생이 아프리카 기아 문제에 관심을 가지고 서울의 집 근처에서 자원봉사를 한다고 하자. 이는 지역 차원의 실천이지만, 시·공간을 달리하여 다른 나라, 다른 공간에 거주하는 시민들과 연결될 수 있는 활동이기도 하다.

근대 이후 국민국가가 등장하면서 시민성은 한 국가의 영토 안에 거주하는 구성원에게 부여되는 권리와 의무로 정의되었다. 그러나 노동력과 인구의 이동이 활발한 현대사회에서, 지리학을 통한 민주 시민교육은 국가 중심적 성격에서 벗어나 지역적·세계적 차원이 상호 조화를 이루는 '지구인'으로서의 시민의식을 함양할 수 있다. 오늘날 우리는 한 국가의 시민일 뿐 아니라, 지구라는 행성의 구성원이기도 하다.

시민성을 지리적 관점에서 바라봐야 하는 이유는, 시민성이란 결국 사람들이 공간 속에서 정치적으로 어떻게 규정되고 받아들여지는가에 대한 끊임없는 투쟁의 결과이기 때문이다. 이러한 현실은 한국 사회에 거주하는 약 250만 명의 외국인 주민을 향한 내국인의 시선과 불합리한 정책에서 드러난다. 태평양 건너 미국 트럼프 2기 행정부는 2025년 1월 출범 이후 국경 통제 및 이민 단속 강화, 난민·이민 제한, 시민권 및 복지 제한, 국가안보 목적의 외국인 입국 통제 등 강경한 반이민 정책을 시행하고 있다. 이러한 조치들은 단지 외국인의 입국을 막는 데 그치지 않고 '미국이라는 공간'에서 특정 집단의 권리와 이주 경험을 구조적으로 축소시키는 결과를 만들어낸다.

철학자 칸트는 자국을 특별시하는 민족주의(nationalism)는 근절되어야 한다고 강조했다. 그는 민족주의와 대비되는 세계시민주의(cosmopolitanism)를 언급하며, 세계시민적 윤리란 한 국가의 시민이 국경을 넘어 다른 국가에서 환대받을 권리라고 했다. 이러한 세계시민의 권리는 국내에 거주하는 외국인뿐 아니라, 해외에 거주하는 한국인을 포함한 모든 외국인이 한 인격체로서 가지는 보편적 권리이자, 이주자가 정착한 지역사회의 한 구성원으로서 누려야 하는 권리이다. 따라서 민주적이고 바람직한 다문화 공간을 만들기 위해서는, 이와 같은 세계시민적 권리가 실질적으로 인정되고 보장되어야 한다.

한 걸음 더

1 우리나라의 다문화 정책은 오랫동안 외국인을 한국 문화에 적응시키는 데 초점을 맞춰왔다. 다문화 사회에서 바람직한 방향은 이주민의 동화를 강조하는 것일까, 아니면 서로 다른 문화가 공존하도록 지원하는 것일까?

2 이주민들이 특정 지역에 모여 사는 현상은 사회 통합을 방해할까, 아니면 이주민의 삶을 안정시키는 데 필요한 과정일까?

3 현대사회에서 시민성은 한 국가의 국적을 가진 사람에게만 적용되어야 할까, 아니면 그 사회에 거주하며 살아가는 이주민에게도 동일하게 보장되어야 할까? 어느 쪽이 합리적이라고 생각하는지 이야기해보자.

4 세계화로 인한 인구 이동이 늘어나는 상황에서, 우리는 '국민'으로서의 정체성과 '세계시민(지구인)'으로서의 정체성 중 어느 쪽이 중요하며 더 우선해야 할까?

7

아파트 공화국의 형성은
도시를 어떻게 변화시켰나?
나와 우리 모두의 도시화

도시화 과정의 속살과 공간이 주도해나간 사회 변화

다음 페이지의 사진을 보자. 어느 날 소달구지를 끌며 농사를 짓던 마을이 하루아침에 도시 개발의 최고 중심지, 중산층의 최고 터전이 되었다. 이 과정은 이촌향도(離村向都)와 수도권의 형성이라는 거대한 사회 변화 속에서 찾을 수 있다. 그 변화는 극적이며 특이했고 빨랐다. 그 극적인 변화 속에는 끊임없이 이어지는 공간의 변화가 있었다.

이 거대한 공간의 변화와 재편의 과정을 살펴보면, 사람들의 주거 공간 이동을 들여다볼 수 있다. 주거 공간의 변화를 경험한 수많은 사람들의 삶 속에서, 우리나라 근·현대의 도시화가 진행되었다. 이 장에서는 그런 변화의 모습을 평범한 한 가족이 겪은 이주 경험을 통해 들여다 보려 한다. 그 속에는 국가 주도의 성장 과정을 지나오는 동안 우리나라 도시문화 형성을 주도한 공간 전략이 고스란히 드러나 있다. 그리고 그러한 공간의 선택이 어떻게 사회 변화를 주도했는지도 볼 수 있다.

압구정 아파트 일대(위 1978년 ©전민조, 아래 2025년)

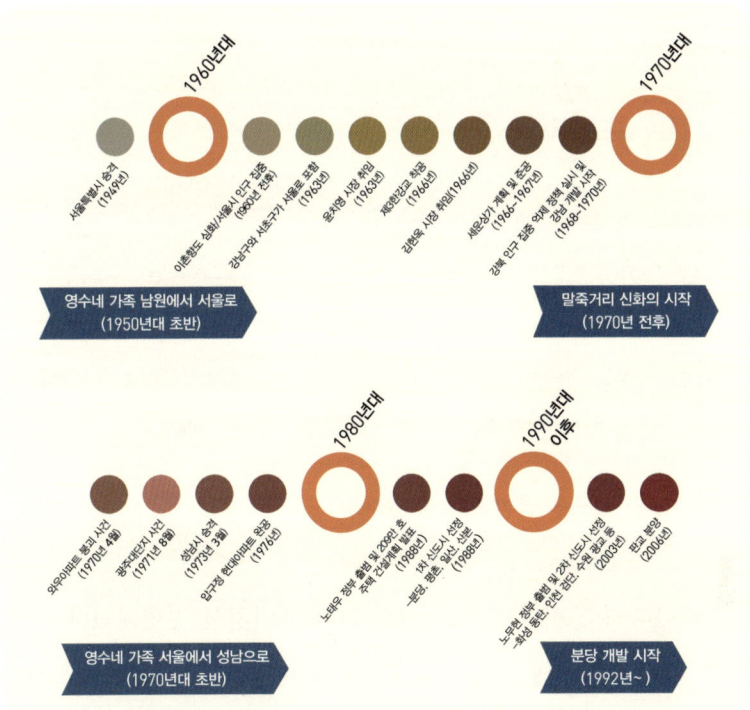

1960년대

서울특별시 승격
(1949년)

이촌향도 심화/서울시 인구 집중
(1960년대 전후)

강남구의 서초구가 서울로 포함
(1963년)

윤치영 서울 취임
(1963년)

제3한강교 착공
(1966년)

강변북로 사업 착수(1966년)

1970년대

새운상가 계획 및 조성
(1966~1967년)

강북 인구 집중 억제 정책 실시 및 강남 개발 시작
(1969~1970년)

1980년대

와우아파트 붕괴 사건
(1970년 4월)

광주대단지 사건
(1971년 8월)

성남시 승격
(1973년 3월)

잠구동 현대아파트 완공
(1976년)

노태우 정부 출범 및 200만 호 주택 건설계획 발표
(1988년)

1990년대 이후

1차 신도시 선정
(1988년)

─ 분당, 평촌, 일산... 선정 (1988년)

노태우 정부 출범 및 2차 신도시 선정
(2003년)

─ 화성 동탄, 인천 검단, 수원 광교 등

판교 분양
(2006년)

영수네 가족 남원에서 서울로
(1950년대 초반)

말죽거리 신화의 시작
(1970년 전후)

영수네 가족 서울에서 성남으로
(1970년대 초반)

분당 개발 시작
(1992년~)

서울 및 수도권의 변화 과정

이촌향도, 남원에서 서울로

여기 영수네 가족이 있다. 영수의 할아버지는 영수의 아버지가 아직 어릴 때 일찍 돌아가셨다. 집안의 가장이 없으니 가세가 급격히 기울었다. 할아버지의 경제력에 의존했던 가족은 시골에서 땅 한 평 없이 경제력을 유지하기 어려웠다. 할머니는 가족을 이끌고 겨우 닿을 만한 연고를 찾아 서울로 이주하게 된다. 1950년대 후반의 일이다.

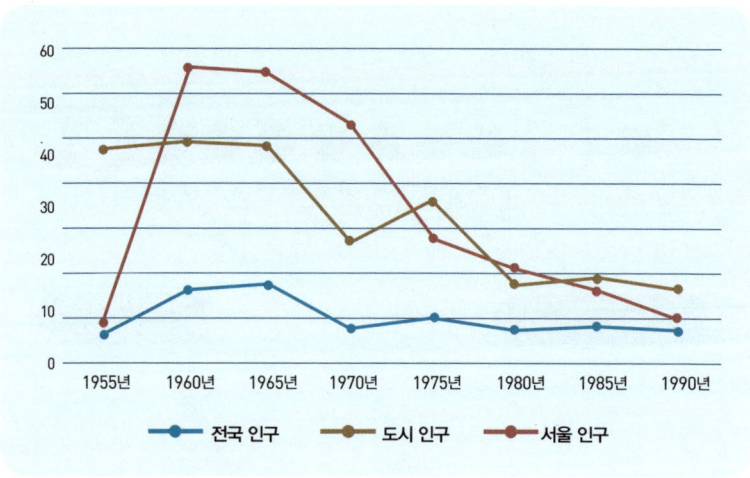

도시화 과정에서 인구증가율 비교(출처: 국가데이터처)

우리나라의 도시화 과정은 여러 단계를 거쳐서 진행되었다. 해방 이후 1940년대 말 일시적으로 해외에서 유입된 인구가 도시로 집중하면서 처음 나타났다. 이후 한국전쟁이 발발했고, 1960년 전후로 급격한 도시화가 진행되었다. 도시화 과정에서 인구증가율을 비교한 그래프를 보면 1960년 즈음을 기점으로 서울의 인구증가율●이 급격하게 높아지는 모습을 볼 수 있다. 이촌향도를 선도하는 도시로서 서울의 위상이 뚜렷해지는 시기였기 때문이다. 1960년 이전과 이후의 도시화는 서로 다른 양상을 보이며 전개되었다. 1960년까지는 도시의 기반 산업이나 시설 등 수용 능력을 초과하여 생활기반의 조성 없이 도시화가 진행되었다. 현대의 제3세계(또는 개발도상국) 도시들처럼 불량주택

● 인구증가율은 전년도 대비 현재 연도의 인구가 얼마나 증가했는지를 나타내주는 지표이다. 0보다 크면 인구가 증가하고 0보다 작으면 인구가 감소하는 것을 의미한다.

이 기하급수적으로 늘어났다.

이 시기 사람들이 농촌을 떠나 도시로 이동한 주된 이유는, 도시를 향한 동경에서 비롯되었다. 경쟁적으로 더 나은 삶을 꿈꾼 것도 크게 작용했다. 광복 이후 민주사회로의 변화와 한국전쟁 이후 공간의 재편은 기존에 존재하던 차별적 요인들을 제거했다. 그래서 그 당시 도시라는 공간은 평등했고, 공정한 경쟁이 가능한 곳이라는 기대감이 있었다. 그런 기대는 많은 사람들로 하여금 교육을 통해 신분 상승이 가능하다고 여기게 만들었다. 이는 젊은이들이 농촌을 떠나 도시로 향하게 한 주요 원인이었다.

한편, 1960년 이후의 도시화는 서울을 비롯한 주요 도시를 중심으로 공업단지가 곳곳에 조성되면서 산업의 발달이 주도하는 형식으로 진행된다.

청계천 판자촌 화재와 와우아파트 붕괴사건의 전말

광복 직전 일본군에 의해 지어진 방공호는 광복 후 귀국한 많은 동포들의 임시 주거지 역할을 했다. 이른바 혈거(穴居)족이라 불린 이들이다. 이외에도 한국전쟁 이후 월남한 사람들은 지금의 용산 일대 해

● 손정목, 『손정목이 쓴 한국 근대화 100년』(한울, 2015)과 이정구, 「이촌향도 성향의 요인분석에 관한 연구」 참고.
●● 혈거란 동굴에서 거주하는 형태를 말한다. 자연적인 동굴은 아니지만, 방공호에 거주하는 당시 사람들을 혈거족이라고 불렀다. 당시 서울의 주택 부족 현황을 잘 보여주는 기록이다.

방촌이라고 불리던 곳에 판자촌 집단 마을을 조성하여 살았다. 이후 청계천변에도 당시 신문기사의 표현처럼 '게딱지'같이 무허가 건축물들이 들어섰다. 자고 나면 수백 채가 넘게 생겨나는 판잣집이 순식간에 하천가와 산허리를 덮어버렸다. 나중에는 무허가 건축물이 매매가 될 정도로 일반화되었다.

영수네 가족은 이촌향도가 활발하게 진행되던 1950년대 후반 서울에 처음 입성해 청계천 주변에 자리를 잡았다. 여느 가족들처럼 보다 나은 삶을 누리기 위해 실낱같으나마 서울에 연고를 찾아 상경한 것이다. 하지만 누군가의 도움을 받아 집을 마련해 살 만한 형편은 되지 못했다. 할머니의 노동력에 의존해 무허가 판잣집 하나를 얻었다. 당시 방학이 끝나고 나면 교실에 종종 빈자리가 생겼고, 그 자리에는 국

1965년 제2청계천 무허가 건물 철거 모습(출처: 서울역사박물관 http://museum.seoul.go.kr)

화꽃이 놓여 있곤 했다. 그러면 반 친구들은 눈물을 흘리며 친구의 죽음을 애도했다. 무허가 주택 지구의 거주민들은 화재에 쉽게 노출되었고 제대로 된 의료 지원을 받지 못하는 등 사각지대에 놓여 있었던 것이 원인이다. 급속한 도시화의 부작용이 낳은 수많은 비극 중 하나였다.

1966년 취임한 김현옥 서울시장은 불도저라는 별칭에 가장 적합한 일들을 진행시켜 서울의 현대화 과정에서 가장 중요하게 거론되는 인물이다. 취임 초기 그가 가장 신경 써서 해결하고자 한 문제는 불량 주택지구 문제였다. 특히 화재 문제가 심각했다. 나무로 얼기설기 짜놓은 집 중 한 곳에서 불이 나면 순식간에 퍼져나갔고, 소방차가 진입하기도 어려워 거의 해마다 많은 이재민이 생겼다. 또한 이들 대부분은 정부와 여당에 그리 동조적이지 않아 언제든 정부에 반대하는 시위나 폭동을 일으킬 잠재적 가능성이 있다고 판단했다.

김현옥 시장의 불량 주택지구 문제 해결책은 두 가지였다. 추진력이 매우 뛰어났던 그는 지금의 성남시 일대에 해당하는 '광주 대단지' 건설을 계획함과 동시에 판자촌들을 철거한 그 자리에 시민아파트를 건설해 판자촌 주민들을 수용하려 했다. 초기 시민아파트는 금화산˙ 위에 지어졌다. 청와대와 박정희 대통령에게 잘 보이는 곳이어야 했기 때문이다. 1969년 400여 동의 아파트가 1년 사이에 지어졌다. 그중 와우아파트는 6개월 만에 건설되는데, 설계 자체도 부실인 데다가 공사비가 중간에 수없이 착복되면서 터무니없는 부실 공사로 마무리되

• 서울시 마포구 창천동 일대. 현재는 와우산으로 불리고 있다.

와우아파트 붕괴사건에 대한 신문기사(출처: 1970년 4월 8일 자 《경향신문》)

었다. 그중 15동 건물이 처참하게 붕괴된 이 비극은 '와우아파트 사건'이라는 이름으로 회자되었다. 모든 것이 미숙했던 시기, 급속한 도시화가 비극적인 시대의 상징들을 낳으며 진행되었다.

첨단 건축물 세운상가 때문에 쫓겨난 사람들

영수의 아버지가 고등학교를 졸업할 무렵, 서울과 지방의 대도시를 중심으로 활발한 산업화가 시작되었다. 산업화에 따른 변화는 공단의 건설과 함께 나타났다. 영수의 아버지는 서울의 공업고등학교를 졸업하고 구로 일대 전기기계설비 회사에 취직했고, 박봉으로 할머니와

친족들을 비롯한 대가족을 부양하며 살았다.

　그즈음 서울 중심부에는 많은 콘크리트 빌딩이 세워졌다. 1966년 김현옥 시장과 건축가 김수근의 만남은 이후 도시화 과정에 큰 흔적을 남긴다. 당시 세기의 건축가 르 코르뷔지에(Le Corbusier)의 영향을 받은 김수근은 김현옥 시장에게 청계천변 소개지* 일대에 길이 1km에 이르는 건축물 건설을 제안했다. 그러잖아도 건축에 모든 것을 걸었던 김 시장은 이 계획에 매료되어 당시 여러모로 문제가 되었던 청계천 판자촌을 없애기로 마음먹었다. 최첨단 건축물이 여러 가족들을 쫓아낸 사건이었다. 당시에도 이런 대규모 건축 사업에 대한 비판이 많았다. 그러나 불가능이란 없다고 생각했던 김현옥은 일단 공사를 시작하고 빠르게 완성시키면 돌이킬 수 없을 거란 무대책의 대책으로 대응했다. 이 공사는 1966년에 계획되고 모든 과정을 거쳐 실제 착공하는 데 1년밖에 걸리지 않았다. 이렇게 해서 1968년 종로3가와 퇴계로3가 사이에, 여덟 개의 건물이 공중 보행로로 이어진 최초의 주상복합 건물 세운상가가 완성되었다.

　김현옥은 기존 불량 주택지구 개선 사업이라는 명목 아래 기존의 판자촌들을 무차별적으로 철거해나갔다. 자진 철거를 하면 새 보금자리를 주겠다고 회유했다. 세운상가의 경우도 다르지 않았다. 하지만 결과적으로 새로 지어진 아파트와 건물들에서는 기존 거주민이 쫓겨나고 외부의 중산층들이 유입해 들어오는 일종의 여과 과정이 나타났다. 영수네 가족도 이 시점을 계기로 서울을 벗어난다.

● 일본의 소이탄(고열로 모든 것을 불태우는 무기) 공격에 대비해 아무것도 없이 공터로 남겨두는 땅.

말죽거리 신화, 강남 개발과 중산층의 탄생

영수네 가족이 전라북도 남원에서 서울로 상경한 시기에 영수 아버지의 고향 친구 가족도 서울로 상경했다. 상경할 무렵 연고를 통해 서울로 진입할 수 있었던 영수네와 달리, 아버지의 친구는 아무런 연고도 없고 형편도 더욱 어려워 한강 이남의 개발되지 않은 시골에 자리를 잡았다. 그러고는 지금의 논현동 일대에 조그만 땅을 얻어 양계장을 하다가 돈을 벌면서 조금씩 인근의 땅을 사 모으기 시작했다. 아버지 친구의 양계장은 운 좋게도 시간이 흐른 뒤 말죽거리 신화의 한복

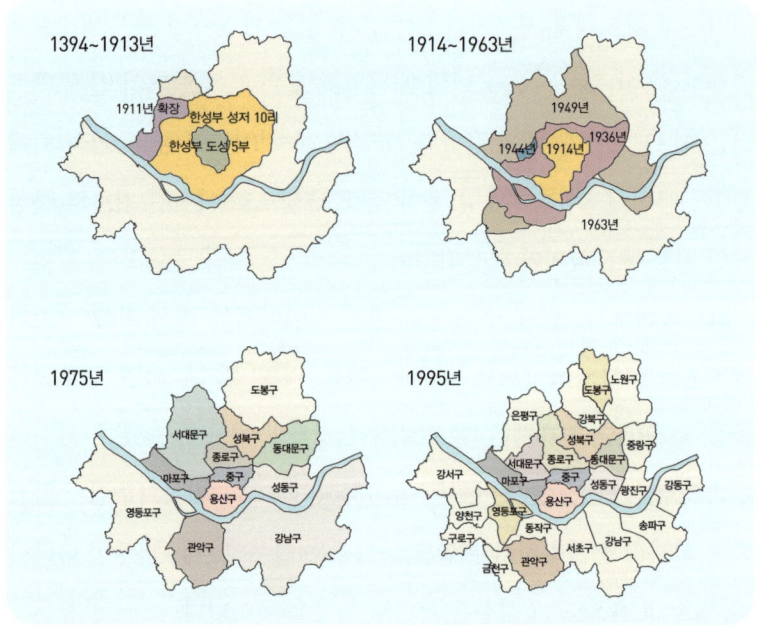

서울 행정구역의 변천(출처: 서울정책아카이브, 「지도로 보는 서울」 참조)

판이 되었다.

현재 강남구와 서초구 지역은 1963년 서울로 포함되었지만 1970년 대까지는 별 볼 일 없는 시골 그 자체였다. 자동차가 지나다닐 리가 만무했던 터라 도로는커녕 전기조차 들어오지 않는 그런 곳이었다. 하지만 이곳은 얼마 지나지 않아 여러 우연한 계기들을 통해 엄청난 집값 상승을 기록한 말죽거리 신화의 탄생을 맞이하게 된다.

갑자기 불어난 서울의 인구는 여러 가지 문제점을 야기했다. 특히 그때는 군인들에게 권력이 주어진 시기였기 때문에, 북한과 관련된 안보 문제가 꽤 심각하게 여겨졌다. 당시엔 서울에서 한강을 건널 수 있는 다리가 제1한강교(지금의 한강대교)와 광진교밖에 없었다. 다시 전쟁이 발발할 경우를 대비하지 않을 수 없었기 때문에 제3한강교(지금의 한남대교)의 건설은 시급하고 필수적인 일이었다. 예상 밖의 큰 규모로 만들어지게 된 제3한강교는 경부고속도로 건설 계획과 맞물리게 되었고, 제3한강교와 만나는 영동지구(현재의 강남 일대)는 1, 2지구로 나뉘어 구획정리 사업이 실시되었다.

허허벌판에 대규모 지역을 개발하는 일은 쉽지 않았다. 효과적인 개발을 위해서 여러 가지 정책들이 시행되었다. 우선 주택건설촉진법을 도입해(1972년) 대형 민간 건설업체들에게 여러 가지 혜택을 주었다. 그중 대표적인 것이 아파트 선분양 제도*이다. 건설사들이 은행으로부터 자금을 빌리지 않아도 아파트를 지을 수 있게 된 것이다. 도시

---

* 아파트 등의 건물이 완공되기 전에 미리 분양받는 제도로, 공사가 진행되는 동안 소비자가 분양가를 나누어 내고 완공 후 입주하는 방식이다.

계획에 따라 강북의 명문 고등학교들도 강남으로 이전시켰다. 이는 훗날 강남 8학군 탄생의 계기가 된다. 그린벨트 정책도 크게 한몫을 했다. 영동 개발이 가시화되기 전에 주목받았던 지역들이 개발제한구역으로 완전히 묶였고, 강북의 개발도 엄격하게 억제되었다. 더 이상 한강 이북에 인구가 몰려서는 안 된다고 판단한 것이다. 그 결과, 당연히 영동지구 일대로 사업가들의 투자금이 몰리게 되었다. 그 외에 강남고속버스터미널 건설, 법원 및 검찰청 이전 등으로 인해 현재 강남 지역은 빠른 속도로 개발되었다.

우리나라가 아파트 중심의 주거 문화를 가지게 된 것도 이 시점이다. 우선 새로 분양된 압구정동 아파트에 사회지도층 인사 600여 명이 특혜 분양을 받았다는 스캔들이 났다. 이 사건은 엄연한 불공정 행위였음에도 오히려 큰 홍보 효과를 거두었는데, 물리적인 건축물에 '사회지도층'이라는 상징성이 덧붙었기 때문이었다. 또한 선분양 제도를 통해 아파트를 구매한 사람들은 집값 상승으로 상당한 이득을 보게 되었다. 그러자 많은 사람들이 아파트 분양에 대한 선망을 가지게 되었다. 아파트에 중산층이라는 상징성이 더해지면서 이에 편입하고자 하는 많은 사람들이 아파트 구입을 시도했다.

그야말로 우리나라의 아파트 신화가 시작됐다. 프랑스의 지리학자 발레리 줄레조(Valérie Gélézeau)는 아파트라는 동일하게 규격화된 우리나라의 모더니즘적 경관을 보고 '아파트 공화국'이라 했다. 우리의 눈에는 전혀 이상할 것 없는 이런 경관이 외국인의 눈에는 이상하게 보였나 보다. 그녀가 본 다른 유럽의 여느 나라들과는 달리 한국에만 나타나는 특이한 경관이었던 것이다. 유럽에서 주로 서민층 거주 구역으로 인식되고 있는 아파트는 특이하게 한국에서는 중산층의 상징이었다.

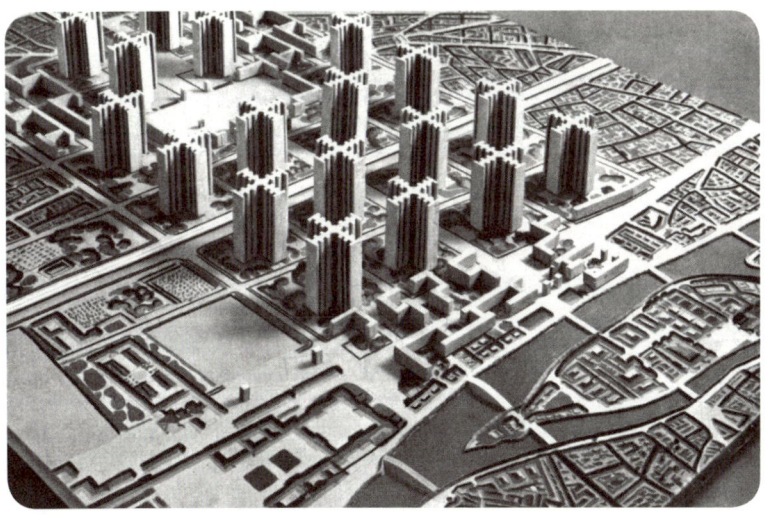

르 코르뷔지에가 1920년 구상한 모더니스트 건축양식이 잘 반영된 도시 디자인[파리의 꿈(Dream for Paris)]

분당신도시 일대 항공사진 이미지(2025년)(출처: 네이버 항공뷰)

강남에 중산층이 확대된 것은 당시 정권 유지 차원에서도 필요한 일이었다. 도시 내 빈민들이 있을 경우, 그들이 반정부적인 성향을 드러낼 것을 우려했기 때문이다. 그 결과, 영동지구 일대에 중산층이 더욱 공고하게 자리 잡았고, 이들은 자신들의 이익을 지켜가는 과정에서 보수화되어갔다. 이는 정권 안정에 큰 도움이 되었다. 민관이 합동으로 작전을 수행하듯 이루어진 강남 개발은 이후 우리나라 도시 문화 형성에 상상 이상의 파급효과를 가져오게 된다. 이는 위성도시와 신도시의 개발 과정을 통해서 확연히 드러난다.

위성도시 개발의 이면, 광주 대단지 사건

1970년을 전후로 영수의 아버지 회사가 경기도 광주로 이전했다. 당시 많은 전기회사들이 지금의 경기도 광주의 공업지역으로 이전해갔기 때문이다. 이와 함께 영수네도 광주 대단지(지금의 성남시)로 이사하게 되었다. 그 시기 청계천을 비롯한 서울의 판자촌 거주민들이 쫓기듯 이주해간 곳이 지금의 성남시 수정구와 중원구 일대인 광주 대단지였다. 당시 이곳은 서울로부터 이주해오는 빈민들을 수용하기 위한 주택정책으로 인해 광주로부터 분리된 행정구역이었고, 대규모의 이주단지개발계획이 진행된 곳이다.

광주 대단지, 즉 성남지구를 중심으로 많은 사람들이 모이기 시작했다. 지금의 수정구와 중원구를 중심으로 높고 낮은 구릉지들의 산비탈에 집들이 즐비하게 채워졌다. 초기 이주민들에게 주어진 입주권은 실질적인 효력을 낳지 못했다. 토지가 있더라도 집을 지을 돈이 없었던 사람들은 서울에서 거주할 때와 별반 다르지 않은 주거 형태를 취하면서 자신들의 입주권을 비싼 가격에 팔아넘겼다. 점점 입주권의 가격이 올랐고 땅값 또한 빠르게 치솟았다. 도시 빈민 이주를 목적으로 조성된 택지가 서울 중심부의 토지 가격과 비슷해진 것이다. 1971년 국회의원 선거 이후 남발된 공약과는 달리 성남지구의 토지 분양가격이 매우 높은 수준으로 발표되자 많은 사람들이 격렬한 집단 반발 행동을 보였는데, 이것이 바로 '광주 대단지 사건'이다. 광주 대단지 사건은 이후 영동지구나 여의도 개발의 방향을 결정하는 데 큰 영향을 미쳤다. 빈민들을 위험하고 통치하기 어려운 존재로 인식한 정부는 정권에 친화적이면서 안정적인 생활수준을 가진 보수적인 사람들이 필요하다는 판단 아래 새로운 방식으로 공간을 조성하기 시작했다. 이렇게 광주 대단지 사건은 강남의 탄생에 중요한 영향을 미쳤다.

이런저런 진통을 겪으며 1973년 성남지구는 성남시로 승격되고, 같은 해, 영수의 아버지와 어머니는 결혼했다. 부부는 성남에 집을 마련하기 위해서 노력하며 고단한 삶을 이어나갔다. 비슷한 시기 서울의 주변 지역에는 도시개발제한구역이 지정되었고, 안양과 부천이 시로 승격되는가 하면, 인천과 수원이 급부상하고 있었다. 수도권의 공간적 확대가 활발하게 진행되는 시기였다.

처음에는 서울과 먼 지리적 고립감으로 인해 관심의 대상이 되지 못한 광주 대단지, 즉 성남은 이후 잠실대교 건설과 함께 잠실지구가

경기도 광주군에 속해 있던 성남지구를 독립된 행정구역으로 분류하는 내용의 기사

서울의 판자촌들을 성남으로 이주시킨 이후 민원 처리 어려움과 강한 반발을 보이는 시민들에 대한 질서 유지의 필요성, 초등학교의 신설 등의 내용이 기사에 담겨 있다. 1969년 7월 1일자《매일경제신문》.

개발되고 헌릉을 거쳐 을지로로 연결되는 교통로와 대중교통이 겸비되면서 급격하게 관심이 높아졌다.

신도시 건설과 제2의 강남 탄생

격변의 1980년대를 지내고 노태우 대통령의 취임 공약이었던 200만호 주택 건설의 일환으로 신도시 다섯 곳이 선정되었다. 이에 따라 성남시 분당, 안양시 평촌, 고양시 일산, 군포시 산본, 부천시 중동 등에 대규모 아파트를 건설하기 시작했다. 이 시점부터 '제2의 강남' 또는 '어디 어디의 강남' 같은 말이 유행하기 시작했다. 이것은 강남이 소위 부유한 중산층의 상징적인 주거 공간으로 인식되고 있음을 보여주는 예이다. 그리고 그 첫 번째가 강남의 중산층을 유인하려는 목적으로 계획된 분당이었다. 분당 신도시가 생겨나면서 기존 성남 시가지는 빠르게 주도권을 잃기 시작했다.

신도시 건설의 배경에는 여러 의도가 포함되어 있었다. 먼저 주택 가격 폭등에 따른 사회 전반의 갈등 양상이 극대화되어가고 있는 점을 해결해야 했다. 또한 3저(저유가, 저달러, 저금리) 호황 덕에 불붙었던 경제성장이 막을 내리고 있어 이를 해결할 돌파구가 필요했다. 토목·건설에 대한 집중적인 투자는 이런 상황에서 단기간에 성과를 낼 수 있는 달콤한 대안이었다.

한편, 1987년 택지개발촉진법의 개정은 민관 합동 개발 방식을 제도화했다. 이는 재벌이 소유한 대형 건설사들의 빠른 성장에 큰 도움을 주었다. 공사는 신속하게 진행되었다. 좁은 도로 위로 뿌연 모래먼지를 흩날리며 수많은 굴삭기와 트럭이 지나다녔다.

아파트 신화는 계속됐다. 그 신화 속에서 신도시의 많은 주택 공급은 오히려 아파트 가격을 상승시키는 데 큰 기여를 했고, 이 과정에서 중산층으로의 진입 장벽은 더욱 높아졌다. 이렇게 콘크리트 숲속에 또 다른 강남 문화가 점차 자리 잡아갔다.

1기 신도시 건설 이후에도 수도권의 과밀화와 난개발, 주택 공급 부족 등 고질적인 문제들은 해결되지 않았다. 2기 신도시(동탄, 파주, 판교, 김포, 광교 등)들이 계획되었다. 그중 판교는 분당보다도 서울에 가까운 위치에 있었으나 공공의 이익을 위한다는 명분으로 개발이 제한되어 오던 곳이었다. 그런데 2000년대 중반, 강남의 집값 불안 해소를 목적으로 개발계획이 발표되었다. 또다시 제2의 강남 건설계획이 등장했다. 다양한 규모의 주택을 공급하여 강남의 인구를 흡수하고 중산층을 확대하는 한편, 저소득층을 위한 임대주택 공급을 늘리는 것이 판교신도시 개발의 목표였다.

판교에 새로운 주택이 생기고 인구가 유입해 들어오면, 판교로 유입한 인구가 떠난 자리에 보다 낮은 소득의 사람들이 집을 얻게 되는 '주거 여과' 과정이 나타날 것이라 기대했다. 그 때문인지 판교는 애초 계획과는 다르게 상류층을 위한 주거지 조성으로 변해 있었다. 하지만 기대했던 여과 과정은 잘 나타나지 않았다. 주택보급률이 100%를 넘어서는 상황에서도 무주택자들은 전세와 월세를 전전하며 이사 압박에 시달려야 했다. 새로운 아파트가 대량으로 공급되고 있었음에도 몇 차례의 전세대란이 일었다. 역설적으로 새로운 신도시를 조성할 때마다 주택 가격은 점차 높아졌고, 그만큼 소득 격차가 더 벌어졌다. 중산층으로의 진입 장벽 또한 점차 높아졌다. 그럼에도 높아진 중산층의 장벽을 무리하게 넘어선 사람들은 소위 '하우스 푸어'의 비극적인 대열에 합류할 수밖에 없었다.

이렇게 되자 강남의 아파트와 함께 탄생한, '4인 가족, 아파트, 자동차, 일정 수준 이상의 연봉'으로 대표되는 중산층의 꿈이 몰락하기 시작했다. 평범한 중산층으로 살고 싶다는 소박한 꿈이 더 이상 소박하지 않게 되었을 때, 이미 그 소박함을 위한 치열한 눈치게임은 사회 전체에 만연해 있었다. 주택의 공급은 새로운 수많은 신도시들의 개발로 크게 증가했지만, 주택 부족과 과도한 주거비 상승 문제는 해결되지 않았다. 서울을 중심으로 확산되어나갔던 수많은 아파트 숲속에서 자신의 보금자리 하나 마련하지 못한 사람들이 태반이었다. 그러나 동시에 다른 곳에서는 아파트가 로또처럼 여겨지면서 모델하우스가 붐볐다. 아파트가 중산층의 상징같이 생각되면서 주거 이상의 가치를 가질수록, 한쪽에서는 전세와 월세를 전전하는 사람들이 늘어났다. 아파트단지에 이삿짐이 활발하게 오르내릴수록 집값은 올랐다. 여전히 아파트 신화는 유효하다고 외치는 사람들이 있고 정부는 그들을 도와 주택 거래 활성화를 주도했다. 무주택자들이 보호의 대상이 되지 못하던 시기가 한동안 계속되었다.

공간이 주도한 사회 변화, 그리고 그 속의 우리 가족들 삶

우리나라의 아파트 문화를 연구한 프랑스 지리학자 발레리 줄레조는 "서울에 보편적으로 존재하는 아파트단지들은 강력한 권위주의 정부가 재벌과 손을 잡고 급격한 성장을 추구하면서 만들어낸 한국형 발전모델의 압축적인 표상"[•]이라고 했다. 우리나라 공간의 변화는 국가 체제하에서 인위적이고 강력하게 이루어졌고, 특히 수도권 발달 과정에서 아파트 중심의 도시 주거 공간은 독특한 도시 구조를 형성했을 뿐만 아니라 특수한 사회적 문화를 탄생시켰다. 이른바 '강남'의 상징성이 만들어졌고, 사람들 사이에서 확고하게 자리 잡으면서 제2, 제3의 강남이 계속 등장했다.

자본주의 도시의 발달 과정 중 나타나는 '시소운동'은 도시 중심과

• 발레리 줄레조 지음, 길혜연 옮김, 『아파트공화국』, 후마니타스, 2007.

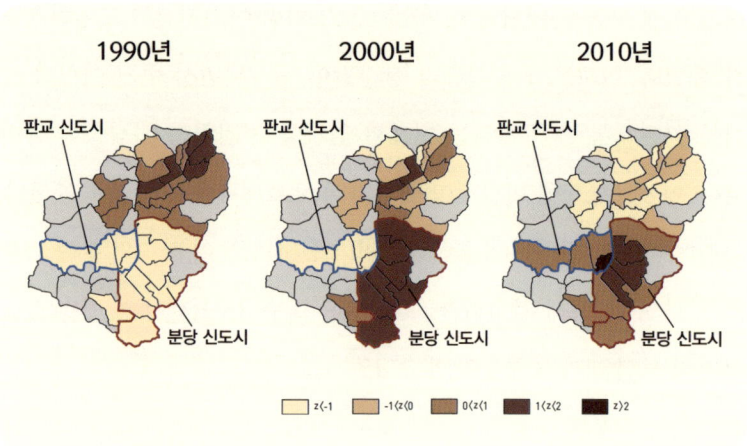

성남시의 소득분포 변화

Z값은 성남시의 평균 소득을 0으로 두었을 때, 각 동네의 소득수준이 평균에서 얼마나 멀리 떨어져 있는지를 나타내는 '상대적 거리 지수'를 의미한다. 이를 통해 10년 단위의 소득분포 변화를 분석해보면, 분당과 판교신도시 개발 이후 고소득 중심지가 분당에서 판교로 이동하고 있음을 확인할 수 있다. 또한 신도시로의 부의 집중이 뚜렷해짐에 따라 구도시와 신도시 간의 소득 격차는 점차 심화되는 양상을 보인다.(김성준·안건혁, 「신도시 조성 이후 신·구도시의 계층변화 및 양극화」, 2013 참조)

외곽에서 발전과 쇠퇴가 번갈아 이뤄지는 과정에서 볼 수 있는 현상이다. 서울과 위성도시, 신도시의 개발 과정에서 이런 현상을 잘 볼 수 있다. 시소는 한쪽이 높이 올라갈수록 다른 쪽이 더 아래로 떨어지게된다. 신도시의 개발과 함께 집값이 높아질수록 기존의 도시 지역이더욱 낙후되어갔다. 많은 양의 아파트가 공급되었음에도 불평등의 격차가 커졌다. 아파트 공화국의 아파트 신화는 계속해서 새로운 곳으로 이어졌다. 그 과정에서 사람들은 어떤 위치를 점유하고 있는가에따라서 아무것도 하고 있지 않아도 저절로 가난해졌고, 어떤 사람은 저절로 부유해졌다. 이런 알 수 없는 역설이 우리나라의 도시 공간을 만들어가고 있다.

우리나라는 위성도시와 1기, 2기 신도시 건설을 통해 수도권의 범위를 확장시켜왔다. 그 속에 영수네 가족과 또 다른 많은 가족이 살아온 이야기가 있다. 새로운 공간의 변화에 따라 우리 가족의 삶이 변화했다. 성공적으로 중산층의 평범한 삶에 안착한 이들이 있는가 하면, 여전히 도시의 여기저기를 떠돌아다니는 이들도 있다. 엇갈린 운명들

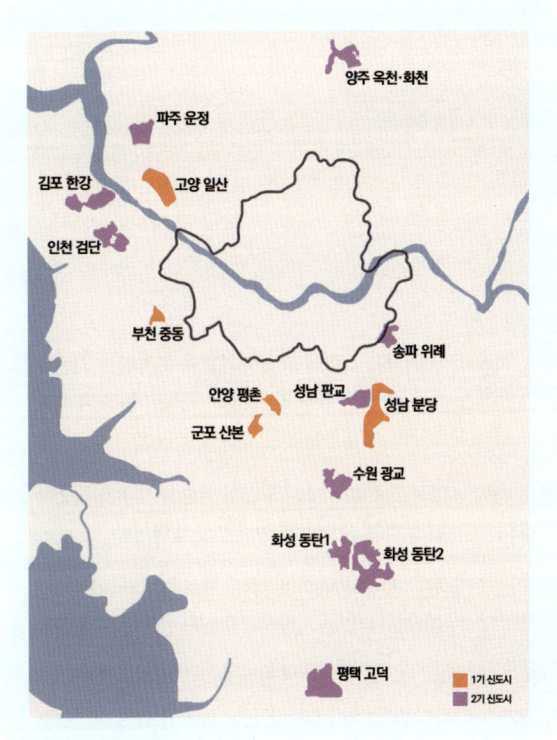

1기, 2기 신도시 위치

의 다양한 수렴과 교차의 큰 흐름이 도시 공간의 특징을 형성해간다. 결국 도시는 그런 다양하고 우연적인 사람들의 삶의 공간을 토대로 만들어진다.

 한 걸음 더

1 단순한 주거지였던 '아파트'가 어떻게 사람의 사회적 계층을 가늠하는 기준이 되었는지를 강남 개발이 쏘아 올린 '공간 주도의 계급화' 과정을 통해 추적해 보자.

2 주거 안정을 목표로 시행된 대규모 개발이 오히려 집값 상승을 부추겨 저소득층을 밖으로 내몰게 되는 '개발의 역설'을 어떻게 해결할 수 있을까?

3 아파트는 '사는(Living) 곳'일까, '사는(Buying) 것'일까? 새로운 주거 단지 개발은 삶의 터전과 투자의 대상 사이에서 무엇을 지향해야 하는지 함께 토론해보자.

4 건물을 더 높게 지으면 더 많은 사람들이 그곳에 살게 될까? 아파트 재개발 이후에 인구밀도가 크게 높아지지 않았다면, 주택 공급을 늘리기 위해 아파트를 짓는 것이 옳은 방법일까?

8

난민들에게
물만큼 중요했던 건 무엇이었을까?
정보통신 기술이 발달해도 여전히 지리는 중요하다

스마트폰과 인터넷이 없다면

전쟁, 종교 탄압, 정치적 핍박, 인권침해 등의 이유로 자신이 태어나고 자란 나라에서 탈출하는 사람들이 있다. 더 평화롭게, 사람답게, 그저 살고 싶어, 어쩔 수 없이 힘든 선택을 하는 난민에게 물, 음식, 피난처만큼 소중한 것, 정말 필요한 것이 있다. 바로 '스마트폰'이다. 인터넷을 할 수 있게 하는 심카드와 스마트폰 충전기도 필요하다.

그들은 스마트폰으로 구글 검색을 하고 '유럽으로 이주하는 법', '브로커 없이 유럽으로 밀입국하기' 같은 페이스북 페이지를 보며 여정의 정보를 얻는다. 폐쇄된 국경을, 난민선의 가격과 위치를, 난파된 배와

강도 사건의 정보를, 구호 기관의 연락처를 작은 스마트폰을 통해서 얻고, 구글 맵을 통해 길과 시간을 계산하고 공유한다. 왓츠 앱*으로 가족과 소식을 나누기도 한다.

이 사실을 잘 알고 있는 유엔난민기구(UNHCR)는 난민들에게 심카드와 스마트폰 충전을 할 수 있는 태양광 랜턴을 나누어주고, 피난처에 무료 와이파이를 설치한다. 현금도 모바일머니를 통해 지원한다. 이런 난민들에게 있어 스마트폰 배터리가 다 닳거나, 인터넷 연결이 끊기는 것은 정말이지 희망이 끊기는 것과 같다.

우리는 어떨까? 갑자기 전 세계가 동시에 인터넷 연결이 안 된다면? 게임도 못 하고, 유튜브, 넷플릭스도 못 본다. 공부도, 숙제도 못 한다.

스마트폰을 보고 있는 난민들

● 카카오톡과 유사한 모바일 메신저 앱.

가족이나 친구들과는 어떻게 연락을 하나? 물건을 사기도 힘들고, 배달 음식도 시키기 어렵다. 답답하여 검색을 해보려 하지만, 검색도 할 수 없다. 무섭고 두려울 뿐이다. 집 밖으로 나가서 사람이 모여 있을 법한 곳으로 달려가야겠다는 생각을 하지만, 지도 앱도 먹통이다. 어디로 달려가야 하지? 잘 모르겠다.•

어느새 세상은 그렇게 변했다. 특히 코로나19로 일상의 디지털 전환은 더 빠르게 진행되었다. 스마트폰과 인터넷이 없으면 할 수 있는 것이 없는 세상이 되었다. 우리는 눈을 떴을 때부터 감을 때까지 늘 인터넷에 연결되어 있고, 그것에 의지해 살아가고 있는지도 모른다. 어느새 집, 동네, 도시, 나라뿐만 아니라 지구도 수많은 기기와 이들을 연결하는 네트워크로 구성된 거대한 집합체가 되어버린 것은 아닐까?

새로운 가상공간의 탄생

정보통신 기술의 발달로 (조금 과장해서 말하면) 우리는 더 이상 이동할 필요가 없어졌다. 물리적 공간에서의 이동 없이 단지 접속을 통해 다른 장소에 있을 수 있게 되었다. 집에서 인터넷 상점을 둘러보고, 학교 수업을 듣고, 회의에 참여한다는 것은 집에 있지만, 동시에 상점, 학교

• 2022년 판교데이터센터 화재로 인한 카카오 먹통 사태로 채팅은 물론, 메일, 예약, 선물하기, 택시, 주차, 음악 듣기 등 많은 서비스를 한동안 이용하지 못했다. 카카오로 로그인하기 기능을 쓰는 서비스, 정부의 민원서비스도 이용하지 못했다. 사람들의 불편이 커지자 카카오뿐만 아니라 정부도 이 사태에 대해 사과했다. 카카오는 5일이 지나서야 완전 복구가 되었다고 발표했다.

교실, 회의 장소에 있다는 의미이기 때문이다. 어딘가로 이동하면서 은행 앱을 통해 은행 업무를 처리하는 것은, 이동하는 행위가 더 이상 어딘가를 가기 위해 그저 소비하는 시간이 아니게 되었다는 말이기도 하다. 인터넷을 통해 시간과 공간에 대한 인식이 확대된 것이다. 더 이상 하루는 24시간이 아니고, 지금, 이곳에만 머물러 있는 것도 아니다. 우리는 기술 덕분에 여기에도 있고 그곳에도 있을 수 있게 되었다.

특정한 주제나 관심사로 모인 인터넷 커뮤니티, 소셜 네트워크 서비스(SNS)에서 정보와 일상을 나누고, 주장하고, 논쟁하고, 자랑하고, 작당을 모의하며, '좋아요'와 '♥' 버튼을 누르는 것도 큰 변화다. 국경도, 시차도, 계급도 없다. ID와 닉네임을 앞세워 커뮤니티와 SNS라는 공간에서 얼굴도, 이름도 모르는 사람과 우정을 나눈다. 가입도 쉽고, 탈퇴도 쉽다. 마치 봉화나 전염병처럼 퍼지는 '공유(펌)' 문화를 통해 특정 글, 소식, 유행이 빠르게 다른 커뮤니티와 SNS로 전달된다. 젊은 엄마를 중심으로 한 소위 '지역 육아 커뮤니티(맘카페)'가 대표적인 사례이다. 젊은 엄마들은 인터넷 커뮤니티를 통해 어린이집, 학원, 맛집, 취미생활 등 지역 정보와 육아 등 자신의 노하우를 공유하고, 육아용품과 장난감 같은 물품을 나누고 공동 구매한다. 지역 상점은 인터넷 커뮤니티에 광고하고 다양한 서비스를 제공하기도 한다. 때로는 지역 현안에 대해 인터넷 커뮤니티에서 한목소리를 내어 지역 이슈를 이끌기도 한다. "만나자!"라는 의견에 '좋아요' 숫자가 올라가면 구체적인 시간과 장소, 행동 등이 정해지기도 한다. '정모', '번개', '집회', '시위'라는 이름 등으로 사이버 모임이 현실 공간에서 재현된다.

2002년 광화문 촛불시위

2002년은 한일월드컵만 기억되어서는 안 된다. 그해 6월 포르투갈 대표팀과 경기를 하루 앞둔 날, 경기도 양주에서 심미선, 신효순 두 여중생이 미군 장갑차에 깔려 목숨을 잃었다. 미군 당국의 조사 결과는 의문투성이였고, 가해 군인은 무죄 평결이 내려졌다. 사람들은 분노했다. 두 여중생을 추모하는 인터넷 커뮤니티에서 '앙마'라는 네티즌은 반딧불이 되자며 촛불 행사를 제안했고, 이 제안은 빠르게 퍼졌다. 11월 30일 수만 명의 사람들이 촛불을 들고 광화문에 모였다. 주최가 없는 시민이 중심이 된, 인터넷 커뮤니티가 만든, 개방적이고 수평적이며 자발적인 우리나라 촛불시위의 시작이었다.

이러한 변화들은 정보통신 기술의 발달이 새로운 공간을 만들었기 때문에 가능했다. 바로 가상공간(사이버 공간)이다. 위에서 살펴본 것뿐만 아니라 가상공간의 모습은 실로 다양하다. 현실 공간이 디지털로 그대로 재현, 복제된 평행우주 같은 가상공간도 있다. 디지털 트윈(Digital Twin)이 대표적이다. 서울시는 서울의 지형, 건물, 시설까지 디지털로 똑같이 재현했다. 이를 통해 태풍·침수·산사태 등 환경 재해, 교통 등 도시문제를 디지털 서울에서 실험하고 해결 방법을 찾을 수 있다. 나아가 새로운 건축물을 건설하기 전 가상공간에서 먼저 세워보고, 생길 수 있는 문제점을 예측할 수도 있다. 다양한 데이터를 실시간으로 수집하고 분석하여 도시 곳곳을 모니터링할 수도 있다. 지구를 재현한 구글어스 또한 부족한 부분이 있지만, 우리가 쉽게 접할 수 있는 디지털 트윈의 대표적 사례라 할 수 있다.

현실 공간이 정보통신 기술에 의해 증강, 즉 증가하고 강화된 가상공간도 있다. 현실 공간 위에 디지털 정보가 실시간으로 중첩되는 증강현실(AR), 혼합현실(MR) 기술이 대표적이다. 이 기술은 2016년 포켓몬GO•의 출시, 2011년 구글 글래스, 2015년 마이크로소프트의 홀로렌즈, 2023년 애플 비전 프로 등과 같은 헤드 마운티드 디스플레이(HMD)의 공개와 함께 크게 주목받았다. 오늘날 게임, 콘서트 등 엔터테인먼트, 내비게이션, 교육, 의료, 군사 등에서 증강현실과 혼합현실이 활발하게 사용되고 있다.

• 포켓몬GO는 직접 움직인다는 의미의 'GO'뿐만 아니라 지오(Geo)의 의미도 함께 가지고 있다.

서울시의 디지털 트윈(출처: smap.seoul.go.kr)

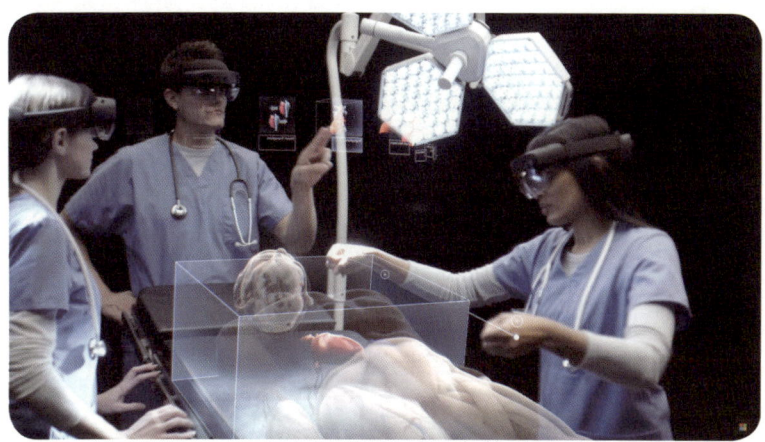

마이크로소프트의 홀로렌즈2 소개 영상(출처: 마이크로소프트)

가상공간의 기반, 현실 공간

너무나 당연하게도 인터넷 속의 많은 정보와 가상공간은 현실 공간을 기반으로 한다. 현실 공간이 인터넷 속 공간을 만들고, 인터넷 가상공간의 한계는 현실 공간이 채운다. 인터넷과 같은 정보통신 기술은 셀수 없이 많은 서버와 케이블로 구성된다. 그러한 하부구조, 즉 물질성에서 벗어날 수 없다. 따라서 정보통신 기술은 그 하부구조를 만들고 유지할 수 있는 지역에서 발달하고, 이에 따라 현실 공간은 새롭게 바뀌고, 만들어진다. 정보통신 기술의 발달이 만든 새로운 현실 공간은 다음과 같다.

먼저 와이파이존이다. 사람들은 와이파이가 잘 잡히는(이왕이면 충전을 위한 콘센트도 있는) 카페에서 일을 하고, 공부를 한다. 학생들이 만나는 곳도 어느덧 무료 무선 인터넷을 자유롭게 할 수 있는 지역 명소, 지하철역, 카페, 즉석 음식점, 편의점 등이 된 지 오래이다. 지방자치단체는 공공 와이파이존을 늘리고, 속도를 높이기 위한 정책을 펼친다.

데이터센터(DC)는 중요하다. 데이터센터는 서버, 네트워크, 스토리지 등 인터넷이 작동하기 위한 장비들이 집적된 기반 시설을 말한다. 그래서 이를 서버 호텔이라고도 한다. 클라우드컴퓨팅, 빅데이터, 인공지능 등 인터넷 사용량이 많아지면서 데이터센터는 더욱 확장되고 중요해지고 있다. 데이터센터는 안정적인 전력 공급이 가능한 곳, 지진 등 자연재해에 안전한 곳, 냉각이 유리한 곳, 정치적으로 안정된 곳 등이 최적지이다. 최근에는 바닷속에 설치하기도 한다.

조사자마다 데이터센터의 정의가 다르고, 공개 여부 등 조사의 한계도 있지만 한 조사에 따르면 2024년 현재 전 세계 데이터센터 수는 1만 개가 넘고, 마이크로소프트는 전 세계 300개, 아마존웹서비스는 215개, 구글은 25개, 메타는 24개, 애플은 10개의 데이터센터를 가지고 있다. 네이버는 춘천과 세종, 카카오는 안산에 데이터센터를 가지고 있다. 국가별로는 미국에 전 세계 데이터센터의 절반 이상이 있다. 2위 독일보다 무려 열 배가 많다. 중국의 성장 속도도 무섭다. 인공지능이 빠르게 발달하며 우리는 앞으로 더 많은 일상을 데이터센터에 의존할 것이다. 더 크고 빠른 데이터센터는 앞으로 더 많아질 것이다.

시민사회단체에서는 지구온난화의 또 다른 주범이 데이터센터라며 이 같은 성장을 경계한다. 어마어마한 전기와 물을 사용하기 때문이다. 챗GPT 같은 AI 서비스에 질문 하나를 하면, 노트북 3~4분 사용량의 전기를 쓰고, 500ml 생수병 하나 정도의 물을 냉각수로 사용한다.[•] 이미지 생성 질문 하나는 스마트폰 한 대를 충전할 수 있는 전기를 사용한다. 전기료는 올라가고, 물 부족이 심화된다.

전 세계 인터넷 데이터센터 분포(2025)(출처: datacentermap.com)

• 샘 올트먼 오픈AI CEO는 한 인터뷰에서 "제발", "고마워"처럼 공손한 표현을 사용하는 것이 수천만 달러에 달하는 전기요금 증가로 이어진다고 말했다. 지구를 위해, 용건만 간단히!

스마트홈, 스마트도시의 출현도 주목할 만하다. 특히 스마트도시는 사물인터넷(IoT)*, 인공지능, 빅데이터 등 정보통신 기술을 활용하여 도시 문제를 해결하고, 제한된 자원으로 도시를 효율적으로 관리하는 한편, 더 나은 공공서비스를 제공하는 도시 모델이다. 우리나라는 미국, 일본 등 주요 선진국보다 빠른 2004년, 화성 동탄, 용인 흥덕 지구에 유비쿼터스 도시(U-City)라는 이름으로 스마트도시를 도입했다. 2008년에는 세계 최초로 U-City법(현 스마트도시법)이 제정되었고, 정부는 이에 따라 5년마다 스마트도시 종합계획을 수립하여 실행하고 있다. 현재는 제4차 스마트도시 종합계획(2024~2028)에 따라 기후위기 대응과 AI 및 데이터 기반의 도시를 위한 정책을 추진하고 있다. 또한 백지 상태의 부지에 4차 산업혁명 관련 기술을 자유롭게 실증·접목하여 선도모델을 제시하기 위한 국가 시범도시를 세종과 부산에 조성하고 있다.

이러한 현실 공간의 물리적 구조는 어쩔 수 없이 인터넷 접속, 속도, 활용, 가상공간의 지리적 격차를 만든다. 와이파이존마다 인터넷 속도는 다르고, 데이터센터에서 멀어질수록 서비스 속도는 느려진다. 도시의 규모도 중요하다. 대도시는 인구가 많고, 상대적으로 젊은 인구가 많아 정보통신 기술에 대한 수요가 많다. 새로운 정보통신 기술을 만드는 대학과 연구소들도 모여 있다. 그래서 새로운 정보통신 기

• Internet of Things의 약자로 사람의 개입 없이 인터넷에 연결된 기기끼리 서로 정보를 주고받아 일을 처리하는 기술이다. 예를 들면, 주정차 금지구역의 도로 바닥에 있는 센서가 불법 주정차를 감지하여 자동으로 신고하고, 쓰레기통은 쓰레기의 양을 스스로 감지하여 수거를 요청한다. 온도와 습도 센서, 연기 센서 등을 수집하고 종합하여 화재 징후를 점검하기도 하고, 통학하는 학생의 시간과 동선을 파악해 순찰차의 순찰 시간과 경로를 조정한다.

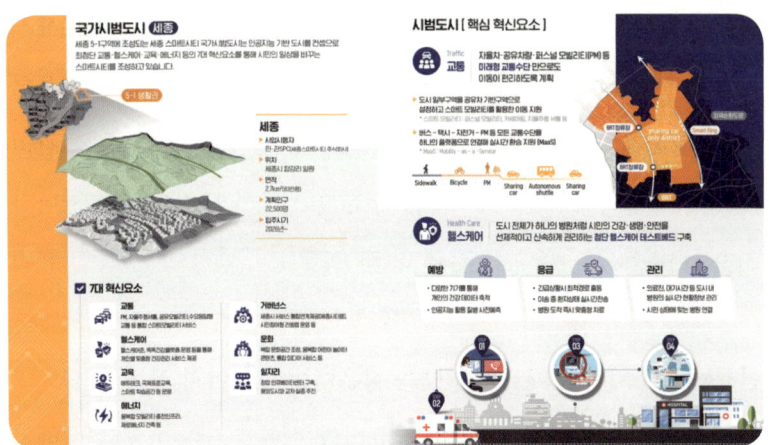

스마트 도시 국가시범도시 세종 소개 (출처: smartcity.go.kr)

술은 대도시에서 먼저 선보이게 되고, 이와 관련된 다양한 투자와 서비스산업, 사람들 또한 대도시로 몰린다. 중소도시는 소외되고 대도시는 새로운 정보통신 기술을 통해 중소도시의 기능을 잠식하곤 한다. 인구가 많은 대도시는 '암묵지(暗默知, tacit knowledge)'를 나누고 얻는 면에서도 중요하다. 인터넷을 통해 모든 정보가 교환되지 않기 때문이다. 창의적인 생각은 사람과 사람이 만나 밥을 먹고 차를 마시고 수다를 떠는 그 속 어딘가에서 나타난다. 정보통신 기술이 발달하면 재택근무, 원격 수업이 보편화될 거라는 예상 또한 이런 이유로 무너졌다.

더불어 지역의 정치, 법, 인구 구성, 소득수준, 언어, 사회문화 등 현실 공간의 상황과 차이가 정보통신 기술 사용의 지리적 차이를 만들기도 한다. 예를 들면, 인터넷 자료의 약 60%는 영어로 되어 있는데,

● 언어로 명확하게 표현하기 어려운 경험과 노하우, 직관 등을 통해 개인에게 체화된 지식을 의미한다.

영어 실력이 부족한 집단 또는 비영어권 국가의 사람들이 인터넷에서 얻을 수 있는 정보는 제한될 수밖에 없다.

기술의 발전에도 중요한 것은 '바로 이곳'

언젠가부터 기차역 매표소 앞에는 젊은이들이 보이지 않는다. 설이나 추석을 앞두고는 더욱 그렇다. 컴퓨터와 스마트폰을 이용해 예매가 가능해진 후부터이다. 미리 표를 끊지 못한 어르신들은 매표소에서 입석 표를 살 수밖에 없고, 그들은 기차의 칸과 칸 사이, 의자와 벽 사이에 몸을 기댄 채 고단한 이동을 해야 한다.

어르신들은 자식들에게 미안하다는 말과 함께 티켓 예매를 부탁한다. 음식점의 무인 주문 기계(키오스크) 앞에서 머뭇거리다 뒷사람의 눈총을 받는다. 예매도, 음식 주문도 못하는 자신을 한심하게 생각하고, 부끄러워한다.

그렇다면 인터넷에 익숙한 젊은이들은 어떤가? 현실 공간에서 받은 상처와 낮아진 자존감을 사이버 공간에서 채우려 하지만, 자신의 글이 다른 사람에게 어떻게 받아들여질지, 어떻게 하면 잘 보일지 걱정한다. 하루하루가 불안하다. 자신의 글에 달린 댓글에 상처받고 '좋아요' 하나에 웃는다. 시간이 날 때마다 짧은 영상 콘텐츠를 본다. 자극적인 영상이 일상이 되고, 알고리즘 속에서 시야는 좁아진다. 함께 식당에서 밥을 먹지만, 한 손에는 숟가락, 다른 한 손에는 스마트폰을 들고 있다. 함께 있지만, 함께 있지 않다. 정보통신 기술은 분명 우리를 편하게 만든 것 같지만 그렇지 않은 사람도 있고, 우리를 다른 사람들과 더 연결하게 한 것 같지만 더 외롭게 만든 것 같기도 하다. 더 많은 정보 속에서 똑똑해진 것 같지만, 생각이 없어진 것 같기도 하다. 때로는 쉴 새 없이 발전하는 새로운 정보통신 기술을 따라가야 한다는 강박에 힘겹기도 하다. 소중한 개인정보는 나도 모르게 유출되어 누군가가 알고 있을 것만 같아 불안하다. 센서, 네트워크, 시스템이 자신을 감시하는 수단이 되고, 글로벌 IT 기업의 노리개가 되는 것은 아닌가 하는 생각도 든다.

정보통신 기술은 매우 빠른 속도로 계속 발달할 것이다. 가상공간과 현실 공간을 변화시킬 것이고, 또 다른 공간을 만들 것이다. 공간에 기대어 살고 있는 우리의 삶도 빠르게 변할 것이다. 그 기술은 지리적·사회적 격차를 해결할지도 모른다. 하지만 또 다른 격차와 고민을 만들 것이다. 미래는 알 수 없다.

하지만 확실하게 아는 것이 있다. 정보통신 기술은 그저 우리가 살고 있는 이곳을 더 즐겁게 하고, 현실의 문제를 좀 더 쉽게 해결하도록 도와주는 도구일 뿐이라는 것이다. 우리는 인터넷 데이터센터 속 서버에서가 아닌, '지금·이곳'에서 발을 딛고 살고 있다는 것, 곁에 있는 사람들과 알콩달콩 우정을 나누며 산다는 것이다. 곁에 있는 사람들과 함께 더 즐거운 지금, 더 행복한 여기를 스마트하게 만들어야 한다는 것이다. '좋아요'는 클릭이 아닌, 얼굴을 보며 말해야 하는 것이다.

마지막으로 정보통신 기술의 발달이 거리의 한계를 극복해 결국 '거리의 죽음', '공간의 소멸', '지리학의 종말'을 만들 것이라는 말은 옳지 않다. 지리는 지금까지 그랬듯 여전히, 앞으로도 중요하다. 공간은 사라지지 않을 것이고, 우리는 공간 없이 존재할 수 없기 때문이다.

 한 걸음 더

1 인터넷과 스마트폰이 완전히 끊긴 위기 상황이라면, 우리의 생존과 일상을 지탱해줄 도구와 기술은 무엇일지 자유롭게 이야기해보자.

2 스마트도시는 안전한 미래일까, 감시 사회의 시작일까?

3 정보통신 기술은 지방 소멸을 막는 '분산의 도구'가 될까, 아니면 결국 사람을 대도시로 끌어들이는 '집중의 도구'가 될까?

4 데이터센터 입지를 둘러싸고 전력 소모, 물 부족, 소음 및 건강권 침해를 우려하는 주민들의 반대 목소리가 높아지고 있다. 반면, 디지털 인프라의 확충과 IT 기업 유치, 지역 경제 활성화 및 세수 증대를 위해 데이터센터 건립이 필수적이라는 찬성론도 팽팽히 맞서고 있다. 데이터센터는 어디에 있어야 할까?

Part 2

통합사회 2

9

민달팽이 세대와 지·옥·고를 아시나요?
공간에 대한 권리도 인권이다

나는 민달팽이 세대다

여기 한 청년이 있다. 그는 소위 말하는 '인 서울' 대학에 합격해 희망에 가득 차 있었다. 지방에서 서울로 대학을 간다는 것이 마냥 쉬운 일은 아니어서, 선생님과 친구들의 축하와 부러움을 한 몸에 받기도 했다. 하지만 기쁨도 잠시. 서울에 딱히 아는 사람이 없던 청년은 자취방을 알아보려고 대학가 근처 부동산을 들렀다가 많이 당황했다.

다섯 평 남짓의 원룸이 보증금 1,000만 원에 월세 60만 원. 이 정도면 청년의 고향인 부산에서는 투룸을 얻을 수 있는 비용이다. 서울과 지방의 격차를 모르는 것은 아니지만 그 차이가 예상보다 더 컸다. 결국 발품을 팔고 선호하는 여러 조건들을 포기한 후, 보증금 400만 원, 월세 40만 원의 원룸을 구했다. 사실 집만 있으면 살 수 있는 게 아니라, 전기세, 난방비도 내야 하고 밥도 사 먹어야 하는 등 혼자 사는 데 드는 생활비가 만만치 않았기 때문에 방세를 절약할 수밖에 없었다.

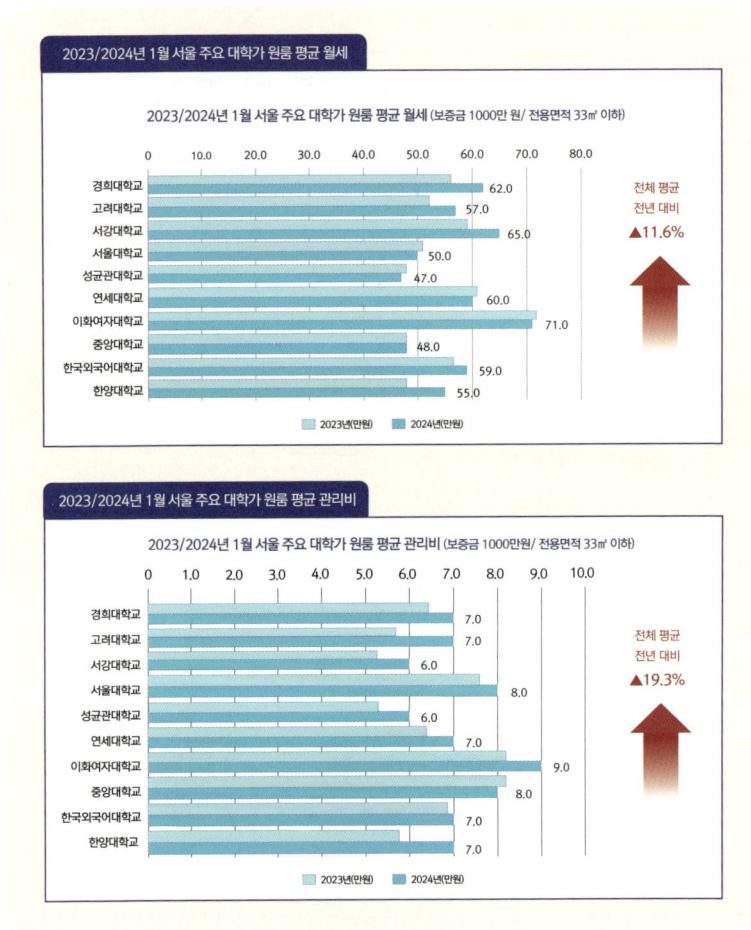

서울 주요 대학가 평균 월세 지도(출처: 다방)

청년의 원룸은 반지하였다. 햇빛이 잘 들지 않았고 환기도 안 돼 여름에는 퀴퀴한 곰팡이 냄새가 났다. 또 문만 열면 바로 도로여서 소음으로 잠을 설치기 일쑤였고, 사생활도 보호받기 힘들었다.

2년의 계약 기간이 끝나자, 월세를 올려달라는 주인의 요구에 청년은 룸메이트를 구해 옥탑방으로 이사했다. 옥탑방은 햇빛도 잘 들고 통풍도 잘되었지만, 여름은 매우 덥고 겨울은 너무 추웠다. 청년은 에어컨도 없이 여름을 견뎌보려다 더위를 먹고 앓기도 했고, 겨울에는 10만 원에 가까운 난방비로 경제적 어려움을 겪기도 했다.

그래도 이 청년은 사정이 좀 나은 편이다. 청년의 선배들 중 몇몇은 부모님께 계속 손을 벌리는 것이 힘들어 학교 앞 고시원으로 이사했다. 고시원은 보증금이라는 목돈은 들지 않았지만 화장실과 샤워장을 공동으로 이용해야 했고, 한 평(3.3㎡)이 조금 넘는 방에 책상과 작은

고시원 풍경 ©심규동

침대를 놓으면 제대로 움직일 수 없었다.

　서울 생활 내내 이 청년을 가장 괴롭힌 것이 바로 주거 문제였다. 주거 비용을 함께 분담할 룸메이트가 계속 같이 지내줄 것인지, 2년간의 원룸 계약 기간이 끝나면 또 어디로 가야 하는지, 생활비를 얼마나 절약해야 하는지 등 모두 주거와 관련된 문제들이었다. 청년은 언제쯤 이런 고민에서 벗어날 수 있을까? 청년을 보면, 마치 집 없이 태어나는 민달팽이가 떠오른다.

지옥고를 아시나요?

지옥고는 지하방, 옥탑방, 고시원처럼 주거 환경이 열악한 비주택을 전전하는 요즘 청년들이 자신들의 꽉 막힌 처지를 자조하며 만든 신조어이다. 현재 우리나라 청년 가구(19~35세)의 절반 이상은 수도권에 거주하고 있으며, 그 비율은 최근까지 꾸준히 증가해왔다. 하지만 이들 청년 가운데 상당수는 주거 문제로 어려움을 겪고 있다. 서울시가 2022년에 실시한 주거 실태 조사에 따르면 청년 1인 가구의 94.9%가 전세나 월세이며, 특히 월세 거주 비율이 60%를 넘는 것으로 나타났다. 또 1인 가구 청년들의 7%는 지하나 옥탑방에 거주하고 있고, 6%는 고시원, 상가, 공장 등과 같은 비주거용 건물에 살고 있다.

　특히 19~24세의 청년 10명 중 1명(11%)은 최저 주거 기준*에 미달하는 곳에서 첫 사회생활을 시작했고, 월 소득의 4분의 1 이상을 전세나 월세 비용으로 지출하고 있다. 여기에 대학 등록금과 임대료의 지속적인 상승, 인턴이나 기간제와 같은 비정규직 증가로 인한 고용 불안이 하루가 다르게 청년 세대들의 어깨를 짓누르고 있다.

현재 우리 사회의 청년들은 소득에 비해 과도한 주거비를 지불하면서 미래를 위한 저축은 꿈도 꾸지 못한 채 힘겹게 살아간다. 이들의 고통은 젊다는 이유만으로 응당 치러야 할 대가이거나 견뎌내야 하는 과업이 아니다. 이들의 주거 빈곤은 이미 청년 세대를 넘어 장년 세대로 진행되고 있고, 더 많은 시간이 흐르면 노년층까지 연장될 것이다. 가난한 청년이 가난한 장년이 되고, 가난한 장년이 가난한 노인이 될 가능성이 높다. 더욱이 상당수 청년들이 주거 문제에서 시작된 경제적 궁핍으로 결혼·출산 등과 같이 생애 주요 결정까지도 늦추거나 포기하는 경향이 나타나고 있으며, 이로 인한 인구구조의 변화는 지속가능한 사회·경제 시스템 유지에 큰 위협이 되고 있다.

언제부터인지 우리 사회의 미래 동력으로 중추적인 역할을 해야 할 청년들이 주거 문제로 고통받고 있다. 이들이 원했던 것은 힘겨운 공부를 마치고, 바쁜 회사 일을 끝내고 단지 편안하게 누워서 쉴 수 있는 '집'이었다. 답답하면 창문을 시원하게 열 수 있고, 벽에 못을 박아 액자를 걸 수 있고, 책장을 구입해 책을 꽂고, 예쁜 화분 하나를 가꾸는 것이 그렇게 사치스러운 일일까? 20대 청년 세대는 '방'이 아닌 '집'이 필요하다.

● 우리나라는 주거기본법 제17조, 동법 시행령 12조에 근거하여 국민이 쾌적하고 살기 좋은 환경을 영위하기 위하여 필요한 최소한의 주거 기준을 설정하고 있다. 최저 주거 기준은 주거 공간의 면적, 채광, 환기, 난방, 위생 등 여러 요소를 포함한다. 이에 따르면 1인 가구는 14㎡ 이상의 주거 면적 요건을 충족해야 한다.

집은 인권이다

달팽이는 새나 딱정벌레와 같은 천적을 만나면 재빨리 껍데기 속으로 몸을 감춘다. 무더운 여름과 추운 겨울에는 껍데기 안으로 들어가 입구에 점액으로 단단한 막을 치고 자신을 보호한다. 달팽이가 등에 지고 있는 이 껍데기는 달팽이가 나이를 먹을수록 함께 자란다. 달팽이에게 껍데기는 있으나 마나 한 것이 아니라, 자신의 생명과 안전을 지켜주는 은신처이다. 생각해보면 모든 생명체는 자신만의 보금자리를 가지고 있다.

우리 인간도 마찬가지이다. 집은 우리 자신과 가족을 보호하고 사생활을 지켜주며 여유와 편안함을 준다. 이를 바탕으로 인간은 다시 집 밖으로 나가 열심히 일을 할 수 있다. 그래서 '집(home)'은 그 의미상 '주택(house)'과 다르다. 주택은 냉장고나 자동차를 바꾸듯이, 필요에 따라 언제나 다른 것으로 바꿀 수 있는 하나의 상품이다. 하지만 집은 인간에게 가장 친밀한 장소이며, 세계와 나를 이어주는 통로이다. 때문에 집은 단지 지붕, 벽, 창문만 있으면 되는 게 아니라, 그 안에 사는 사람이 최소한의 인간다운 생활을 하는 데 아무런 문제가 없어야 한다. 그래서 삶의 터전인 집의 문제는 개인의 문제를 넘어 인간의 존엄성을 유지하기 위한 기본적인 권리, 즉 인권인 것이다.

적절한 주거에 대한 인간의 권리는 이미 수많은 국제 규범에서 기본적인 인권으로 규정하고 있다. 국제연합(UN)은 1948년 '세계인권선언'에서 '주거를 포함한 적절한 생활수준을 누릴 권리'를 천명했으며, 1966년 '경제·사회·문화적 권리에 관한 국제 규약'에서는 주거권을 국제법으로서의 효력과 구속력을 갖고 있는 조약으로 만들어 각국 정부가 이행하도록 하고 있다. 최근에는 UN 산하에 '유엔인간주거계획(UN-Habitat)'을 두고 지속 가능한 주거 개발과 모두를 위한 적절한 주거를 위해 노력하고 있다. 우리나라도 주거에 대한 권리를 헌법과 법률로 규정하고 있으며, 주거권 관련 국제 규약이 국회 비준을 통과하여 국내법과 동일한 효력을 발휘하고 있다.

이처럼 모든 인간은 기본적인 인권으로 최소한의 주거 생활을 향유할 권리가 있고, 국가는 이를 실현할 의무를 갖고 있다. 그럼에도 불구하고 우리 청년들은 민달팽이처럼 거처할 집 없이 지·옥·고를 옮겨 다니고 있다. 이는 인간다운 생활과는 거리가 멀며, 인간의 존엄성을 유지하기 위한 권리를 제대로 보장받지 못하고 있다는 것이다. 다시 말해 인권을 침해받고 있다는 말이다.

사실 하나의 인권으로서 주거에 대한 권리 문제는 청년들이 주로 거주하는 대학 주변이나 고시촌 동네에서만 나타나고 있는 것은 아니다. 2009년 추운 겨울 새벽, 서울의 한복판인 용산구 남일당 건물 옥상에서 농성을 벌이던 세입자들을 경찰특공대가 강제 진압하는 과정에서 농성자 5명과 경찰특공대 대원 1명이 사망하고 24명이 부상을 입는 대형 참사가 일어났다. 유가족들은 이렇게 말한다. "보상금 때문이 아니라 단지 살고 싶었고, 살기 위해 건물 옥상에 올라갔다"고. 2014년 송파구 반지하 셋방에서는 세 모녀가 "정말 죄송합니다"라는 메모와 함께 갖고 있던 전 재산인 현금 70만 원을 마지막 집세와 공과금으로 놔두고

- **세계인권선언(1948) 제25조 1항** 모든 사람은 먹고 입고 거주하는 것과 의료 및 필수적인 사회 서비스를 포함하여 자신과 가족의 건강과 행복을 위해 적절한 생활수준을 누릴 권리를 갖는다.
- **경제·사회·문화적 권리에 관한 국제 규약(1966) 제11조 1항** 이 규약의 당사국은 모든 사람이 적절한 식량, 의복 및 주거를 포함하여 자기 자신과 가족을 위한 적절한 생활 수준을 누릴 권리와 삶의 조건을 지속적으로 개선할 권리를 가지는 것을 인정한다.
- **경제·사회·문화적 권리에 관한 국제 규약 일반논평 4호(1991)** 적절한 주거에 대한 권리는 모든 경제적·사회적·문화적 권리를 누리는 데 가장 중요한 요소이다.
- **환경과 개발에 관한 리우선언 의제21(1992) 7장** 인간 정주의 목적은 모든 사람들의 정주, 생활 및 노동 환경에 대한 사회적·경제적·환경적 질을 개선하는 것이다. …… 안전하고 위생적인 거주지에 대한 접근은 개인이 신체적·정신적·사회적·경제적으로 잘 살아간다는 것의 기본이며, 국가적·국제적 행동의 근본이 되어야 한다.
- **대한민국 헌법 제35조 3항** 국가는 주택 개발 정책 등을 통하여 모든 국민이 쾌적한 주거 생활을 할 수 있도록 노력하여야 한다.
- **대한민국 주거기본법 제2조** 국민은 관계 법령 및 조례로 정하는 바에 따라 물리적·사회적 위험으로부터 벗어나 쾌적하고 안정적인 주거환경에서 인간다운 주거 생활을 할 권리를 갖는다.
- **대한민국 주거기본법 제18조 1항** 국가 및 지방자치단체는 최저 주거 기준에 미달되는 가구에게 우선적으로 주택을 공급하거나 개량 자금을 지원할 수 있다.
- **대한민국 주거기본법 제18조 2항** 국가 및 지방자치단체가 주거정책을 수립·시행하거나 사업주체가 주택 건설 사업을 시행하는 경우에는 최저 주거 기준에 미달되는 가구를 줄이기 위하여 노력하여야 한다.

스스로 목숨을 끊은 끔찍한 사건도 발생했다. 도대체 이들이 죄송한 것은 무엇이며, 누가 이들로 하여금 죄송하다고 말하게 만든 것일까?

주거에 대한 우리의 권리가 보장받지 못한다면 인간의 생존권도 심각하게 위협을 받는다. 때문에 집은 단지 물리적인 구조물도, 잠시 머물고 나갈 임시적인 거처도 아니다. 집은 인간의 생존권에 우선하여, 인간이면 누구나 인간다운 생활을 하기 위해 마땅히 누리고 보장받아야 할 권리이다. 집은 인권이다.

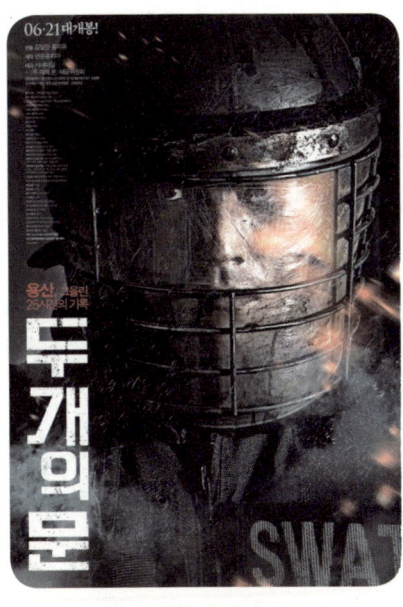

다큐멘터리 〈두 개의 문〉
2012년 개봉한 용산 참사를 다룬 다큐멘터리 독립영화. 용산 참사가 일어난 원인과 진실 규명에 다가서는 내용을 담담하게 그려내 다시 한번 용산 참사에 대한 사회적 관심을 불러일으켰다. 그해 언론인권상 본상을 수상했다.

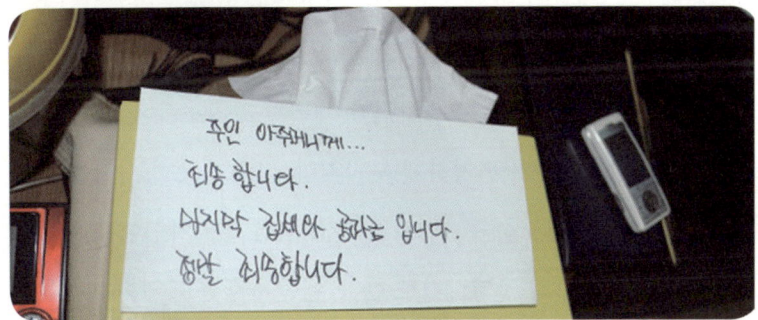

송파구 세 모녀가 남긴 유서 같은 메모

도시도 인권이다

오스트레일리아의 어느 선주민들은 주택 없이 모닥불 주변에서 가족과 함께 살아가는데 그들은 이곳을 '집'이라 부른다. 그들에게 집이란 벽돌과 시멘트로 만들어진 인공 구조물이 아니라 편안함과 사랑을 느끼는 공간이라고 한다. 영어에서도 집을 뜻하는 홈(home)은 단순히 자신이 머물고 있는 건물만을 의미하지는 않는다. 홈은 자신이 태어난 도시(hometown)일 수도, 국가(homeland)일 수도, 지구일 수도 있다. 집은 하나의 고정된 물체가 아니며, 사람들이 거주하는 모든 공간은 본질적으로 '집(home)'의 의미를 담고 있다. 그래서 영어권 사람들은 거주지에 대한 그리움을 향수병(homesickness)으로 표현했을지도 모른다.

공간은 그곳에서 살아가는 사람들이 만들어왔고, 또 앞으로 만들어 갈 거주지이다. 그래서 공간은 다양한 시대, 서로 다른 사람들이 만든 흔적들이 쌓인 지층과도 같다. 공간은 시대를 넘어 공동체 구성원 모두의 공간, 공적 공간이다.

그런데 어느 순간부터인지 공간은 거주지로서 삶의 터전이기보다는 '부동산'으로 상징되는 사고파는 상품이 되었다. 돈과 권력이 있는 사람들은 더 많은 공간을 소유하거나 계획하고 창조하며, 공간이 주는 혜택에 쉽게 다가가 편리하게 누리지만, 그렇지 못한 사람들은 자신의 거주지를 만들어가는 데 소외되거나, 심지어 자신이 오랫동안 살았던 거주지로부터 쫓겨나기도 한다. 이런 현상은 산업화의 산물인 도시에서 두드러지게 나타나고 있다.

서울시 주거환경개선정책 자문위원회의 2009년 자료를 보면, 뉴타운·재개발 등 정비사업으로 전세금 4,000만 원 미만 주택 비율은 사업 전 83%에서 사업 후 0%로, 전용면적(실제 주거면적) 60㎡(18평) 이하 주택 비율은 사업 전 63%에서 사업 후 30%로 줄어들었다. 그 결과 그곳에 살던 저소득층 거주민들은 집을 마련할 돈이 없어 외곽으로 밀려나게 되었다. 이들은 자신의 거주지인 데다 최소한 인간답게 살아가기 위한 권리를 침해받았음에도 불구하고, 공간을 변화시키는 도시 재개발 과정에 이렇다 할 참여를 하지 못했다.

뉴타운사업은 모든 도시 거주자를 위한 도시 만들기 과정이 아니었다. 한 연구 결과에 의하면, 1963년부터 2007년까지 소비자 물가는 약 43배 상승했지만 서울의 땅값은 무려 1,176배나 상승했다고 한다. 같은 기간 도시 노동자의 월평균 실질 임금은 15배 오르는 데 그쳤다. 이후에도 서울의 토지 및 부동산 가격은 꾸준히 상승했고, 최근 10여 년 사이 서울의 아파트 가격은 3배 이상 급등했다. 노동자가 숨만 쉬고 임금을 모은다고 가정할 경우, 서울에서 30평형 아파트 한 채를 장만하는 데 걸리는 기간은 2003년에는 16년이었으나 2025년에는 32년으로 늘어났다.• "서울의 강남, 서초, 송파구의 공동 주택을 팔면 국내 대기업을 인수할 수 있다"라는 식의 우스갯소리가 과장된 표현처럼 들릴 수 있지만, 이는 자산 격차의 심화와 노동 소득만으로는 주택을 소유하기 어려운 사회 현실을 상징적으로 말해준다.

프랑스의 공간철학자 르페브르(Henri Lefebvre)는 오늘날 거주지의 대

• 경실련 2003.2~2025.5 정권별 서울 아파트 시세 분석 발표 보도자료(http://ccej.or.kr/posts/mbtqMDZ).

명사가 되어버린 도시가 거주지로서의 사용가치보다는 상품으로서의 교환가치가 우선이 되었다고 비판하며, 본래의 도시 모습으로 돌아가기 위해 인권의 일부로서 도시권을 주장했다. 본래 도시는 동질적이며 고립적인 성격이 강한 촌락과 달리, 다양한 사람들이 만나 거주하며 다양성과 차이를 지속적으로 만들어온 하나의 작품과도 같은 공적 공간이었다. 그런데 자본주의가 발달하면서 도시는 그런 공적 공간이기보다 돈이나 권력을 가진 소수의 사람들이 소유하거나 부동산 투기를 통해 더 많은 돈을 벌기 위한 사적 공간이 되어버렸다. 그리하여 도시는 기능적이고 획일적인 소비의 장소가 되었고 평범한 서민들, 빈곤한 노동자, 노숙인, 이주배경인과 같은 도시민들은 도시가 주는 혜택으로부터 멀어지거나 심지어 도시에서 쫓겨났다.

르페브르는 자본과 권력이 아닌 본래의 도시 모습, 즉 도시민들을 위한 생활 거주지로서의 도시로 되돌리기 위해 모든 도시 거주민이 도시의 행정과 정치에 적극적으로 참여하여 도시를 만들고 도시가 주는 다양한 혜택에 차별 없이 접근하여 누릴 수 있는 권리를 보장받아야 한다고 주장한다. 도시는 소수의 특권을 가진 사람들의 공간이 아니라 스스로 도시를 만들어왔고 앞으로 만들어나갈 모두의 공간인 것이다. 이를 위해 도시의 공공성은 지켜져야만 하며 이는 도시민 모두가 도시에 대한 권리를 보장받을 때 가능하다.

이러한 이론에 영향을 받아 최근 세계 여러 도시들은 도시권 보장을 위한 헌장을 제정하고 있고, 세계적 차원에서도 UN을 중심으로 논의가 활발하게 이루어지고 있다. 대표적으로 2005년 발표된 캐나다

몬트리올의 도시 헌장 제1조에는 "도시는 삶의 공간이며, 도시에서 인간의 존엄성, 관용, 평화, 포용, 평등의 가치가 모든 시민 사이에 증진되어야 한다"고 규정하고 있다. 삶의 공간, 도시는 사고파는 상품이 아닌 그곳에 사는 모든 거주민들의 것이다.

공간에 대한 관심을 통해 인권의 확장과 재개념화가 필요하다

왕의 부당한 권력에 시민들이 혁명으로 저항했던 프랑스 대혁명에서 보듯이, 인권은 국가의 권력으로부터 개인의 정치적 자유를 지키는 과정에서 본격화되었다. 왜냐하면 개인의 자유를 침해하는 가장 큰 권력은 국가였기 때문이었다. 혁명의 결과, 시민은 선거를 통해 국가 정치에 참여하여 국가권력을 제한하고 자신의 자유를 지킬 수 있었다. 그러나 개인의 참정권만으로 인간은 자신의 존엄성을 유지할 수 있을까? 만약 국가로부터 개인의 정치적 자유는 보장되었지만 편안하게 쉴 집이 없어 노숙을 하게 된다면? 돈이 없다는 이유만으로 슬럼과 같은 불량한 거주 공간으로 쫓겨나야 한다면 어떻게 될까? 국가가 보장한 개인의 정치적 자유는 의미가 약해질 것이다.

실제로 자신의 집을 가진 사람들이 많은 동네일수록 투표율이 높고, 1인 가구, (반)지하와 같은 셋방에 사는 거주자가 많은 동네일수록 투표율이 낮다고 한다. 세입자들 중 상당수는 거주 기간이 짧고, 이사 횟수가 잦기 때문에 그들에게 현재의 거주지는 '우리' 동네가 아니라 곧 떠나야 할 '남의' 동네이기 때문이다. 더욱이 세입자가 저소득층일수록 생계를 위해 선거일에도 일을 해야 하는 경우가 많아, 투표장에 가기 어려울 수 있다.

따라서 최소한의 인간다운 생활을 보장하고 인간으로서의 존엄성을 유지하기 위해, 인권 논의를 좀 더 확장할 필요가 있다. 이를 위해 우선은 주거권, 도시권 등 '공간'에 대한 인간의 권리를 이야기할 용기가 필요하다. 지금 이 순간에도 한국의 청년 주거 문제를 해결하기 위해 노력하는 청년시민운동가들이 있고, 도시권 보장을 위해 뛰고 있는 도시인권운동가들이 있다. 그리고 누군가가 정당한 권리를 이야기할 때, 다소 불편하게 느껴지더라도 그 목소리에 귀 기울이고 함께

2024 총선 세입자 정책 요구안을 발표하고 있는 민달팽이유니온 회원들(출처: 민달팽이유니온 공식 블로그)

하려는 태도가 필요하다. 인권이 더 잘 보장되는 지역과 사회에서는 결국 나의 인권도 보장될 가능성이 높아지기 때문이다. 그래서 우리는 조금 비싸더라도 공정무역 커피를 선택하기도 하고, 길을 가다 잠시 멈춰 거리 서명에 참여하기도 한다.

이제 공간에 대한 권리에도 조금만 더 관심을 가져보자.

 한 걸음 더

1. 지옥고(지하방·옥탑방·고시원)는 청년 세대가 감당해야 할 정당한 과정일까? 청년 세대의 주거 빈곤은 '젊어서 고생은 사서도 한다'는 말처럼 개인적 차원에서 해결해야 할 문제인지, 아니면 하나의 인권으로서 국가(사회)가 적극적으로 해결해야 할 문제인지 토론해보자.

2. 주택은 개인의 노력으로 시장에서 획득해야 하는 '경제적 재화(House)'일까, 아니면 공공재로서 인간다운 삶을 위해 모든 국민에게 최소한으로 보장해야 하는 '보편적 권리(Home)'일까?

3. 다양한 젠트리피케이션 사례에서 원주민과 소유주의 갈등 양상을 찾아보고, 낙후된 환경 개선을 통한 소유주의 개발 이익이 중요한지, 아니면 그곳에 오랫동안 터전을 잡고 살았던 세입자들의 주거권 보호가 더 중요한지 이야기해보자.

4. 타인의 권리 보장을 위해 내가 겪어야 하는 불편함은 정당한 걸까? 임대주택 건설, 대학 기숙사 건립, 특수학교 설립 등 공간의 변화 과정에서 권리가 충돌하는 사례를 찾아보고, 정당한 권리 행사인지 집단 이기주의인지 생각해보자.

10

님비(NIMBY)를
지역이기주의로만 볼 수 있을까?
정의와 부정의는 우리가 살아가는 다양한 공간에 새겨져 있다

놀이터 출입 금지? 통행로 이용 금지?

여기 두 가지 사례를 살펴보자. 첫 번째 사례. ○○시의 한 아파트 놀이
터에서 외부 어린이들을 주거침입과 기물 파손 혐의로 신고하며 논
란이 일었다. 또한 □□시의 한 아파트에서는 외부인의 놀이터 이용을
막기 위해 다른 동네 아이들에게 일일 이용권을 발급받도록 했다. 이
마저도 "시설 이용 중 사고가 나도 해당 아파트에 책임을 묻지 않는
다", "시설 훼손 시 보수 비용을 보상한다"라는 조건에 동의해야 이용

• 'Not In My Back Yard(내 뒷마당에는 안 돼)'의 약자로, 자신이 거주하는 지역에 혐오 시설이 들어서는 것을
반대하는 현상을 의미한다.

권을 발급받을 수 있었다. 외부인은 놀이터의 유지·보수 비용을 내지 않으므로 놀이 시설 파손과 소란을 막기 위해서라는 것이 그 이유였다.

두 번째 사례. 재개발, 재건축을 통해 새로 조성된 대형 아파트단지 내부에 설치한 공공보행통로를 두고 입주민과 주변 주민들이 갈등을 빚고 있다. 공공보행통로는 아파트 개발로 사라진 골목길을 대신하고, 단지의 규모가 커서 보행자가 우회하게 되는 불편을 줄이기 위해 설치되었다. 그러나 △△시의 한 아파트 주민들은 사유지에 들어선 공공보행통로에 대해 재산권을 주장하며 입주민만 출입할 수 있는 보안문을 만들어 외부인 출입을 차단했다. 그 결과, 많은 주민이 단지 외곽으로 먼 길을 돌아가야 하는 상황에 처하게 되었다.

두 사례의 관계기관들은 아파트단지가 입주민의 사유지이기 때문에 뾰족한 해결책이 없다는 입장이지만, 안타까움과 불편함은 이루 말할 수 없다. 공간 이용을 둘러싼 이러한 차별과 배제가 좀 지나친 건 아닐까? 과연 이를 두고 정의롭다고 할 수 있을까?

나만의 공간을 지키고 싶다, 게이티드 커뮤니티

자본주의사회에서는 공간도 그에 걸맞은 값을 지불하고 사야 하는 하나의 상품이 되었다. 하지만 공간은 상점에서 판매되고 있는 일반적인 상품들과는 근본적으로 다른 성격을 가지고 있다. 공간은 공장에서 기계를 이용하여 대량으로 생산할 수 없으므로, 양이 제한되어 있을 수밖에 없기 때문이다.[*] 이에 따라 공간에 대한 수요와 공급 간 불일치가 생겨나고, 수요가 공급보다 많은 상황이라면 한정된 공간을 둘러싼 경쟁이 발생하게 된다.

경쟁자들을 제치고 구매한 이 공간을 '나만의 공간'으로 굳게 지키고 싶다는 열망의 결과, 게이티드 커뮤니티를 비롯한 차별하고 배제하는 사유 공간들이 점차 확대되고 있다. '거주자 외에 외부인의 출입을 엄격히 제한하는 사유화된 지역'을 뜻하는 게이티드 커뮤니티(gated community, 빗장 도시 혹은 빗장 동네)는 대개 부유한 사람들을 위한 폐쇄적인 공간이다. 이와 관련해 "'위험하며 불편한 세상'과 거리를 두려고 담장과 CCTV, 진입로 가로막, 경비원을 두고 여러 사람이 함께 자발적으로 고립되는 이 장벽은 불법 이민을 막는 장벽과 함께 앞으로 가장 번성하게 될 것"[**]이라는 분석이 나오기도 했다.

게이티드 커뮤니티는 우리나라에서 빠르게 확산하고 있다. 특히 초고층 고급 아파트와 미국식 주택 단지를 지향하는 타운하우스에서 두드러지는데, 서울 강남의 타워팰리스가 대표적이다. 이들 공간은 골프 연습장, 수영장, 파티장, 게스트하우스 등 입주민들만 이용할 수 있는 편의 시설을 특징으로 한다. 외부인은 단지 안에 있는 은행 현금 지급기조차 이용할 수 없다. 이 폐쇄적인 공간 속에서 만나고 있는 사람들은 단지 안과 밖을 구별 짓고, 서로 비슷한 소득과 사회적 지위를 지닌 동질

---

[*] 간척 사업이나 인공 섬 건설, 해저 도시 건설 등을 거론하며 공간도 늘릴 수 있다고 반론할지 모른다. 그러나 이는 공장에서 같은 청바지를 대량 생산하는 것과는 비교할 수 없을 만큼 복잡하고 힘든 일이다.

[**] 클로드 케텔 지음, 권지현 옮김, 『장벽-인간의 또 다른 역사』, 명랑한지성, 2013.

계급이라는 정체성을 확인하며 그들만의 커뮤니티를 형성해나간다.

앞에서 언급했던 아파트단지 안 놀이터와 통행로 이용을 둘러싼 갈등, 사회적으로 큰 논란이 되었던 단지 안 택배 차량 진입 금지와 같은 문제들은 모두 게이티드 커뮤니티의 확대 추세와 연관해 이해해야 한다.

그런데 여기서 공간의 또 다른 특성에 주목할 필요가 있다. 공간이 일반적인 상품들과 근본적으로 다른 또 한 가지 이유는 바로 외부성을 가지고 있기 때문이다. 외부성(externality)이란 다른 사람에게 의도치 않은 손해나 혜택을 주는 것을 의미한다.˙ 공간이 외부성을 갖는 것은 주변 공간에 영향을 주는 동시에 주변 공간의 영향을 받는 까닭이다. 내 땅이라고 함부로 쓰레기를 태우거나, 내 집이라고 마음껏 뛰고 떠들 수 없는 이유는 나의 이런 행동이 주변 사람들에게 피해를 줄 수 있기 때문이다.

한편, 주변 지역이 개발되면 덩달아 동네 집값이 올라 이익을 얻기도 한다. 이 경우, 집값이 오른 것은 전적으로 나의 노력 때문만이 아니라 정부가 지하철, 도로, 공원, 학교 등 기반 시설을 건설하여 가치를 만들어냈기 때문이다. 이와 같은 공간의 외부성을 고려한다면, 경제적 대가를 치르고 공간을 사유화했더라도 본질적으로 이 공간에 대해 완전하고 배타적인 '나만의' 권리를 주장하기란 쉽지 않다. 게이티드 커뮤니티 또한 마찬가지다.

• 예를 들어 과수원 주인과 양봉업자는 서로 긍정적인 외부성을 발휘할 수 있다. 과수원 근처에서 양봉하면 과수원에 꽃이 필 때 벌들이 모여들어 (의도치 않았지만) 양봉업자가 더 많은 꿀을 채취할 수 있고, 과수원 주인은 꽃 수정이 활발해져 더 많은 과일을 얻을 수 있기 때문이다.

사회적·경제적 지위에 따라 사는 곳이 달라진다

정의(justice)는 그동안 주로 윤리적·법적 문제로 여겨졌다. 그러나 미국의 지리학자 에드워드 소자(Edward Soja)는 2010년에 출간한 책 『Seeking Spatial Justice』에서 "정의는 또한 '공간적'이며 정의와 부정의는 우리가 살아가고 있는 크고 작은 다양한 공간에 새겨져 있다"라고 강조했다.

그렇다면 정의의 관점에서 공간을 바라봤을 때 정의롭지 못한 공간은 어떤 곳일까? 정의롭지 못한 공간의 전형적인 사례로는 우선 거주지 분리(residential segregation) 문제를 들 수 있다. 크리스트교의 힘이 강력했던 유럽에서는 1500년대, 교황의 명령으로 유대인 거주 지역을 설정하고 유대인들을 강제로 격리했다. 게토(ghetto)라 불린 유대인 거주 지역은 높은 담장으로 둘러싸여 있었으며, 유대인은 게토 밖으로 나갈 때마다 부끄러움과 낙인의 상징인 노란색 모자를 쓰고 노란색 마크를 달아야 했다. 1930년대에 로마의 게토가 마지막으로 해체될 때까지, 게토에 거주하는 유대인은 모든 분야에서 심각한 차별을 받으며 빈민층을 형성했다. 이후 게토의 의미는 점차 확장되어 오늘날에는 사회적 약자에 대한 격리와 배제, 차별, 빈곤을 폭넓게 지칭하는 용어로 사용된다. 또한 게토는 불량주택 지구인 슬럼과 같은 의미로 사용되기도 하는데, 미국 내 흑인 밀집 거주 지역을 블랙 게토(black ghetto)라 부르기도 한다.

그런데 흑인 밀집 지역의 경제적 낙후는 우연의 일치가 아니다. 개인이 거주지를 선택하는 데 있어 엄연히 높은 장벽이 존재하기 때문이다. 높은 주택 가격을 낼 수 있는 계층만 거주 환경이 좋은 곳으로 이동할 수 있는 것이다. 그 결과, 미국 북동부의 전통적인 대도시를 방문하면 중·상류층 백인과 빈곤층 흑인의 거주지가 눈에 띄게 구분된 경우를 흔히 볼 수 있다. 백인 거주 지역에는 흑인이 거의 살지 않고 반대로 흑인 거주 지역에는 백인이 거의 살지 않는다. 인종 간 사회적·경제적 격차가 도시 내 거주지 분리와 이중 도시(dual city)˙라는 공간적 결과로 표출된 것이다.

브루킹스 연구소는 미국 내 인종 간 거주지 분리 현상을 실증적으

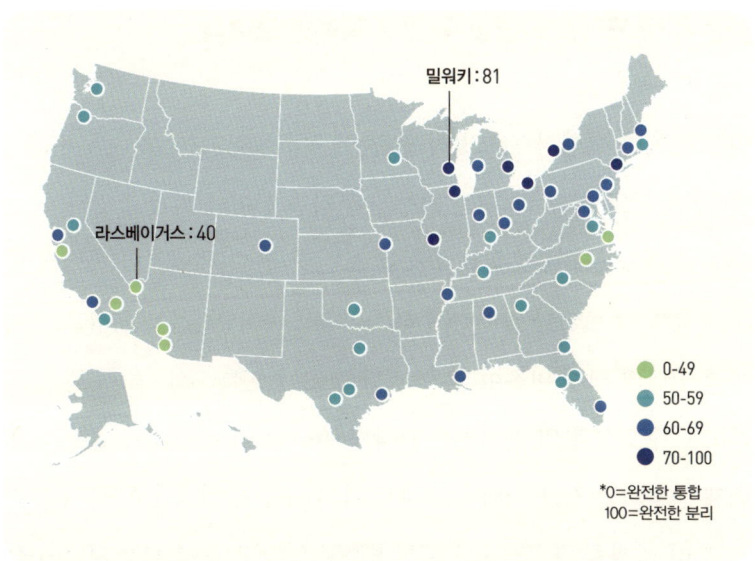

미국 대도시의 인종 간 거주지 분리 정도(2010~2014년)(출처: 미국 주거조사)

● 경제적·사회적 불균형이 심화하며 도시가 이원화되는 현상이다.

로 분석한 바 있다. 연구는 2010년에서 2014년까지 미국의 인구 통계 자료를 바탕으로, 흑인이 2만 명 이상 거주하는 미국 52개 대도시의 인종별 거주지를 파악했다. 그리고 각 도시의 인종별 거주지 분리 정도를 0(균형)부터 100(완전 분리)까지의 수치로 환산했다. 그 결과, 인종 간 거주지 분리 정도가 가장 심한 도시는 81을 기록한 밀워키였으며, 뉴욕과 시카고, 디트로이트 등도 인종별 '끼리끼리' 현상이 도드라진 곳으로 꼽혔다. 또한 미국의 대도시권 80% 이상에서 1990년 이후 30년 동안 인종 간 거주지 분리 현상이 더욱 심화한 것으로 나타났다.

높은 주택 가격을 지불할 수 있는 계층만 모여라

인종 문제가 복합적으로 얽혀 있는 미국과 똑같지는 않지만, 우리나라에서도 소득(학력)*에 따른 거주지 분리 현상이 심화되고 있다. 지난 2000년 인구통계를 분석한 연구를 보면, 서울 시내에서 고학력 집단(4년제 대학 졸업 이상)이 많이 거주하는 강남 3구(강남구, 서초구, 송파구)는 저학력 집단의 거주 비율이 낮고, 저학력 집단(중학교 졸업 이하)이 많이 거주하는 구도심과 외곽 지역은 고학력 집단의 거주 비율이 낮다. 이에 대해 연구자는 강남 지역의 아파트 가격 상승이 이러한 학력 간 거주지 분리 과정을 적극적으로 뒷받침하고 있다고 분석했다. 지난 수십

• 개인의 사회적·경제적 지위를 가장 정확하게 드러내는 변수는 소득이지만, 신뢰할 만한 소득 자료를 얻기란 쉽지 않다. 이를 대신하여 최은영(2004)은 우리나라에서 집단을 뚜렷하게 구분해줄 수 있는 변수로 학력을 꼽았다. 우리나라에서 학력이 가지는 의미와 영향력은 상상 그 이상이다.

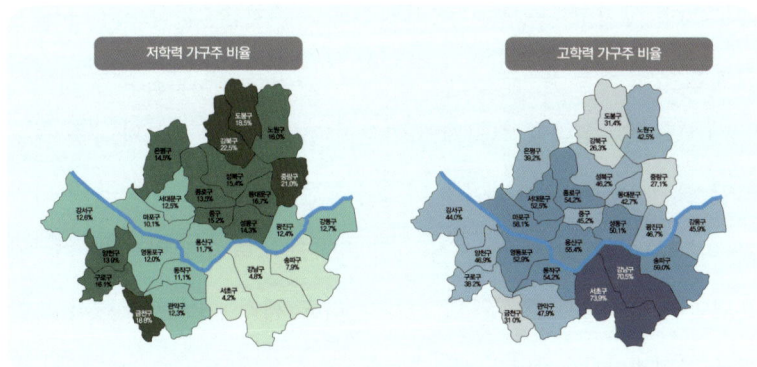

서울시의 가구주 학력별 분포(출처: 2024 서울 서베이 결과보고서)

년간 서울에서는 강남 3구의 지가(땅값)가 가장 큰 폭으로 상승했는데, 그 결과 높은 아파트 가격을 지불할 수 있는 계층만 강남 지역에 진입할 수 있었기 때문이다.

　이러한 추세는 위에 제시된 서울시의 가구주 학력별 분포도에서도 확인된다. 2000년대 이전에 이미 형성된 고학력층과 저학력층 간 거주지 분리 현상과 자치구 간 학력 격차는 시간이 흐를수록 더욱 뚜렷해지고 있다.

불평등 심화와 거주지 분리의 악순환은 계속된다

악순환은 계속된다. 사회적·경제적 격차로 인해 사는 곳이 달라지고, 이러한 거주지 분리는 계층 간 양극화와 불평등을 더욱 심화시키기 때문이다. 그리고 불평등이 심화될수록 거주지 분리 현상은 더욱 견고해진다.

2005년 8월, 초대형 허리케인 카트리나가 미국 루이지애나주 뉴올리언스를 강타했다. 제방이 무너지며 뉴올리언스의 80%가 침수되었고, 미국 본토에 상륙한 역사상 가장 치명적인 허리케인 중 하나로 기록되었다. "흑인과 백인은 말 그대로 다른 세계에 살고 있으며 흑인 거주 지역과 빈곤 지역은 대체로 일치한다"는 브루킹스 보고서의 설명처럼, 전체 인구의 약 70%가 흑인인 뉴올리언스는 인종과 계층에 따른 거주지 분리가 뚜렷했다. 비싼 임대료를 감당할 수 없는 흑인과 빈곤층은 대부분 침수 위험이 큰 저지대에 거주하고 있었는데, 카트리나로 인한 피해는 특히 이 지역에 집중되었다. 그 결과, 흑인과 빈곤층의 생활 기반은 모두 무너졌고, 이 지역은 오랫동안 복구되지 못하고 방치된 채 있었다. 개인이 사는 지역에 따라서 불이익을 받아서는 안 됨에도 불구하고, 우리는 이 사례를 통해 재난과 위험조차 모두에게 공평하지 않음을 알 수 있었다. 재난은 사회적·공간적 약자들에게 유독 가혹하다.

거주지의 분리로 인한 불평등 심화는 우리나라에서도 나타난다. 사회적·경제적 지위가 높은 고학력 집단이 거주하는 지역은 아파트 가격의 상승으로 인한 경제적 이익뿐만 아니라, 교육 기회의 편중(특히 사교육 기관의 집중)으로 인한 이익까지 독점하고 있다. 그 결과 고학력 부모가 많은 강남구의 경우, 자녀 또한 높은 학력을 달성한다. 학생 100명당 서울대 합격자 수와 평균 아파트 매매가의 관련성을 보여주는 연구 결과는 이러한 분석을 뒷받침하고 있다. 학생 100명당 서울대 합격자 수가 자치구별 아파트 매매가 순위와 대체로 일치하는 것은 우연이 아니다. 높고 견고한 장벽을 넘어 강남에 진입한 계층의 자녀들은 우월한 교육 환경의 혜택을 입어 좋은 대학에 입학하고 높은 사회적 지위를 획득할 확률이 큰 것이다. 부와 학벌이 대물림되며 공고해지고 있다는 말은 더 이상 과장이 아니다.

빈곤과 거주 지역의 상관관계

그렇다면 불평등 심화와 거주지 분리, 다시 불평등의 심화로 이어지는 악순환을 해소하기 위해서는 어떤 노력이 필요할까?

하버드대학교의 경제학자들은 거주 지역이 개인의 삶에 미치는 영향을 연구하기 위해 공공 임대주택에 살고 있는 빈곤층 4,600가구에게 추첨 기회를 제공했다. 이 중 당첨된 가구는 더 좋은 주거 환경을 갖춘 곳으로 이주할 기회를 얻거나, 'section 8 housing voucher'를 얻어 주택 임대료의 일부를 정부에게서 보조받을 수 있었다. 반면, 추첨에서 탈락한 가구에는 아무런 혜택이 없었다. 연구팀은 이처럼 세 그룹으로 나뉜 4,600가구에 나타난 변화를 장기간 추적 조사했다. 그 결과는 다음 페이지의 자료와 같은데, 더 좋은 주거 환경으로 이주할 기회를 얻었던 가정에서 성장한 첫 번째 그룹 학생들의 경우, 나머지 두 그룹에 비해 대학 진학률이 높게 나타났고, 부모의 이혼율과 빈곤율은 낮게 나타났다.

버클리 캘리포니아대학교의 연구도 거주지 분리 현상이 불평등을 강화하며, 흑인과 히스패닉(라틴아메리카 출신)이 다수 거주하는 지역은 주민들의 삶을 더욱 열악하게 만든다고 지적했다. 또한 백인 거주 지역에서 자란 흑인과 히스패닉은 분리된 유색 인종 거주 지역 출신보다 교육 수준이 높고 훨씬 더 좋은 수입을 올릴 수 있었다고 분석하며, 인종 자체보다도 소속된 거주 지역이나 주거 환경이 개인의 삶에 더 절대적인 영향을 미친다는 사실을 강조했다.

위의 두 연구는 계층 간 양극화와 공간 불평등이 심화되고 있는 우리 사회에도 중요한 시사점을 제공한다. 그러나 그렇다고 해서 사회적·경제적 지위가 낮은 집단 모두를 주거 환경이 좋은 지역으로 이주시킬 수는 없는 노릇이다. 해결책은 바로 '분리된' 지역 간 격차를 줄이고 장벽을 낮추기 위해 노력하는 데 있다.

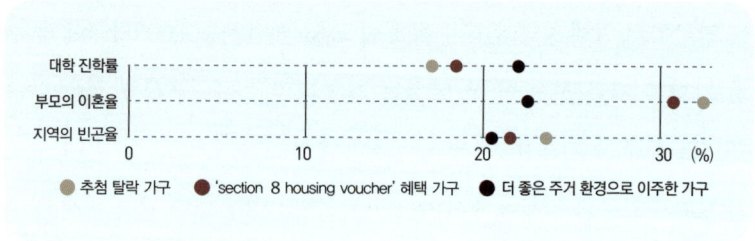

거주 지역이 개인의 삶에 미치는 영향
Raj Chetty, Nathaniel Hendren and Lawrence Katz의 연구 참조.

에너지 생산과 소비의 지역 간 불평등

충청남도는 굴뚝자동측정기가 설치된 사업장의 대기오염 물질 연간 배출량이 공개된 이후부터 2022년까지 8년 연속 대기오염 배출량 전국 1위를 기록해왔다. 충남의 인구는 서울의 약 5분의 1, 자동차 등록 대수는 서울의 약 3분의 1에 불과하다. 제철, 시멘트, 석유화학과 같이 대기오염 물질을 많이 배출한다고 알려진 대기업 사업장이 유독 충남에만 집중된 것도 아니다. 그럼에도 불구하고 이처럼 충남 지역의 대기오염 물질 배출량이 많은 이유는 무엇일까?

그 원인은 바로 석탄을 발전 연료로 사용하는 화력발전소에 있다. 석탄을 연소시키는 과정에서 황산화물과 질소산화물 등의 오염 물질이 발생하기 때문이다. 2023년을 기준으로 화력발전은 국내 총발전량의 약 60%, 석탄 화력발전은 국내 총발전량의 약 30%를 담당하고 있다. 그런데 2023년을 기준으로 전체 석탄 화력발전소의 절반에 가까운 29기의 석탄 화력발전소가 충남 보령, 당진, 태안, 서천 지역에 집중되어 있다.

그렇다면 충남의 해안 지역에 이토록 많은 화력발전소가 건설된 이유는 무엇일까? 물론 발전 연료의 대부분을 해외에서 수입하는 우리나라의 경우, 원료의 원활한 수급을 위해 해안가에 발전소를 건설하는 것이 경제적인 측면에서 유리하다. 그러나 이것만으로 충남에 화력발전소가 집중된 이유를 설명하기엔 부족하다. 보다 근본적인 원인을 파악하기 위해서는 지역별 발전량과 소비량, 그리고 전력 자급률

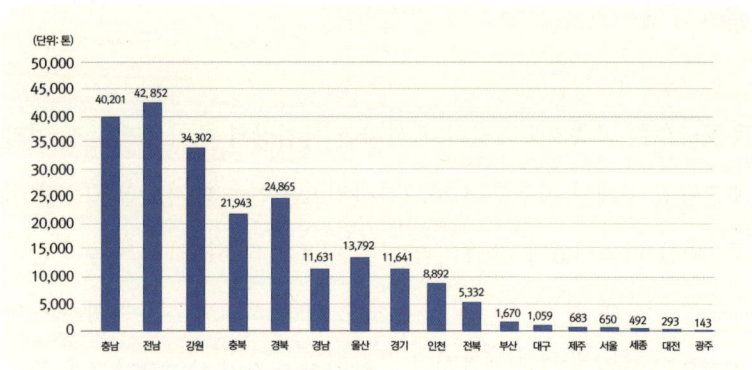

(단위: 톤)

충남	전남	강원	충북	경북	경남	울산	경기	인천	전북	부산	대구	제주	서울	세종	대전	광주
40,201	42,852	34,302	21,943	24,865	11,631	13,792	11,641	8,892	5,332	1,670	1,059	683	650	492	293	143

시도별 굴뚝자동측정기(TMS) 대기오염 물질 연간 배출량(2023년)(출처: 한국환경공단)

에 주목해야 한다.

2023년을 기준으로 충남의 전력 생산량은 전국 1위이다. 자급률 또한 214%로 전국 2위에 이른다. 그렇다면 충남에서 사용하고 남은 전기는 도대체 어디로 보내지고 있는 것일까? 전력 소비량이 가장 많은 경기의 경우 자급률이 62%이고, 특히 서울은 10%에 그치고 있다는 사실을 감안한다면 '충남의 화력발전소는 결국 수도권의 전력 수요 충당을 위한 것'이라는 결론에 도달한다.

화력발전소의 지역별 발전 연료 차이를 살펴보면 공간 불평등은 더욱 두드러진다. 충남의 화력발전소는 대부분 석탄을 발전 연료로 사용한다. 반면, 석탄(고체 연료)의 사용이 제한●되어 있는 수도권에서는 대부분의 발전소가 친환경 연료인 액화천연가스(LNG)를 사용한다. 일

● 대기환경보전법 시행령 제42조 석탄류(고체 연료)의 사용 금지 규정에 따라 수도권에서는 섬 지역에 건설된 인천 영흥 화력발전소를 제외하고는 석탄 화력발전이 불가능하다.

례로 충남 당진의 화력발전소는 석탄을 사용하지만, 인접한 경기 평택의 화력발전소는 천연가스를 사용하고 있다. 천연가스는 석탄보다

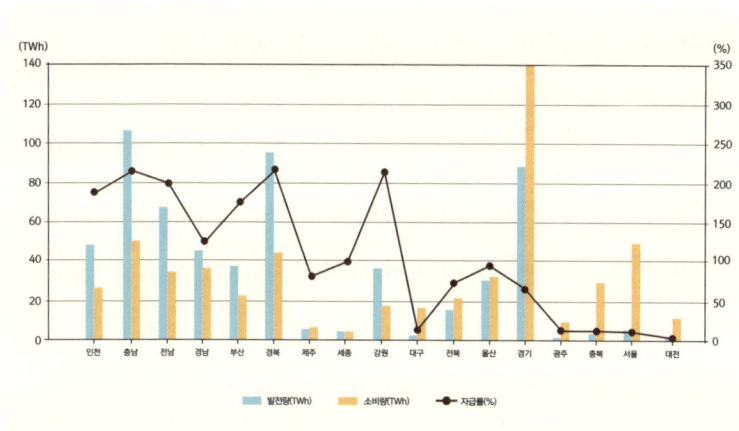

시도별 전력 자급률(2023년)(출처: 한국전력공사)

수도권의 석탄류(고체 연료) 사용 제한

온실가스 배출량이 절반 정도로 낮지만, 일반적으로 석탄보다 연료비가 높은 편이다.

여기에는 국민에게 저렴한 값에 전기를 안정적으로 공급하기 위해서 (물론 피할 수만 있다면 피하고 싶은 공해 유발 시설이지만) 석탄 화력발전소를 많이 건설할 수밖에 없으며, 국가 전체의 이익과 경제성장을 위해선 '누군가'의 희생이 필요하다는 논리가 깔려 있다. 이때 '누군가'는 대개 인구가 적고 힘이 약한 지역들이다. 물론 주민 동의 절차를 거쳤으며, 어차피 오염 물질은 특정 지역에 국한되지 않고 널리 확산되기 때문에 문제되지 않는다는 반론 또한 존재한다. 그렇다 하더라도 수도권과 충남, 그리고 천연가스와 석탄으로 대변되는 이러한 불평등을 두고 과연 정의롭다고 말할 수 있을까? 과연 내가 사용하는 전기는 어디에서 오는 것일까? 수도권 주민과 우리 사회가 마주해야 할 질문이다.

님비(NIMBY)를 지역이기주의로만 볼 수 있을까?

특정 지역에의 발전소 집중, 그리고 전력 생산지와 소비지의 불일치는 고압 송전선로와 송전탑 건설이라는 또 다른 공간 불평등 문제를 낳고 있다. 수도권까지 전기를 보내는 과정에서 발생하는 손실을 최소화하기 위해서는 고압 송전선로와 이를 지탱할 초대형 철탑 구조물이 필요하다.

2010년대 초반, 경남 밀양에서 있었던 송전탑 반대 운동이 사회적으로 큰 주목을 받았다. 비단 밀양뿐만 아니라 사실 고압 송전탑 건설을 둘러싼 갈등은 1990년대 후반 이래 전국으로 확산되어왔다. 특히 전국에서 가장 많은 500개 이상의 송전탑이 설치되어 있는 충남 당진 주민들은 건강권과 재산권을 위협받으며 포기하지 않고 끈질긴 투쟁을 이어왔다. 그 결과 2025년 3월, 주민들은 송전선로를 지중화(전봇대와 전선을 지상에서 제거하고 지하에 매설하는 작업)하고 일부 철탑을 철거하겠다는 약속을 관계기관으로부터 받아낼 수 있었다.

　밀양과 당진 주민들의 님비 현상을 단순한 집단 민원이나 지역이기주의로 치부해 비난할 수 있을까? 지역이기주의로 치부하는 것이 오히려 건전한 사회적 논의를 차단하고 갈등을 심화시키는 것은 아닐까? 관점을 전환하여 바라보면 화력발전소와 송전탑 건설 반대 운동은 공간 불평등과 지역 차별에 대한 주민들의 저항으로 해석될 수 있다.

당진 화력발전소와 송전탑

불평등 그 자체도 문제지만 더 나아가 '권력이 공간 불평등을 강제하고, 그러한 불평등과 부정의가 주목받지 못하고 은폐되는 것'은 더욱 큰 문제가 아닐 수 없다. 그동안 정부는 줄곧 국가의 정책이라는 명분으로 지역 차별을 정당화하며 특정 지역의 희생을 당연하게 여겨왔다. 그리고 이 과정에서 지역 격차는 계속 심화되었다. 그렇다면 이러한 논리에서 벗어나기 위해서는 어떤 노력이 필요할까? 무엇보다도 정의롭지 못한 공간에 대한 감수성과 관심이 그 출발점이 되어야 한다. 공간이 바뀌어야 사회 역시 변화할 수 있기 때문이다.

 한 걸음 더

1 아파트단지 내 놀이터와 공공보행통로를 입주민만 이용하도록 제한하는 것이 정당한지, 사유재산권과 공공의 편의 중 무엇을 우선해야 하는지 자신의 생각을 말해보자.

2 사람들이 사는 곳은 개인의 노력과 선택의 결과일까? 아니면 주택 가격과 사회적·경제적 조건이 만든 구조적 결과일까?

3 고학력·고소득층이 특정 지역에 집중되는 현상이 공정한 경쟁의 결과인지, 기회의 불평등을 심화시키는 구조적 문제인지 함께 토론해보자.

4 님비(NIMBY)는 지역이기주의일까, 정당한 저항일까? 밀양과 당진의 송전탑 반대 사례를 바탕으로, 님비 현상을 단순한 이기주의로 볼 수 있는지, 공간 불평등에 대한 저항으로 해석할 수 있는지 논의해보자.

11

우리나라 최초의 공업단지는
왜 구로에 있을까?
지역을 보면 경제가 보인다

경제활동에서 공간이 하는 역할은 뭘까?

우리는 장소와 관련된 많은 결정을 한다. 어디에 있는 학교를 다닐지, 어디로 여행을 가고, 어디서 쇼핑을 할지 등 장소와 관련된 크고 작은 결정들을 내리며 살아간다. 이 같은 결정들 중에는 경제활동과 관련이 깊은 것이 많다. 어디에 공장을 지을지, 새로운 마트는 어디에 세울지와 같은 기업의 결정부터, 주택을 어디에 구하고 생필품을 어디서 구매할지 등도 모두 경제 공간과 관련된 문제들이다.

예를 들어보자. 흔히 경제활동은 최소 비용으로 최대 효용을 얻는 것이 목적이라고 한다. 이 원리에 따라 기업들은 비용을 줄이고 이윤을 최대로 많이 남길 수 있는 곳에 공장을 짓는다. 그래서 원료를 싸게 구할 수 있는 곳, 필요한 노동력을 쉽게 구할 수 있는 곳, 원료의 수입과 제품의 수출이 용이한 곳, 관련 기업들이 모여 있어 쉽게 자재나 노동력을 구할 수 있고 정보도 교환할 수 있는 곳 등 자신에게 가장 최적인 곳을 찾아 입지하려 한다. 그 결과, 비슷한 업종의 기업들이 한 지역에 집중하게 된다. 예를 들어, 시멘트 공장은 원료인 석회석이 많은 제천, 단양 등에 있고, 정유 산업은 원유를 수입하기 쉬운 항구도시인 인천, 여수, 울산 등에 밀집해 있다. 또 자동차 및 운송장비 생산업체들처럼 여러 부품을 조립해 생산품을 만드는 기업들은 연관 기업들이 집적해 있어야 유리하므로 울산이나 아산에 공업단지를 만들어 밀집해 있다.

그런데 기업이 공장 입지를 결정할 때 자신이 지불하는 원료와 노동비, 운송비만 고려할까? 기업의 생산 활동을 뒷받침하는 필수적인 기반 시설들도 중요하다. 전기를 만드는 발전소, 공장에 쓸 용수를 공급할 댐과 물 관리 시설, 수출입에 필요한 항만 시설, 교통과 통신 시설 등 다양한 사회 간접 시설들이 필요한데 이것은 기업 차원에서 만들 수 없다. 따라서 기업들은 지역마다 다른 생산 환경을 고려해 생산하기 좋은 곳에, 생산비를 절감하고 소비자의 요구를 잘 반영할 수 있는 곳에 입지하려고 노력한다.

또한 기업이 입지한 곳에는 노동자들이 모이고 이들을 위한 주거 지역과 생활 편의 시설이 만들어진다. 노동자들이 받는 임금 정도와 일의 성격에 따라 노동자 주거 지역의 모습도 다르게 형성된다. 뿐만

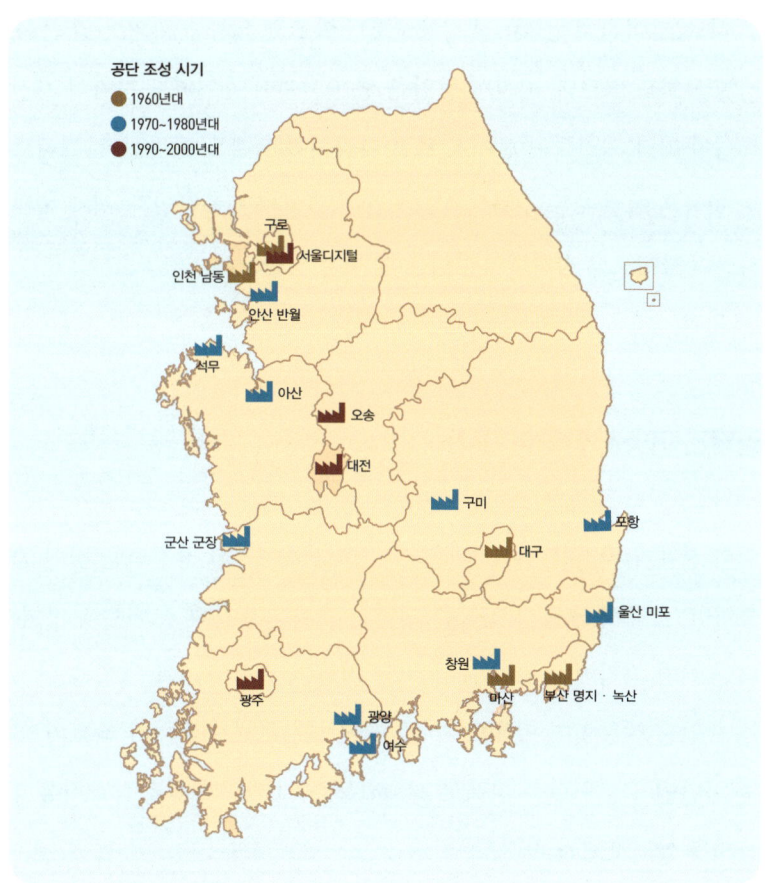

시기별 국가 산업단지 조성

아니라 노동자들이 만드는 문화와 종교, 행정 및 정치 등을 포괄해 그 지역의 독특한 경관이 만들어진다.

　이처럼 경제주체들의 경제활동의 결과로 경제 공간이 만들어지고, 동시에 경제 공간인 각 지역은 경제주체들의 경제행위에 직접적인 영향을 미친다. 지역은 텅 비어 있는 공간이 아니다. 각 지역마다 자연환경이 다르고, 이전에 만들어진 경제구조가 다르고, 노동 문화와 기업 문화, 정치 문화도 다르다. 따라서 동일한 생산 시설이 들어와도 지역이 가진 특성에 따라 지역적 반응이 다르고 따라서 결과물도 달라진다. 그러므로 지역은 이런 모든 것들의 상호작용이 펼쳐지는 공간이자, 경제 행위자들이 들어오고 정착하고 떠나는 데 직접 영향을 끼치는 터전이다.

공단은 어떻게 만들어지나?

지역 경제가 발전하기 위해서는 기업이 만들어지고 성장하는 것이 중요하다. 그래서 많은 지역들은 기업을 유치하기 위해 노력한다. 그렇다면 어떤 지역에 기업이 들어올까? 기업이 입지하는 데 영향을 미치는 요인들은 무엇이 있을까? 이를 알아보기 위해 우리나라 최초의 수출 공단인 구로공단을 사례로 경제활동과 지역이 어떻게 상호작용하는지를 살펴보고자 한다.

구로수출산업공업단지(이하 구로공단)는 1962년 경제개발계획을 시작하면서 우리나라 최초로 조성된 국가 계획 수출 공업단지이다. 이후 전국 각지에 지방 공단들이 조성되었고 1970년대에는 남동임해지역의 중화학공업단지 건설로 이어져 구로공단은 한국 산업화의 시작점이 되었다. 우리나라 최초의 수출 공단이 서울 구로에 만들어진 이유는 무엇일까? 우선 어떤 기업들이 입주했고 무슨 물건들을 생산했는지를 살펴보자.

1967년 1공단, 1971년 2공단이 완성된 구로공단에는 총 74개 회사가 입주했는데, 당시 입주 기업 중 가장 많은 업종은 섬유 및 봉제, 전기전자, 가발, 완구류 등이었다.

　　사진에서 보듯 이들 공업은 첨단기술이나 많은 자본이 필요한 게 아니라 노동력에 크게 의존하는 산업이다. 구로공단에 이런 노동집약

1960년대 구로공단 가발공장 생산라인(출처: 산업통상부)

봉제공장 내부(출처: 구로구청)

적인 공장들이 입지한 이유는 임금이 낮아도 기꺼이 일하려는 노동자를 쉽게 구할 수 있었기 때문이다. 당시 우리나라는 전쟁을 거치면서 변변한 산업시설이 남아 있지 않았고, 따라서 일자리가 부족했다. 더구나 시골에 있던 많은 사람들이 일자리를 찾아 대도시인 서울로 이주해왔다. 일자리가 부족한 상황이니 사람들은 낮은 임금에도 기꺼이 일하려고 했다. 구로 지역은 당시에 공장이 가장 많이 밀집해 있었고, 영등포의 외곽 농촌 지역이어서 지가도 비교적 낮았다.

그런데 좀 더 생각해보자. 노동자만 많다고 공장이 세워지지는 않는다. 당시에 일하려는 사람들은 많았지만, 공장을 지을 수 있는 자본과 기술을 가진 기업가들이 많지는 않았다. 그럼 누가 공장을 세웠을까? 한국전쟁 중에도 돈을 벌고 사업을 시작한 기업들이 있긴 했으나 아직 한국 자본의 규모는 미미했다.

국내 자본만으로는 공장 설립이 어려운 상황에서 제일 먼저 한국에 기업을 세우려고 한 사람들은 바로 재일교포 기업인들이었다. 1945년 일본 패망 당시, 일본에 거주한 재일교포는 약 200만 명에 달했고, 이들 중 일부는 제조업 분야로 진출해 있었다. 그중 극소수는 일본에서 손꼽힐 정도의 경제력을 갖춘 기업인으로 성장했다. 이들 재일교포 기업가들은 일제강점기에 일본으로 건너가 기업을 세우거나 2차 세계대전 종전 후 망한 일본 기업을 싼값으로 인수한 사람들이 대부분이었다. 특히 한국나일론(이후 코오롱)의 창업주 이원만은 한국에 섬유, 봉제공장들을 세우는 일에 적극적이었다.

이들은 왜 한국에 공장을 세우려고 했을까? 바로 일본 내에서 '축적의 병목' 현상에 처해 있었기 때문이다. 1960년대 일본 경제는 호황이었다. 1950년대 한국전쟁에 필요한 많은 물자들을 공급하면서 일본은 2차 세계대전의 패전으로 황폐해진 경제를 복구할 수 있었고, 이를 바탕으로 1960년대 높은 경제성장을 이루었다. 이 과정에서 노동력이 부족해졌고, 자연스레 임금은 상승했다. 따라서 저임금 노동력에 기반을 둔 경공업 기업들은 생산에 어려움을 겪었고, 성장이 정체되어 싼 임금을 쉽게 구할 수 있는 해외 이전을 모색하던 중이었다. 특히 노동집약적인 경공업을 소유한 재일교포 중소 기업가들은 값싼 노동력을 찾아 모국 진출에 적극적이었다. 재일교포 기업인에게 자신이 잘 알고 있는 한국으로 공장을 이전하는 것은 매력적인 선택지였을 것이다. 한국은 성실하고 말이 잘 통하는 저임금의 노동력이 풍부하고, 일본의 식민지였으므로 일본 방식에 익숙한 문화를 가진 곳이자 식민지 시기 형성된 인적 네트워크도 존재하는 곳이었기 때문이다.

공단은 국내외 이해관계가 딱 맞물린 곳

정부도 공단을 만드는 데 중요한 역할을 했다. 정부는 경제성장을 위해서는 공업 발전이 중요하다고 생각해 '한국수출산업공단'이라는 기구를 만들고 '수출산업공업단지개발조성법'을 만들어 국공유지와 사유지를 수용해 아주 싼 가격으로 입주 기업에 제공했다. 그리고 각종 세금도 면제해주고, 기업 설립과 수출에 관한 각종 행정 지원도 제공했다. 특히 1961년 군사 쿠데타로 집권한 박정희 정부는 "잘살아보자"라는 경제성장 약속을 정당성의 근거로 삼았다. 경제를 발전시키기 위해서는 자본이 필요한데 전쟁이 막 끝난 국가에 선뜻 돈을 빌려줄 해외 은행이나 기업은 거의 없었다. 이런 상황에서 재일교포 기업가들을 설득해 한국에 공장을 설립하는 것은 가장 현실적인 방안으로 보였다.

정부뿐만 아니라 한국 기업가들도 재일교포들이 한국에 투자하는 것을 환영했다. 왜냐하면 재일교포 기업인들이 한국과 일본의 기업인들을 연결하는 역할을 할 수 있으리라 기대했기 때문이다. 한국과의 경제협력에는 일본 정부도 적극적이었다. 남한이 북한과 대치하면서 공산주의와 싸우고 있는 상황에서 한국의 경제성장을 돕는 것은 일본의 안전과 방위에 도움이 된다고 생각했던 것이다. 만약 한국이 공산화되면 일본의 안보는 크게 위협받을 게 분명했고 안보를 위한 비용 부담도 커질 게 자명했다. 결국 일본 정부와 일본 기업들, 한국 정부와 한국 기업들의 이해 요구가 일치하면서 재일교포 기업인들의 한국 투자가 권장되었다. 그 출발점이 바로 구로공단 건설이었다.•

• 구로공단뿐만 아니라 1970년대 우리나라 남동임해지역에 중화학공업단지가 만들어질 때도 마찬가지였다. 달리 말하면, 1960~1970년대 한국의 공업단지 개발과 경제성장은 당시 공산주의와 자본주의가 대립하던 냉전체제가 크게 영향을 끼쳤다고 할 수 있다. 소련-중국-북한의 공산주의 체제에 대항해 미국은 일본-한국-타이완-싱가포르-홍콩으로 연결되는 반공산주의 연대를 만드는 데 적극적이었다. 만약 이러한 냉전 질서에서의 반공 연대가 없었다면 한국의 기업들이 미국 시장에 진출하거나 미국과 일본 기업의 투자와 기술 지원을 받기는 쉽지 않았을 것이다. 이처럼 한국의 공단 설립과 경제성장을 바라볼 때 우리나라 내부의 기업이나 정부의 역할만 봐서는 전체 그림을 이해하기 쉽지 않다. 공단의 조성에는 경제적인 측면에서 지역이 가진 입지 장점에 더하여 국가의 계획과 지원이 큰 영향력을 발휘했고, 더욱 중요하게 기업의 투자는 한 영토 안에 있는 사람들의 의사 결정을 넘어 초국가적으로 이루어졌다. 세계화가 이루어지기 훨씬 이전인 1960년대에도 일본과 미국의 정치인과 기업가들이 공단을 만드는 데 많은 영향을 끼쳤으며, 당시 자본주의와 공산주의가 대치하는 국제정치 상황과 남한의 지정학적 위치가 근본적으로 영향을 미쳤다고 할 수 있다.

지역은 계속 변화한다

구로공단은 시간이 지나면서 그 모습이 많이 변했다. 구로공단의 모습이 변한 이유는 그 안에 입주한 기업들의 모습이 달라졌기 때문이다.

1970년대 구로공단에서 가장 번성했던 기업은 섬유·봉제였는데, 1980년대에 구로공단이 2, 3공단으로 확장되면서 전기·전자 업종이 가장 큰 비중을 차지하게 되었다. 이는 한국 경제가 경공업에서 자본 집약적인 중화학공업으로 발전하는 과정과 일치한다. 그러나 섬유·봉제에서 전기·전자로, 좀 더 자본과 기술이 필요한 업종으로 고도화되었지만 두 업종은 여전히 노동집약적인 조립 공정이 중요하다는 공통점이 있다. 1970년대 섬유공장이 입지하는 데 노동자의 역할이 컸듯이 1980년대 전기·전자 산업이 발달하는 데에도 저임금으로 성실하게 일하는 노동자의 역할이 컸다. 그래서 당시 구로공단 노동자의 대부분을 차지했던 젊은 여성 노동자들의 공로를 기념해 '한국수출

업종 \ 년도	1967	1973	1980	1987	1990	1993	1999
섬유 의류(비중)	7(22.6%)	64(42.4%)	71(31.7%)	91(34.5%)	81(31.0%)	85(29.2%)	99(16.6%)
인쇄 출판(비중)		5(3.3%)	14(6.3%)	24(9.1%)	24(9.2%)	41(14.1%)	81(13.6%)
기계, 전기 전자(비중)	13(41.9%)	32(21.2%)	100(44.6%)	99(37.5%)	109(41.8%)	116(39.9%)	334(55.9%)
총기업 수	31	151	224	264	261	291	597

구로공단의 시대별 주요 업종별 업체 수 변화(출처: 안재섭, 「구로공단의 산업구조와 공단 주변 지역의 인구 및 주택 변화에 관한 연구」)

산업공업단지 근로여인상(일명 수출의 여인상)'이 세워지기도 했다.

　당연하게도 구로공단 노동자들은 '수출의 역군'이기도 하지만 자신의 노동조건과 삶의 질의 향상을 바라는 평범한 시민들이었다. 이들은 성실히 일하는 것뿐만 아니라 노동조합을 설립해 자신의 노동조건과 임금을 개선하려는 노력을 병행했다. 그러나 당시 기업과 정부는 노동조합의 활동을 억압하는 일이 많았고, 이에 맞서 1987년 노동자들의 대투쟁이 벌어졌다. 노동자들이 자신의 권리를 찾고 삶의 질을 향상시켜나가자 구로공단에서는 더 이상 이전처럼 저임금 구조를 유지하기가 어려워졌다. 노동조합의 성장과 임금의 상승으로 구로공단의 산업구조는 변화되었다. 저임금에 의존했던 기업들은 여러 가지 방안을 마련했다. 생산 설비를 자동화해서 고용을 감소시키거나, 생

복원된 수출의 여인상

산을 외부화해 하청 생산을 늘려나갔다. 또한 임금이 싼 해외나 지방으로 공장을 이전하거나, 생산직 인력을 여전히 저임금이 가능한 주부와 외국인 노동력으로 대체했다. 결국, 1978년 최고 11만 명의 노동자들이 고용되었던 구로공단은 1980년대 후반 노동운동이 활발해지면서 입주 기업들이 빠져나가 1995년에는 노동자 수가 4만 2,000명 수준으로 줄어들었다.

구로공단은 우리나라 경제가 외환위기를 겪은 1997년에 또 한 번 커다란 변화가 일어났다. 1997년 정부는 구로공단을 지식산업과 정보통신기술을 중심으로 한 첨단산업 단지로 변환시키는 계획을 수립했고, 서울시가 벤처기업을 위한 정책 자금과 각종 행정 및 세제를 지원했다. 구로공단은 '서울디지털국가산업단지'로 명칭이 변경되었고, 공

서울디지털국가산업단지 입구 표지석

장이 있던 자리에 새롭게 아파트형 공장과 벤처빌딩이 들어섰다. 2012년에는 1만 개 입주 기업에 14만 명의 노동자가 일하는 곳이 되었다.

이 지역에 기술집약적인 중소기업들이 입주한 가장 직접적인 이유는 저렴한 임대료 때문이었다. 1990년대 정보통신 관련 벤처기업이 몰려 있던 강남 테헤란로의 사무실 임대 비용이면 구로공단에서 아파트형 공장을 분양받아 소유할 수 있었다. 즉 국가정책으로 아파트형 공장 시설과 하부구조(교통, 물류, 정보통신)를 저렴한 가격으로 지원한 것이 주효했다.

더 근본적으로 구로공단의 변화는 서울의 탈산업화와 깊게 연관되어 있다. 1980년 서울시에는 제조업 종사자 수가 서비스업 종사자 수보다 많았지만, 1992년이 되면서 서비스업 종사자 수가 제조업 종사자 수보다 더 많아졌다. 아래 표는 서울시에서 탈산업화(deindustrialization)가 진행되고 있었음을 잘 보여준다. 서울시의 산업구조가 제조업에서 서비스업 중심으로 바뀌는 과정이 구로공단에도 반영된 것이다. 이후 IT 벤처기업들이 입주한 대규모 벤처빌딩이 즐비하게 들어서며 지하철역 이름도 바뀌었다. 1공단의 구로공단역은 2004년

서울시	1980년	1992년	증가 폭
제조업 종사자 수	540,669명	623,450명	15.3%
서비스업 종사자 수	443,193명	1,034,461명	133.4%

서울시의 제조업과 서비스업 종사자 수의 변화(출처: 정성훈, 「서울시 산업지구 재편 과정-구로공단을 사례로」)

서울디지털국가산업단지 전경(출처: 한국디지털단지 기업인연합회 홈페이지)

구로디지털단지역으로, 2공단의 가리봉역은 2005년 가산디지털단지역으로 변경되었다.

한 공간 안에 다른 시간대가 공존한다

1980년대 구로공단 노동자들의 생활 중심지였던 가리봉오거리 주변에는 일명 '벌집'이라 불리는 임대형 주택이 있었다. 수십 개의 작은 방과 공동으로 이용하는 세면장 하나가 있는 이 주택에 10~50가구가 거주했다. 처음 이 동네에 온 사람들은 세 번 놀랐다고 전해지는데 처음에는 집이 커서, 다음에는 큰 집에 방이 많아서, 마지막으로 작은 방에 너무 많은 사람이 살아서 놀랐다는 것이다. 1980년대 당시 입사 3년

차 숙련공의 월급이 5만 9,000원이었는데 방세가 5만 원이었으니 노동자의 월급으로는 방 하나를 혼자 사용할 수 없어 여러 명이 하나의 방을 나누어 사용했다고 한다.

디지털단지로 변한 지금도 구로공단 여성 노동자들이 살던 '쪽방' 형의 임대형 주택들은 여전히 남아 서울의 다른 지역과 비교해 월등히 낮은 가격으로 임대되고 있다. 이 임대형 주택은 중국계 노동자들이 가장 많이 사는 곳으로 변했다. 새벽 5시가 되면 남구로역 일대는 한국계 중국인을 중심으로 수백 명의 구직자들로 가득 찬다. 건설노동자들이 이 지역에 모이면서 생긴 인력사무소, 작업복 가게, 복권방, 중국어가 적혀 있는 은행과 편의점 등을 찾아볼 수 있다. 한국계 중국인들이 많아지면서 중국어 간판이 대거 등장해 이 지역은 현재 '조선족 거리' 혹은 '연변 거리'라고 불린다.

중국계 노동자들이 가리봉동에 집적한 이유는 이들 대부분이 서비스 업종에 종사하기 때문이다. 다른 외국인 노동자들은 주로 공장에서 일하기 때문에 산업단지 근처에 거주하는 반면, 중국계 노동자들은 한국말을 구사할 수 있어 식당, 가사도우미, 간병인 등 서비스업과 건설업에 종사해 일자리가 많은 대도시에 자리 잡은 것이다. 대도시에서도 방값이 싸면서 동시에 교통이 좋아 이동하기 편리한 지역에 모이게 되었는데, 가리봉동과 대림동은 이 조건들을 만족하는 지역이었다.

공간적으로 2025년 현재 구로디지털단지 주변 지역은 여전히 1960~1970년대에서 멈춘 듯한 가리봉시장 지역과, 1980~1990년대 개량된 임대형 주택(벌집) 지역, 2000년대 높은 빌딩이 모인 디지털산

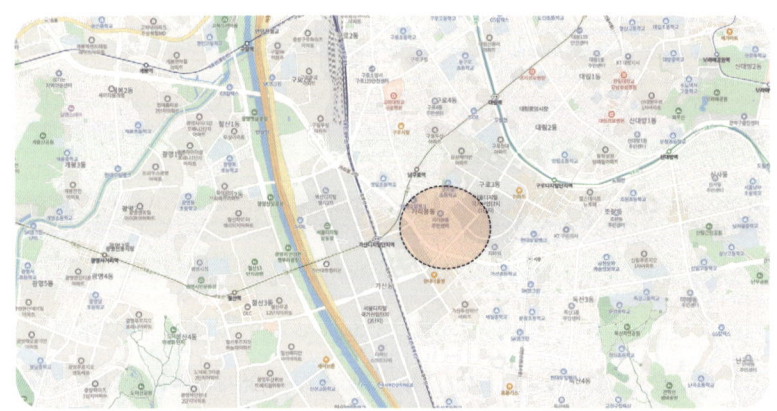

가리봉동 재중동포 밀집 지역의 위치(출처: 오픈스트리트맵)

2022년	외국인 주민 수(명)	외국인 주민 비중(%)
전국	2,258,248	4.21
서울시	442,289	4.48
구로구	52,845	11.79
가리봉동	7,653	46.13

지역별 인구 대비 외국인 비중(2022년)(출처: 국가데이터처)

업단지가 공존하는 모습이다. 구로공단은 기업들의 입지 결정과 정부의 정책, 노동자들의 노동조건과 삶의 질을 향상시키려는 투쟁, 한국 경제의 변화 등이 맞물려 경공업 공단에서 첨단디지털단지로 변화했다. 그러나 여전히 저임금에 기반한 지역 구조는 남아 있고, 싼 주택 임대료로 인해 이제 이주 노동자들의 쉼터가 되었다. 이처럼 구로 지역은 국적도, 경제적 사정도, 사회적 지위도 다양한 사람들의 삶터이

자 일터로 역할을 하고 있다.

모든 경제활동은 구체적 공간에서 이루어진다

구로공단의 변화에서 알 수 있듯이 경제는 필요에 맞는 공간을 만들고, 그 공간은 경제를 성장시킨다. 경제가 성장함에 따라 공간의 기능과 역할도 끊임없이 변화한다. 이 과정에서 일부 지역은 시대의 흐름에 뒤떨어지면서 활력을 잃고 정체되기도 한다. 이때 기업들은 더 나은 수익을 올릴 수 있는 새로운 지역을 찾아 떠나기도 하며, 일부 기업은 활력을 잃은 기존 지역에 남아 다른 길을 모색하기도 하고, 쇠락을 경험하기도 한다. 기업은 생산 비용을 줄이고 이익을 늘리기 위해, 노동자와 그 가족들은 더 나은 기회를 구하기 위해 자신에게 가장 유리한 지역을 찾아 이동하고, 그 지역에 자신의 삶터와 사업의 기반을 만든다. 결과적으로 자본주의 경제는 공간의 변화 속에서 끊임없이 새로운 공간으로 확장하는 동시에, 기존 지역의 쇠퇴를 방치함으로써 부와 권력이 지역적으로 불균등하게 분포하는 결과를 낳는다.

그러나 사실 만들어진 삶터와 생산 시설은 쉽게 버리고 훌쩍 떠날 수 있는 것이 아니다. 예를 들어, 영화 산업을 생각해보자. 만들어진 영화가 시장에서 흥행할지 불확실한 상황에서 영화사들은 핵심적인 부분만 남기고 많은 공정을 외주화하는 전략을 주로 채택했다. 그 결과 하나의 영화를 만들기 위해서는 많은 독립 프로덕션과 전문 서비스업체(대본 작성, 조명, 의상, 카메라, 케이터링 등)들이 수직적으로 분해된 생산 네트워크를 형성하게 되었다. 그런데 생산과 연관된 기업의 수가 늘어날수록 이 생산 네트워크는 더욱 긴밀한 의사소통이 필요하고, 결국 공간적으로 모여 있어야 유리하게 되었다. 모여 있으니, 관련된 숙련 노동자를 해당 지역에서 쉽게 구할 수 있었다. 영화 산업과 관련된 조직과 제도도 그 지역에 형성되었으며 주변 카페와 클럽에서는 새로운 영화 아이디어와 정보가 공유되었다. 이러한 사회·문화적 기반과 비공식적 상호작용은 지역에 뿌리내린 것이기에 쉽게 다른 지역으로 이전될 수 없다. 그래서 할리우드나 충무로는 영화 산업의 집적지가 되었으며, 다른 지역이 이를 대체하기는 쉽지 않은 것이다.

노동자들도 살던 곳을 떠나기가 쉬운 것은 아니다. 노동자들과 그 가족들은 일상생활이 이루어지는 장소에 대한 귀속감이 크다. 기업이 공간 축소 기술을 적극적으로 이용하는 것에 비해, 노동자의 공간 이동 능력이 떨어지는 것도 사실이다. 우리 지역에 있던 공장이 다른 나라로 이동하는 경우, 언어적·문화적 장벽을 고려하면 노동자들이 따라 이동하기란 매우 어렵다. 또 기업이 나간 동네는 집값이 내려가 집을 팔고 다른 지역으로 옮겨가기도 어려워진다. 그래서 기업이 다른 지역이나 국가로 이전하면 노동자들은 실업자가 되거나 이전보다 나쁜 일자리를 구해 가난해지기도 한다. 실제로 기업들은 노동자들이 파업할 경우 이전하겠다는 협박을 하면서 노사 협상에서 우위를 점하기도 한다. 반면, 노동자들은 기업에 비해 장소에 대한 정체성이 강하기 때문에 오히려 지역의 일자리와 안정된 생활 터전을 지키려는 적극적인 행동으로 이어질 수 있다. 아무리 자본이 유동적으로 이동할 수 있다고 해도 결국 모든 경제활동은 특정한 작업장에서 이루어진다는 사실과 기업이 특정 지역을 떠날 때 초래되는 비용이 상당하므로, 노동자들은 지역주민들과 연대하여 지역 경제를 파괴하는 기업의 이전을 막을 수도 있다.

모든 경제행위는 본질적으로 지리적이다. 현실로부터 떨어져 공중에 떠다니는 경제란 애초에 존재하지 않기 때문에 경제는 지표면과 항상 상호작용한다. 구체적 공간 속에서 행해지는 다양한 상호작용과 지역의 특성을 알아야 경제도 제대로 이해할 수 있다.

 한 걸음 더

1 기업은 왜 모든 지역이 아니라 특정한 장소를 선택해 공장이나 사무실을 세울까? 기업의 입지 선정에 영향을 미치는 다양한 요인을 토의해보자.

2 구로공단의 변화를 참고하여 국가 경제정책이나 세계 경제의 변화가 지역의 산업구조에 어떠한 영향을 미치는지 이야기해보자.

3 우리 지역에는 어떤 산업이 필요할지 생각해보고, 그 산업이 성장하는 데 유리한 조건과 불리한 조건은 무엇인지 지역이 가진 자연환경, 인프라, 인구구조 등의 장단점을 중심으로 토론해보자.

4 경제활동은 공간과 무관하게 이루어질 수 있을까, 아니면 특정한 공간적 조건에 크게 영향을 받을까? 지역의 경제활동에서 공간이 갖는 역할은 무엇인지 의견을 나눠보자.

12

가격과 이윤이 전부일까?
자본주의는 빙산의 일각, 이제 수면 밑을 보자

왜 자본주의경제만을 경제활동의 전부라고 여길까?

흔히 경제라고 하면, 기업은 이윤만을 추구하고, 노동자는 임금을 받기 위해 일하며, 이윤을 최대로 높이지 못하는 기업은 도태되는 무한경쟁의 장을 떠올리곤 한다. 하지만 과연 경제의 모습이 실제로 이럴까? 대안적인 경제를 연구하는 학자들은 현실 경제는 이런 모습이 아니라고 말한다. 쉽게 이해하기 위해 다음 페이지의 그림을 살펴보자.

　J. K. 깁슨-그레이엄(J. K. Gibson-Graham)에 따르면, 임금노동자와 이윤만을 추구하는 기업으로 구성된 자본주의경제는 경제라는 거대한 빙하 중 단지 수면 위로 올라온 부분일 뿐이다. 이 그림은 현실의 경제를

구성하는 다양한 경제활동들을 보여주고 있다. 노동을 예로 들어보자. 임금을 받기 위한 노동도 있지만, 가족끼리, 친구끼리 혹은 이웃끼리 돈을 받지 않고 재화나 서비스를 제공하는 활동도 있고, 학교나 거리, 또는 교회나 절에서 하는 봉사활동도 있다. 동생과 놀아주거나, 요양원을 방문해 봉사하거나, 친구에게 수학 문제를 가르쳐주는 일들은 모두 우리의 삶을 풍요롭게 만들지만 대가로 임금을 받지는 않는다. 어떤 일을 하고 그 대가로 임금을 받지 않는다고 해서 그 일이 가치가 없는 것은 아니다. 오히려 우리의 삶에 필요하고 행복을 주는 재화와

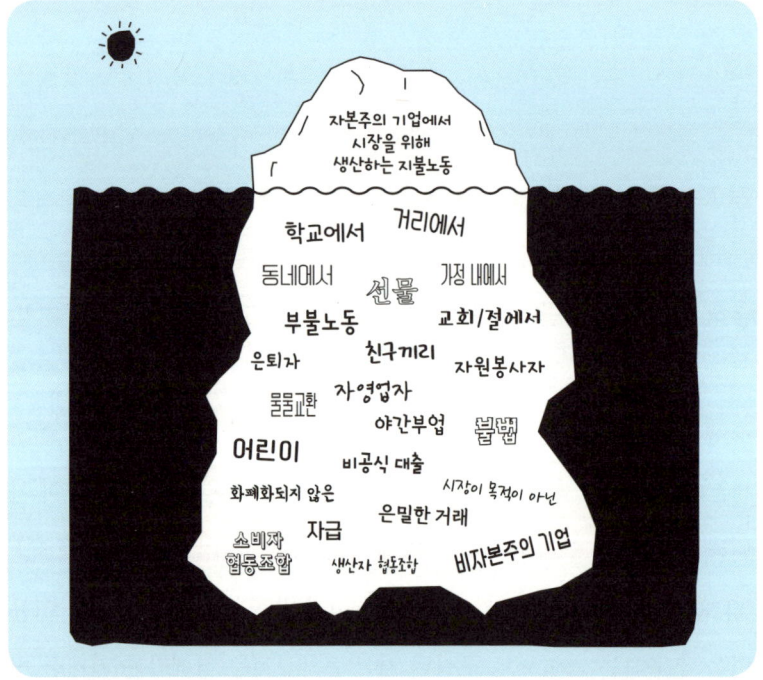

현실을 구성하는 다양한 경제활동들(출처: J. K. 깁슨-그레이엄, 「Take Back the Economy」)

서비스 중에는 시장에서 거래되지 않는 것도 많이 존재한다. 일례로, 엄마가 차려주신 아침밥은 공짜지만 엄마의 가사 노동이 가치가 없어서 공짜인 것은 아니다. 엄마의 가사 노동은 임금을 받지 않지만 자녀에게 선물로 주어지며 자녀의 삶에 큰 도움을 준다.

국내총생산(GDP)은 시장을 통한 거래만을 경제활동으로 측정하지만, 세계의 많은 곳에서는 선물 주고받기, 상호부조(相互扶助), 기부, 손수 만들기를 통해서 필요한 재화와 서비스를 주고받는다. 요즘 유행하는 텃밭 가꾸기, 홈 패션, 수제 맥주 만들기 등은 자본주의가 발달한 국가들에서도 많이 보이는 경제활동들이다. 이처럼 우리의 생활은 시장에서 거래되지 않는 수많은 행위들로 이루어져 있다.

기업도 마찬가지이다. 더 많은 이윤을 얻는 것을 유일한 목적으로 삼는 기업도 있지만, 이윤을 손해 보더라도 좀 더 윤리적인 가치를 추구하는 착한 기업(에너지 소비를 줄이고 환경에 기여하는 상품을 개발하는 기업, 기업의 이익을 사회에 환원하는 기업 등)들도 존재하고, 아예 이윤 추구가 목적이 아닌 협동조합이나 사회적 기업* 등 비영리 기업들도 존재한다.

현실을 보면 볼수록 자본주의 경제활동은 이 거대한 빙산에서 수면 위로 올라와 있는 작은 부분일 뿐임을 깨닫게 된다. 그런데 왜 우리는 자본주의경제만을 경제활동의 전부라고 여기는 것일까? 왜 우리는 빙하를 구성하는 다양한 경제활동을 보지 못하고 이들을 없는 것으로 생각할까? 그 답은 이제까지 우리가 경제를 돈, 즉 가격과 이윤 중심

• 사회적 기업은 공익적 목적을 갖는 기업으로 일반 기업과 달리 이윤 극대화를 목적으로 하지 않고 사회적 목적의 실현을 위해 이윤의 대부분을 재투자하는 기업을 말한다. 주로 일자리 창출, 사회 통합, 사회 서비스 제공, 지역 경제의 지원 등이 목적이다.

으로 협소하게 이해했기 때문이다. 자, 이제 돈으로만 움직인다고 여기는 노동, 기업, 시장에 대한 우리의 생각을 하나씩 점검해보자.

노동자는 생산의 주체인가, 비용인가?

경제 교과서에서는 경제활동이란 재화와 서비스를 생산·유통·소비하는 활동이고, 경제주체는 생산 활동을 담당하는 기업과 소비 활동을 담당하는 가계로 이루어진다고 말한다. 여기서 노동은 기업과 같은 경제주체가 아니고 기업의 생산 활동에 들어가는 생산요소* 중 하나이다. 즉 노동력은 다른 원료나 기계 혹은 토지처럼 기업 입장에서 비용이 된다. 따라서 생산 활동 전체를 조직할 권한이 기업에 있기 때문에, 자본에 대해서는 배당을, 토지에 대해서는 지대를, 노동력에 대해서는 임금을 지불하면 된다. 이런 생각에서는 기업이 수익을 높이기 위해 노동 비용을 줄이는 것이 합리적이다.

그런데 노동자는 사람이다. 노동자에게 주어지는 임금은 기업가에게는 비용이지만, 노동자에게는 생계를 유지하는 수단이다. 노동자가 노동하는 이유는 생계를 유지할 뿐만 아니라 좀 더 나은 삶을 살기 위해서이다. 이런 노동자를 사람이 아니라 자본이나 토지처럼 생산요소 중 하나일 뿐이라고 여기는 것이 올바른 태도일까? 노동이 기계나 토지와 같은 것이라 여겨도 문제가 없을까? 오히려 생산 활동을 다양한

● 생산요소란 생산 활동에 필요한 것으로 자본, 노동, 토지를 생산의 3요소라고 한다.

자원(기계, 기술, 토지, 노동 등)을 가진 사람들이 모여 협동 작업으로 무언가를 만드는 과정으로 이해할 수는 없을까?

컴퓨터 프로그램 회사를 사례로, 노동자를 비용으로 여기는 방식과 생산의 주체로 여기는 방식을 비교해보자. 먼저 노동자를 비용으로 여기는 생산과정을 생각해보자. 생산을 위해서는 컴퓨터와 사무실 등이 필요하고 프로그램을 만들고 파는 노동자가 필요하다. 컴퓨터 구입과 사무실 임대에 기업가는 60억 원의 비용을 지출했다. 여기에 컴퓨터 프로그래머들을 고용하는 데 5억 원(10명×1인당 임금 5,000만 원)을 지출해, 새로운 프로그램을 만들어 팔아 100억 원의 총수입을 얻었다. 생산과정에서 비용을 제외하고 새로 만들어진 부가 있는데 이를 '잉여가치'라고 한다. 잉여가치는 기업가가 생산을 조직했기 때문에 기업에 필요한 기타 비용의 지출을 제외하고 나머지는 가져간다. 이를 간단히 표로 나타내면 다음과 같다.

총수입 100억 원									
10	20	30	40	50	60	70	80	90	100
노동 이외의 생산 투입물 60억 원 – 생산 투입물 (컴퓨터 및 장비의 감가상각비) – 사무실 임대료 및 운영비(전기세, 수도세 등)						임금 5억 원	새로 창출된 부 (=잉여가치) 35억 원		
비용							기타 지출 15억 원 – 세금, 광고 – 유보비용 등	기업가(주주)의 부 20억 원	

노동력이 임금으로 비용 처리되는 경우

여기서 프로그램을 만든 프로그래머, 즉 노동자는 생산과정에 참여하지만 생산의 주체가 아니기 때문에 잉여가치 35억 원을 어떻게 사용할지에 대한 발언권이 없다고 여겨진다.

이제 노동자를 생산의 주체라고 여기는 노동과정을 상상해보자. 여기서도 컴퓨터 구입과 사무실 임대에 필요한 비용 60억 원은 기업가가 투자했다. 마찬가지로 총수입은 100억 원이다. 다른 것은 노동자를 컴퓨터와 동일한 생산요소로 취급하지 않는다는 점이다. 컴퓨터를 가진 자본가나 프로그래밍 지식을 가진 노동자는 동일한 생산의 주체이다. 여기서 기업 활동은 컴퓨터를 가진 기업가와 프로그래밍 지식을 가진 노동자가 협력을 통해 새로운 프로그램을 만드는 활동이다. 이렇게 생산 활동을 자본가와 노동자의 협업 과정이라고 생각한다면, 잉여가치는 이들의 협력으로 만들어진 결과물이 된다. 따라서 잉여가치는 35억이 아니라 총수입 100억에서 비용 60억 원을 뺀 40억 원이고 이 잉여가치를 어떻게 배분할지에 대해서는 기업가와 노동자가 모두 발언권을 가진다. 여기서 노동자는 주어진 임금만 받는 사람이 아

총수입 100억 원									
10	20	30	40	50	60	70	80	90	100
노동 이외의 생산 투입물 60억 원 - 생산 투입물(컴퓨터 및 장비의 감가상각비) - 사무실 임대료 및 운영비(전기세, 수도세 등)						새로 창출된 부(=잉여가치) 40억 원			
						기타 지출 15억 원 - 세금, 광고 - 유보비용 등		노동자의 몫 + 기업가의 몫으로 배분	

노동을 협업 과정의 주체라고 여기는 경우

니라, 그들이 생산한 잉여가치를 배분할 권리를 가진 사람들이다. 이를 표로 간단히 나타내보면 204쪽의 표와 같다.

두 개의 표를 통해 생산 활동을 어떻게 이해하는지에 따라 노동자의 위치가 무척이나 달라진다는 점을 알 수 있다. 생산 활동은 자본을 소유한 자본가와 노동력을 소유한 노동자가 만나 협업하는 과정이다. 따라서 노동자는 원료나 기계와 같은 생산요소가 아니라 자본가와 동일한 생산의 주체라고 볼 수 있다.

그런데 우리는 노동자가 사람이라는 사실을 잊고 사고팔 수 있는 상품으로 취급하는 경우를 종종 보게 된다. 노동력을 사고파는 상품이라고 생각하면, 사람은 상품성 있는 사람과 상품성 없는 사람으로 나눠지고, 기계처럼 소모품으로 취급되기도 할 것이다. 또한 노동이라는 인간의 활동은 그 자체가 존엄한 목적이 되는 게 아니라, 이윤의 수단이 될 뿐이다.

경제학에서는 임금은 시장가격으로 결정된다고 이야기한다. 쉽게 말해, 일자리에 비해 노동자가 많으면 임금이 내려가고, 반대로 노동자가 적으면 임금이 올라가서 가격이 결정된다는 것이다. 그런데 이런 설명은 임금 결정의 한 측면만을 보는 것이다. 노동력을 소유한 노동자는 사람이기 때문에 다른 상품들과는 다르다. 컴퓨터가 시장에서 안 팔리면 가격을 내려 싸게 팔거나, 그것도 안 되면 재고로 쌓아둘 수 있지만, 노동자를 그렇게 취급할 수 있을까? 상품성이 떨어졌다고 오래된 기종의 기계를 버리고 새 기계를 사는 것과 동일하게 노동자를 해고하거나 기계로 대체해도 되는 것일까?

노동자와 기업가는 서로에게 의존하는 관계이다. 기업은 노동자들이 열심히 일을 해주어야 생산성이 올라가고 이윤이 늘어날 수 있다. 노동자도 기업이 망하면 자신의 생존이 위협받는다. 만약 노동자들이 일하는 시간이 너무 길고, 노동과정이 육체적·정신적으로 너무 힘들어 여유를 가질 수 없다면, 게다가 일을 하면서 자아실현까지는 아니더라도 어느 정도 보람을 느껴야 하는데 자존감이 계속 떨어지고 감정적으로 굴욕감까지 느낀다면, 자신의 일터에 애정을 가지고 열심히 일할 수 있을까? 더 나아가 자신이 언제든지 해고될 수 있는 상황에 놓여 있다고 느낀다면, 일터에 대한 신뢰를 가질 수 있을까? 반대로 노동자가 일을 열심히 하지 않으면서 자기 몫만 챙기고, 기업이 힘들 때 같이 노력하지 않는다면 기업 입장에서 그 노동자를 신뢰할 수 있을까?

노동자는 주어진 임금만 받는 사람이 아니라, 그들이 생산한 잉여가치를 배분할 권리를 가진 사람들이다. 경제적 성장을 통해 더 많은 사람들에게 풍요의 혜택이 주어져야 한다고 생각한다면, 임금을 기업의 비용으로만 여겨서는 곤란하다. 오히려 임금은 노동자들의 삶의 질을 향상시킬 수 있는 수단이며, 노동자와 기업이 함께 성장할 수 있는 기반이다.

돈이 직업의 전부인가?

우리는 왜 일을 하는 걸까? 흔히 먹고살기 위해 일을 한다고 하는데,

종종 번 돈을 사랑하는 사람들과 함께 쓸 시간이 없을 정도로 일에 쫓기기도 한다. 그렇다면 우리는 일하기 위해 사는가? 아니면 살기 위해 일하는가? 훌륭하게 살기 위해 일한다면, 어떤 일이 훌륭한 일일까? 임금이 높을수록 훌륭한 일일까? 다음 두 사람의 하루를 비교해보자.

김 변호사(김변)의 하루

김변은 35세 여성으로 서초동에 있는 법률회사의 변호사이다. 김변의 하루는 6시 기상, 한 시간 헬스클럽에서 운동, 8시 회사 도착, 오전과 오후 시간은 변호 맡은 사건의 증언 조사와 회의를 전쟁처럼 치르고, 저녁 7시 30분 간단히 식사를 하고 다시 저녁 9시까지 일한다. 퇴근 후 30분 정도 티브이를 시청하고 잠자리에 들어 여섯 시간 잔다.

김변은 장시간 노동을 하지만 아주 높은 보수를 받는다. 청소와 관리 서비스가 딸린 호화로운 아파트에 살고 매년 3주간 해외여행을 떠나며 유명 디자이너의 정장과 수입 구두가 옷장에 가득하다. 주말 대부분은 사건과 관련된 일을 하며 보낸다. 가족을 넘어선 공동체와 관계를 맺는 시간은 거의 없는 '사회성이 붕괴된' 세상에서 살고 있다. 주로 물질적인 조건으로 성공을 정의하고 직업상의 행복에 대해 신경을 쓰지만 사회적 행복이나 공동체 행복은 거의 없다.

성중 씨의 하루

서울 방학동에 사는 48세 성중 씨는 가구공장에서 일하다 손가락 절단 사고로 장애 등급을 받고 현재 장애 연금으로 생활하고 있다. 그는 2년 전 주민센터 시설을 빌려 동네에 40~80대 독거남 여섯 명을 모아 함께 요리하는 모임 '오늘은 내가 요리사'를 시작했다. 함께 메뉴도 정하고 시장도 보고 요리하면서 여섯 명 모두 삶의 의욕을 찾았다고 한다. 이 공동체 모임은 지금 주민센터의 도움으로 자기들 반찬뿐만 아니라 이웃의 반찬도 만들어주고 그들의 안부도 챙기고 있다. 또 성중 씨는 자전거에 연장을 싣고 다니며 홀로 사는 어르신들의 집을 수리해주고 보일러를 고쳐주는데, 지난겨울 동료들과 함께 출입문과 창문에 문풍지와 뽁뽁이로 단열공사를 해주며 이웃을 도왔다. 그래서 성중 씨는 마을에서 어려운 일이 있을 때마다 찾는 사람이 되었다.

김 변호사와 성중 씨의 노동 생활은 양극단에 있다. 한쪽은 외적인 성공과 물질적 보상에, 다른 한쪽은 타인에 대한 봉사와 내적 만족에 치우쳐 있다. 두 사람 모두 사회에 기여하고 있지만 금전적인 수입은 하늘과 땅만큼 차이가 난다. 김변의 노동은 높은 임금이 대가이지만, 성중 씨의 노동은 다양한 보상으로 돌아온다. 성중 씨가 하는 다양한 노동은 금전적으로 보상되지 않는 노동이 대부분이다. 현물 지급(단열 공사에 대한 사례로 제공된 찐 감자)이나 독거노인을 돌보는 노동에 대한 그들의 고마움, 회원들과의 상호 노동에 따른 반찬 등이 노동의 대가이다.

여기서 우리는 다음과 같은 질문을 해볼 수 있다. 금전적인 대가만을 기준으로 김변의 노동은 훌륭하고 성중 씨의 노동은 하찮은 것이라 말할 수 있을까? 우리는 혹시 김변의 노동 생활을 부러워하고, 돈을 많이 벌지 못한다는 이유로 성중 씨의 노동 생활을 무시하고 있지는 않은가? 더 많이 벌고 더 많이 소비하는 것이 훌륭한 삶일까? 성중 씨처럼 적게 벌지만 주변과 나누고 공동체를 생각하는 삶도 훌륭한 삶이지 않을까?

기업의 목적은 이윤 추구인가, 함께 잘 살기인가?

이제 기업에 대해 생각해보자. 흔히 기업의 목적은 최대 이윤의 획득이라고 한다. 그러나 모든 기업들이 이윤을 최대로 얻는 것을 가장 중요한 목적으로 삼고 있을까?

인도 마두라이의 '아라빈드 안과 병원(Aravind Eye Hospital)'은 세계에서 가장 저렴한 가격으로 가장 많은 백내장 수술을 하는 병원으로 유명하다. 아라빈드 안과 병원은 1976년 닥터 브이라고 불리는 고빈다파 벤카타스와미(Govindappa Venkataswamy) 박사에 의해 설립되었다. 인도의 공립 병원 안과에서 일하던 벤카타스와미 박사는 수많은 극빈층 환자들이 돈이 없어서 수술을 받지 못해 시력을 잃고, 이것이 빈곤의 악순환으로 연결되는 것을 목격했다. 특히 백내장은 아시아나 아프리카에서 실명 원인의 80%를 차지했다. 백내장은 혼탁해진 수정체를 투명한 인공 수정체로 교체하는 비교적 간단한 시술로 깨끗이 치료될 수 있지만, 이 수술에는 우수한 기술과 유능한 의료진이 필요해 비용이 만만치 않았다.

백내장 수술 가격을 낮추려면 비싼 인공 수정체의 가격을 낮추는 것이 과제였다. 당시 인공 수정체 시장은 특허를 소유한 소수의 다국적기업이 독점하고 있었다. 벤카타스와미 박사는 인도에서 인공 수정체를 직접 생산하는 길을 모색했다. 박사는 국제의료지원 전문가인 미국인 데이비드 그린(David Green)과 함께 안과 의사들, 은퇴한 과학자들, 연구자들을 모아 '오로랩(Aurolab)'을 만들어 인공 수정체 개발에 매진했다. 오로랩은 기존 개당 300달러 하던 인공 수정체를 개당 10달러에 생산하는 데 성공했다. 이후 오로랩은 세계 세 번째 규모의 인공 수정체 생산업체로 성장했고, 그 수익은 안구 연구와 무료 진료에 재투자된다. 동시에 아라빈드 병원은 '맥도날드 방식'이라 불리는 병원 운영 방식을 도입했다. 백내장 검사와 수술 과정을 표준화·전문화하여 의사 한 명당 수술 건수를 획기적으로 늘리고 동시에 진료 비용을 낮추었다. 그 결과 세계 최대의 아이케어 서비스 기관으로 성장했다.

아라빈드 안과 병원의 가장 큰 특징은 돈이 있는 환자들은 진료비를 받고 가난한 환자들은 무상으로 진료한다는 점이다. 연간 20만 건의 수술 중 47%는 무상으로, 18%는 원가보다 저렴하게, 35%는 정상 가격을 적용하고 있다. 그러나 환자들에게 소득수준을 증명하라는 요구는 하지 않는다. 그럼에도 불구하고 경제적 여유가 있는 환자들이 기꺼이 진료비를 지불하는 이유는 많은 수술 경험을 가진 우수한 의료진이 있고, 이 병원이 지향하는 모델에 대한 신뢰감이 있기 때문이다. 아라빈드 안과 병원은 가난한 환자들에게 무료 의료 서비스를 제공하면서도 지속 가능성이 유지되는 혁신적 모델로 개발도상국 270여 개 병원으로 전파되었다.

● 실벵 다르니·마튜 르 루 지음, 민병숙 옮김, 『세상을 바꾸는 대안기업가 80인』, 마고북스, 2006.

다른 기업의 사례도 살펴보자. 1956년 창립한 대전 성심당 제과점은 나눔 경영으로 유명하다. 초기부터 수익의 3분의 1을 제과점에 재투자하고 그 나머지는 직원과 빈곤한 이웃을 위해 사용했다고 한다. 이 제과점이 직원 복지를 중요하게 여기는 이유는, 회사가 성장할 때 같이 일한 노동자들이 자신의 삶도 나아진다고 느껴야 회사가 힘들 때 함께 어려움을 극복하려고 노력할 것이기 때문이라고 한다. 마찬가지 이유로 지역에도 많은 기부를 하는데, 이것이 실제 사업에 도움을 많이 주었다고 말한다. 예를 들어, 2005년 화재로 본점이 전소돼 문을 닫아야 할 상황에 몰렸지만, 직원들과 이웃들의 도움으로 일주일 만에 영업을 재개하고 주민들이 적극적으로 빵 사주기에 나서면서 매출이 화재 전보다 30% 이상 증가했다고 한다. 이제 성심당 제과점은 대전의 지역주민들이 가장 사랑하는 기업으로, 직원들의 자부심이 가장 높은 기업으로 자리 잡았다.

예로 든 기업들은 이윤 추구가 기업 활동의 최종 목표가 아니었다. 오히려 기업의 목표는 노동자와 지역주민들과 함께 잘 살아가는 것, 보다 평등하고 지속 가능한 세상을 만드는 것임을 우리에게 보여준다.

시장을 통한 배분이 모두의 필요를 충족할 수 있을까?

경제학에서는 시장이 자원을 효율적으로 배분하는 기제(機制)라고 한다. 여기서 효율적 배분이란 자원을 가장 필요로 하는 사람에게 주는 것이다. 예를 들어, 어떤 자원이 희소하면 그 자원을 얻기 위해 시장에서 경쟁이 일어나 자원의 가격이 오르고, 따라서 그 높은 가격을 지불하고도 이익을 남길 수 있는 사람들만 구입한다. 그리고 다른 조건이 동일하다면, 그런 사람들은 그 자원을 더 효율적으로 사용할 수 있는 사람들일 것이다. 즉 남들보다 더 절실하게 원하는 사람은 그만큼 더 많은 돈을 지불할 용의가 있을 테고, 그래서 가장 높은 가격을 지불하는 사람이 그 자원을 가장 필요로 하는 사람일 거라고 경제학에서는 가정한다.

그런데 우리는 이런 논리에 몇 가지 의문을 가질 수 있다. 희소한 자원이라도 도덕적 이유로 시장에서 사고팔지 않아야 하는 것도 있을 수 있고, 소득이 충분하지 않아 그 재화가 절실히 필요한데도 가질 수 없는 경우도 있을 수 있다.

먼저 모든 것을 시장에서 사고팔 수 있는지 생각해보자. 병원에서 장기이식을 희망하는 환자가 많다고 해서 돈을 받고 장기를 사고팔지는 않는다. 왜냐하면 장기를 시장에서 사고팔면, 필요한데도 돈이 없어서 치료받지 못하는 사람이 생길 수 있기 때문이다. 우리는 생명의 존엄이 돈에 의해 가치가 매겨지는 것은 공정하지 않다고 느낀다. 이처럼 어떤 재화와 서비스는 시장에서 사고팔지 않는 것이 더 나은 방법일 수 있다.

다음으로 시장을 통하기만 하면 가장 필요한 사람에게 배분되는지 생각해보자. 시장에 참가하려면 돈이 있어야 한다. 내가 절실하게 그 재화나 서비스가 필요하더라도 돈이 없으면 참여할 수가 없다. 왜냐하면 시장은 지불 능력이 있는 사람에게만 자격을 부여하기 때문이다. 아이가 아파서 병원을 가야 하는데 충분한 돈이 없어 못 가거나, 배울 의사와 능력이 다 있는데도 돈이 없어 대학을 못 가는 일들이 세상에는 빈번하다. 따라서 시장을 통한 배분은 돈 없는 사람들의 필요를 충족할 수 없을 뿐 아니라, 돈이 없어 참여할 수 없는 것을 두고 자신의 능력 부족이라 여겨 자책하기 쉽게 만들기도 한다.

가격만 보고 거래해도 될까?

시장이 희소한 자원을 효율적으로 할당하는 능력이 있다고 여기는 데는 다음의 이유가 있다. 시장에서는 누구나 장벽이나 장애물 없이 자유롭게 참여할 수 있고, 판매자와 구매자가 동등하게 만나 양자에게 공정한 거래가 되도록 가격이 조정된다고 믿기 때문이다.

　하지만 상품의 가격이 우리가 구매한 티셔츠를 생산한 노동자의 노동조건에 대해 말해줄 수 있을까? 가격만으로 이들이 괜찮은 임금을 받는지, 노동환경이 안전한지 알 수 있을까? 그리고 티셔츠의 면이 유전자조작 작물이나 독성 잔여물을 토양에 남기는 살충제를 사용해 재배되었는지를 가격을 통해 알 수 있을까?

　우리의 관심이 가격에만 휘둘리는 한 위와 같은 사항은 무시되기 쉽다. 우리가 더 많이 더 싸게 소비하고자 할수록 우리의 생존이 다른 사람의 노동조건 혹은 자연환경과 상호 의존적인 관계에 놓여 있음을 잊게 된다. 시장가격은 때로는 공정하지 않은 상황에 놓인 머나먼 곳의 사람들을 보이지 않게 가려버린다. 만약 우리가 시장가격에만 반응해 싼 물건만 찾았다고 치자. 그래서 그 결과로 생산자들이 더욱 공정하지 않은 생산 조건에 놓이게 되었다면 우리에게 책임이 없다고 할 수 있을까?

전 세계가 연결된 세상에서 살다 보니 우리가 소비하는 여러 물건들이 멀리 떨어진 곳에서 만들어진 경우가 많다. 상품의 자유로운 이동과 가격만을 강조하다 보면 생산자와 소비자가 어떤 관계를 맺고 있는지가 사라진다. 자유무역에 대한 일방적인 옹호로 힘 있는 일부 국가와 기업들이 다른 집단의 희생으로 이익을 얻는다는 사실이 은폐되고, 국가들과 노동자들은 서로 적대적인 관계에 놓이게 된다. 그러나 무역은 사람들을 분열시켜 서로 대립하게 만들 수도 있지만, 공정무역처럼 상호 지원의 네트워크를 만들어 연결시켜줄 수도 있다. 우리가 지불하는 가격뿐만 아니라 멀리 있는 다른 사람들이 지불하는 가격을 함께 고려한다면, 시장은 우리가 다 같이 훌륭하게 살아갈 수 있도록 도와주는 경제적 관계를 활성화시킬 수도 있다.

서로를 돌보는 경제

맨 처음에 했던 질문을 다시 해보자. 어떤 경제적 삶이 공동체를 위한 것일까? 어떻게 생산자와 소비자가 함께 행복할 수 있을까? 어떻게 가격에만 휘둘리지 않고 서로의 필요를 돌보는 경제행위를 할 수 있을까?

경제에서 윤리적 행동이란, 가격과 이윤에 따라 행동하기보다는 타인을 염두에 두고 서로를 돌보는 경제행위를 하는 것을 말한다. 타인의 결정과 행동이 우리에게 영향을 끼치듯 나의 결정이 타인에게 영향을 미친다는 사실을 깨닫고, 가격만을 고려하는 것이 아니라, 모든 사람들이 다 함께 평등하고 훌륭하게 살아가는 방식을 고민하는 것이다. 또 사회와 환경이 건강해지는 방향으로 지속 가능한 경제를 만드는 데 도움이 되게끔 생산하고 소비하는 것이, 바로 윤리적 행동이다. 한마디로, 경제를 서로의 필요에 반응하는 돌봄의 공간으로 만드는 것이 윤리적 경제이다.

다행히 희망을 주는 경제적 실험들이 확산되고 있다. 환경과 생태를 돌보고, 이웃과 나눌 수 있는 사회적 기업과 협동조합을 설립하고, 지구를 생각해 절약하고 적게 소비하는 다양한 활동이 펼쳐지고 있다. 또 기업들도 지역과 환경을 돌보고, 사회에 기여하려는 움직임이 늘고 있다. 물론 정직하게 생산하고 노동하는 방법, 잉여를 분배하는 방법, 소비하는 방법의 해답이 간단하지는 않다. 그러나 이미 함께 잘살기 위한 노력들이 곳곳에서 일어나고 있는 만큼 우리가 서로를 돌보는 공간으로 경제를 생각하기 시작한다면, 천천히 새로운 희망들을 만들 수 있을 것이다.

한 걸음 더

1 현실을 구성하는 다양한 경제활동을 함께 보여주는 '경제적 빙산 모델'은 무엇을 의미할까?

2 기업의 입장에서 사회적 공헌과 이윤 극대화는 동시에 추구할 수 있는 목표일까? 사회적 공헌과 이윤 추구가 양립할 수 있는지 토론해보자.

3 다음은 직업을 선택할 때 고려할 수 있는 기준들이다. 각 항목의 중요도를 점수로 나타내고, 그렇게 판단한 이유를 함께 이야기해보자. (항목당 5점 척도)

기준	적성	성공 가능성	사회적 기여도	임금 수준	직업 안정성	근무 환경	노동 시간
점수							

4 어떤 것은 시장에서 거래되어서는 안 된다고 말하기도 한다. 시장에서 거래할 수 없는 것에는 무엇이 있고, 그 이유는 무엇인지 토론해보자.

13

국경은 단절의 장벽인가,
교류의 통로인가?
국경과 경계는 관계의 망 속에 존재한다

국경은 어디에 있는가?

국경은 국가의 공간적 경계로서 해당 국가의 주권과 통치권이 행사되는 공간적 범위의 가장자리이다. 따라서 특정 국가의 국경을 넘어서게 되면 그 국가의 법적 영향력을 벗어나 다른 나라의 법적 질서 속에 들어가게 되고, 그 국가의 국경 안으로 들어오게 되면 해당 국가의 법적·제도적 통치의 영향권 안에 들어오게 된다. 그렇다면 이러한 국경은 어디에서 만나볼 수 있을까? 국경이라고 하면 연상되는 곳은 어디일까? 대부분의 사람들은 휴전선, 판문점, DMZ 혹은 독도나 마라도 등을 떠올리곤 한다. 휴전선이나 독도를 다녀온 적이 없다면, 국경이란 곳을 가본 적조차 없다고 생각하는 경우가 많다.

하지만 이는 사실과 다르다. 해외여행을 다녀온 경험이 있다면, 누구나 국경을 통과하는 경험을 하게 되어 있기 때문이다. 비행기를 타고 하늘 위에서 국경을 통과한다는 의미가 아니라, 실제로 발로 걸어서 국경을 통과하는 것을 말한다. 그게 어떻게 가능하냐고? 우리는 비행기를 이용해 해외여행을 할 때 반드시 공항에서 출입국 심사대를 통과하도록 되어 있다. 이 출입국 심사대가 일종의 국경의 역할을 하는 곳이다.

대한민국 입국에 필요한 적절한 비자가 없는 사람들은 이 출입국 심사대에서 입국이 저지되어 본국으로 돌아가야 한다. 아주 예외적이긴 하지만, 어떤 사람들은 공항의 출입국 심사대 안쪽의 공간에서 오랜 기간 난민처럼 지내기도 한다. 이처럼 대한민국 입국이 허용되지 않더라도 공항의 특정 공간에서 머무는 것이 가능한 것은 출입국 심사대 안쪽의 공간이 완전한 대한민국 영토가 아니라고 인정되기 때문이다. 즉 공항의 출입국 심사대는 대한민국 영토의 경계선을 만드는 기능을 수행하므로 국경이라고 할 수 있다. 실제로 영국 런던의 히드로 국제공항에서는 출입국 심사가 이루어지는 곳을 명시적으로 '영국 국경(UK Border)'이라고 표시하고 있다. 이처럼 국경은 우리의 일상으로부터 아주 멀리 떨어져 있는 것이 아니라, 우리의 삶 속에 의외로 가까이 존재하고 있다.

인천국제공항 출입국 심사대(출처: 인천국제공항공사)

영국 히드로 국제공항의 출입국 심사대

국경은 안보를 위한 장벽인가, 교류를 위한 통로인가?

공항 출입국 심사대의 사례를 통해 알 수 있는 것은 국경이 의외로 우리의 고정관념과 다른 모습을 띠고 있다는 사실이다. 국경이라고 하면, 많은 경우 영토적 안보의 논리에 따라 이동과 흐름을 막고 통제하는 장벽이라는 이미지로 묘사된다. 이는 221쪽의 두 그림에서 잘 드러나는데, 각각 2010년 11월 23일 벌어진 연평도 포격과 관련하여 서해안의 남북한 접경지대와 포격 상황을 도식화한 그림과 티브이 뉴스 화면을 캡처한 이미지이다. 이 두 그림은 국경을 군사적 긴장과 충돌이 가득한 갈등의 공간으로 묘사하고 있다.

하지만 앞서 공항 출입국 심사대에서 본 국경은 이와는 전혀 다른 느낌과 이미지를 지니고 있다. 물론 공항의 출입국 심사대에서도 출국과 입국을 심사하는 과정에서 어느 정도의 긴장과 갈등이 발생할 수 있다. 하지만 대부분의 사람들은 공항 출입국 심사대를 통과할 때 그리 큰 긴장감을 느끼지는 않는다. 오히려 해외여행을 떠난다는 약간의 설렘, 혹은 긴 여행 끝에 이제 집으로 돌아왔다는 안도감 같은 긍정적 느낌과 이미지를 가질 가능성이 더 크다. 즉 이런 식의 국경에는 교류와 소통의 통로로의 의미가 더 크게 부여되는 것이다.

이와 비슷한 사례를 중국 단둥의 북-중 국경 지역의 표지판에서 볼 수 있다. 이 지역의 국경 표지판에는 여러 가지 경고 문구와 지시들이 담겨 있는데, '철조망 위로 올라가거나 넘어가지 마라, 물건을 던지거나 주고받지 마라'는 내용과 함께 국경이란 점을 명확히 드러내는 표

갈등의 공간으로 형상화된 서해안 접경지대 이미지 (2010년 11월 24일 자 《동아일보》 기사)

연평도 포격전에 대한 뉴스 보도 화면 (2010년 12월 1일 자 《한경닷컴》 기사)

시를 해두었다. 왜 이런 표시를 해놓은 걸까? 이동을 제약하는 장벽이라는 걸 드러내고 경비를 강화해 불법 이주민을 막기 위해서일까? 아니면 중국이 국제적 대북 제재에 동참하여 북한에 대한 봉쇄를 더욱 확실히 하고 있음을 보여주려는 것일까?

사실을 말하자면 그런 이유라기보다는 관광객을 끌어모으기 위해 설치한 것이다. 국경임을 알리는 표지판을 통해 다른 장소와는 차별적인 특성을 과도하게 드러냄으로써 구경거리를 조성, 관광객을 유인하려는 일종의 국경 관광 전략인 셈이다. 표지판 바로 옆에 자리한 기념품 좌판대의 모습만 봐도 국경이라는 장벽을 관광 상품으로 활용하고 있음을 알 수 있다.

중국 단둥 지역의 북한-중국 국경 표지판

북한-중국 국경 표지판 옆에 설치된 가판대

이처럼 국경이나 접경지대가 통상적으로 생각하는 것처럼 장벽으로 가로막힌 긴장과 갈등의 장소만이 아니라, 장벽이 만들어낸 차이와 이질성으로 인해 역설적으로 사람들이 모여들고 새로운 교류와 소통의 필요를 만들어내는 공간이 되기도 한다는 것이다. 그러므로 국경은 갈등과 긴장의 장소로서 이동과 흐름을 막는 장벽이자 초국경적 교류와 소통의 통로라는 두 가지 상반된 의미를 갖는 공간이라고 할 수 있다.

근대국가의 영토적 주권 개념에 근거한 '국경은 완벽히 통제되고 명확히 구분된다'는 이상화된 믿음과 달리, 현실의 국경은 앞에서 언급한 두 가지의 상반되는 의미와 그와 관련된 힘들이 복합적으로 상호작용하며 구성된다. 오랫동안 근대국가의 영토는 명확하게 구분되는 국경에 의해 둘러싸여 있다고 보는 전통적 관점이 지배적이었으나, 최근 들어 이러한 사고에 대해 다양한 도전들이 이루어지고 있다. 그러한 도전 중의 하나로 최근 제시되고 있는 것이 관계론적 영토관이다. 다음 페이지의 그림에서 볼 수 있듯이, 영토라는 것이 존재하긴 하지만 막힌 것이 아니라 구멍이 뻥뻥 뚫려 있어서, 영토 안팎에 존재하는 수많은 힘과 행위자들이 교류하고 소통하면서 누적되어 만들어지는 것으로 생각해야 한다는 것이 관계론적 영토관의 핵심적 주장이다.

몇 년 전, 중국에서 어떤 사람이 제트스키를 타고 서해를 건너 우리나라로 몰래 들어오려다 잡혔다는 보도가 미디어에서 크게 다루어진

• Massey, D. 1997. "A Global Sense of Place." In Barnes, T. and Gregory, D. (eds.) *Reading Human Geography*, pp. 315–323, London: Arnold.

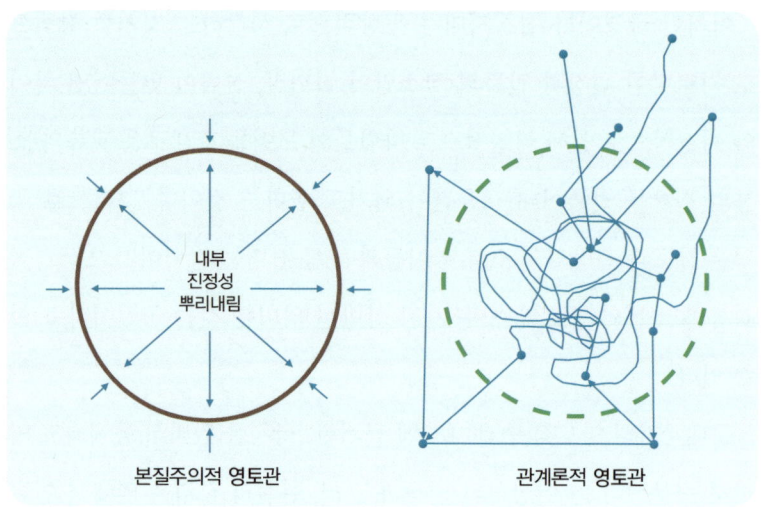

내부
진정성
뿌리내림

본질주의적 영토관   관계론적 영토관

본질주의적 영토관과 관계론적 영토관

적이 있었다. 하지만 국경의 현실을 냉정하게 바라보면, 이러한 일은
결코 새삼스러운 이야기가 아니다. 이런 식으로 국경을 넘나드는 일
은 항상 있었고, 이러한 이동과 흐름을 절대적으로 막는다는 발상 자
체가 비현실적이다.

관계론적 관점에서 국경을 바라보게 되면, 국경과 접경 지역을 안
보의 논리 속에서 국토를 지키는 장벽이라는 방식으로만 보지 않고,
국경을 뛰어넘어 이루어지는 이동, 흐름, 교류, 소통의 힘과 논리도 동
시에 작용하는 곳으로 이해할 수 있다. 즉 접경 지역은 국경을 뛰어넘
으려는 흐름을 저지하여 영토를 지키려는 힘과 영토를 가로질러 교
류하려는 힘이 복합적으로 교차하는 공간으로 이해해야 하는 것이다.
따라서 국경은 이러한 두 상반된 힘 사이에 긴장 관계가 발생하는 곳이고, 그 길항(拮抗) 관계 속에서 국경과 접경 지역이 긴장과 갈등의 장소가 될 수도, 초국경적 교류와 소통의 장소로 구성될 수도 있다.

긴장과 갈등의 장벽을 넘어 이동과 교류의 통로로

관계론적 영토관으로 접경 지역을 바라보는 데 있어 좋은 사례는 타이완의 진먼(금문도)이다. 150㎢의 면적과 7만여 명의 인구를 가진 진먼은 타이완의 영토에 속한 섬이지만, 타이완의 본섬으로부터 남서쪽으로 350㎞나 떨어져 있는 외딴 변방의 섬이다. 하지만 이 섬은 중국 푸젠성의 샤먼으로부터는 불과 8㎞의 거리에 위치한, 육지와 매우 인접한 섬이다. 원래 중국의 샤먼과 동일한 경제적 생활권에 속해 있던 진먼이 타이완의 영토에 속하게 된 계기는 1949년 국공내전에서 국민당이 인민해방군에 패퇴하여 중국 본토에서 타이완으로 물러나는 와중에 진먼이 중국과 타이완 간 군사적 대치의 최전선에 놓이게 되었기 때문이다. 이로 인해 진먼과 샤먼 사이에는 굉장히 굳건하고 폭력적인 냉전적 장벽이 놓이게 되었고, 진먼은 고립된 변방의 섬이 되고 말았다.

하지만 이러한 고립을 경험하기 전의 진먼은 남중국과 동남아에 걸쳐 형성된 해상무역과 교역의 네트워크에 깊이 편입되어 있었다. 특히 19세기 중반 이후에 진먼 사람들의 해외 이주가 본격화되면서 초국가적 노동력 이주의 흐름에서도 중심적 역할을 담당했다. 19세기 중반 이후 상당수의 진먼 사람들이 경제적 기회를 찾아 싱가포르, 인도네시아, 브루나이, 말레이시아, 태국, 필리핀 등 동남아 곳곳으로 진출했다. 진먼 사람들이 형성한 국제적 이동과 이주의 네트워크는 진먼 지역이 남중국과 동남아에 걸쳐 형성된 해상 교역의 네트워크에 깊이 편입되는 데 중요한 기반이 되었다. 특히 해외로 이주한 진먼 사람들이 고향에 있는 그들의 가족과 친지에게 보내는 송금은 진먼의 경제를 지탱하는 중요한 바탕이 되었다. 이처럼 1949년 이전 진먼 지역은 넓은 지리적 범위에서 형성된 교역과 이주의 네트워크에 깊이 연결되어 있었고, 그에 기반하여 형성된 경제가 진먼의 삶을 뒷받침하고 있었다.

하지만 해상무역, 해외 이주자들이 보내온 송금 등에 기대어 경제

진먼, 샤먼, 타이완 본섬의 위치

적 삶을 영위하던 진먼은 냉전 지정학의 영향 속에서 샤먼과의 연결이 단절되면서 '고립된 섬'으로 변하게 되었다. 특히 중국과 타이완 사이에 군사적 긴장이 지속되면서 진먼 전역이 요새화되고, 주민의 일상생활은 엄격히 관리되고 통제받게 되었다. 이런 군사적 영토화로 야기된 진먼의 고립은 심각한 경제적 어려움을 낳았다. 특히 이민 송금 경제가 붕괴되면서 진먼의 경제는 큰 어려움에 빠지고 말았다.

원래 중국의 일부였던 진먼은 동북아 냉전 지정학의 맥락 속에서 우발적으로 타이완의 영토가 되었지만, 1950년대 말까지 타이완 본섬과도 완전히 연결되지 않은 고립의 섬으로 남아 있었다. 진먼이 이러한 고립에서 벗어나 타이완 본섬과 경제적으로 통합되는 계기를 만들어준 것은 진먼산 고량주(금문고량주)의 전국적 확산이었다. 1950년대 진먼을 통치하던 타이완의 군사정부는 당시 진먼이 겪던 경제적 어려움을 해소하기 위해 진먼 주둔 군인들이 막대하게 소비하던 고량주를 자체 생산하여 공급하기 시작했다. 진먼산 고량주가 지금은 타이완을 대표하는 술이지만, 1950년대 중반까지만 해도 진먼에 주둔하던 군인들만을 위한 술이었다. 하지만 1950년대 말부터 타이완 본섬 출신의 장병들이 대규모로 진먼에 배치되기 시작하면서 타이완 본섬과 진먼 사이에 본격적인 대규모 인구 이동과 연결이 이루어지게 되었다. 이들의 이동을 따라 진먼산 고량주도 타이완 본섬에 본격적으로 알려지기 시작했다. 전장에서의 군인들의 무용담과 독한 술이 결합되어 진먼산 고량주는 남자의 술로 인식되었고, 타이완에서 날개 돋친 듯 팔려나가기 시작했다. 고량주의 판매가 증가하면서 진먼의 경제적 수입도 급격히 늘어났다. 이를 계기로 진먼은 타이완 본섬과 본격적으로 연결되었고, 타이완의 국민경제에 완전히 통합되면서 진정한 의미의 국가적 영토화를 경험하게 된다.

1950년대부터 1980년대까지 동북아를 지배한 냉전 지정학과 그에 기반한 국제관계의 영향 아래 진먼은 타이완 영토의 일부로 자리매김하는 국가적 영토화를 강력하게 경험했다. 하지만 1980년대 중후반 이후 탈냉전이라는 새로운 지정학적 환경과 민주화라는 타이완 내부의 정치적 격변 속에서 진먼은 새로운 변화를 경험하게 된다. 1979년 미국과 중국의 국교 정상화를 계기로 타이완과 중국 사이의 군사적 긴장이 극적으로 완화되었다. 이러한 탈냉전의 상황은 타이완 정부의 권위주의적 통치 방식에 대한 국민적 저항을 불러왔고, 그간의 경제

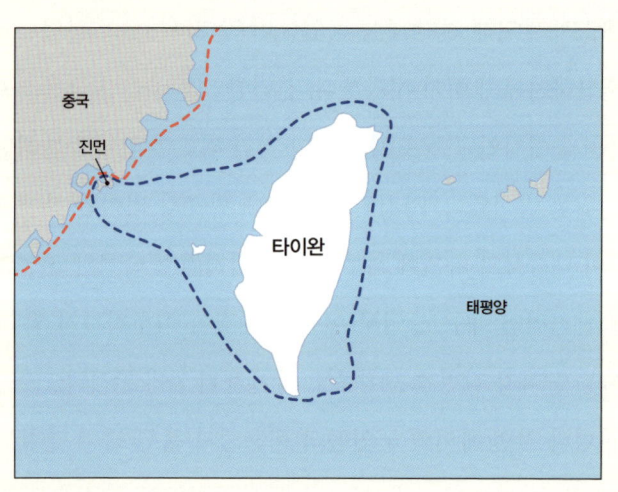

진먼의 국가적 영토화

적 번영을 통해 성장한 중산층을 중심으로 민주화운동이 촉발되었다. 1987년 마침내 비상사태와 계엄령이 해제되고, 타이완은 전면적인 민주화의 길로 들어서게 되었다.

민주화의 진전과 함께 중국 본토와의 연결과 접촉을 금지하던 여러 규제들도 완화되면서, 진먼을 중국의 샤먼과 단절시키던 영토적 장벽도 약화되기 시작했다. 중국 본토인과의 직접적이고 공식적인 접촉은 여전히 금지되었지만, 비공식적이고 개별적인 경제적 거래가 등장했고, 타이완 사업가들이 중국 본토에 투자하기 시작했다. 이와 더불어 약간의 시차는 있었지만 진먼에서도 영토적 폐쇄를 완화하는 갖가지 조치들이 취해졌다. 1989년 타이완 본섬으로의 민간 전화가 허용되었고, 1990년 출입허가 시스템이 폐지되어 진먼 주민들이 타이완 본섬으로 자유롭게 오갈 수 있게 되었으며, 1992년 7월 진먼의 계엄령이 마침내 해제되었다. 이와 함께 진먼에 주둔하던 군대도 철수하여 본격적인 탈군사화가 이루어졌다.

진먼을 고립시키던 영토적 장벽이 급격히 약화된 또 하나의 계기는 2001년 1월 1일, 중국과 타이완 사이에 실시된 '소삼통' 정책이었다. 소삼통이란 중국과 타이완 정부가 양안 관계를 좀 더 발전시키기 위해 타이완의 진먼과 마쭈, 중국의 샤먼과 마웨이 사이에 무역, 우편, 화물의 직접적 교류를 허용하는 정책을 지칭한다. 이 소삼통은 1949년 이래로 진먼과 샤먼 사이에 놓였던 장벽의 높이를 급격히 낮추었고, 이를 계기로 중국 관광객의 진먼 방문이 허용되었다. 소삼통을 통한 이러한 변화는 진먼이 냉전 시기의 고립과 영토적 단절의 상황에서 서서히 벗어나, 초국경적인 이동과 흐름의 경제로 다시 연결되고 이어지고 있음을 의미하는 것이다.

이제까지 살펴본 것처럼 1990년대의 탈냉전 지정학의 조건은, 냉전적 갈등의 최전선으로서 군사적 영토화에 의해 중국 쪽으로는 단절된 채, 타이완 쪽 방향으로만 연결과 이동이 고정되어 있던 진먼이 영토적 장벽의 완화를 통해 흐름의 경제에 재접속하는 계기를 마련해주었다. 특히 탈군사화로 인한 지역 경제의 침체를 극복하기 위한 대안으로 관광업 육성 정책이 추진되면서 타이완 본섬과 중국으로부터의 관광객 방문이 장려되었고, 이를 통해 진먼은 초지역적인 이동과 흐름에 보다 열려 있는 장소로 변모하고 있다.

평화와 공존을 지향하는 국경을 만들려면?

한국의 서해 5도 지역은 접경 지역으로서 타이완의 진먼과 비슷한 지정학적 상황에 놓여 있다. 특히 두 지역 모두 냉전 지정학의 영향으로 어느 날 갑자기 만들어진 국경과 분단선으로 인해 애초에 연결되던 지역과 분리된 채 군사적 긴장감으로 가득 찬 고립된 섬으로 전락했던 경험을 공유하고 있다. 하지만 현재 두 접경 지역의 상황은 매우 다르다. 진먼은 군사적 긴장의 완화와 영토적 장벽을 약화하는 갖가지 조치의 결과로 더 이상 이동과 흐름을 막는 장벽으로 기능하지 않는다. 대신, 중국과 타이완 사이의 이동과 교류를 위한 통로이자 실험대로서의 역할을 하고 있다.

반면 서해 5도는 한반도에서 강고하게 작동하고 있는 냉전 지정학과 남북 간의 군사적 긴장의 영향으로 여전히 긴장과 갈등의 장소로 남아 있다. 물론 서해 5도 지역을 긴장과 갈등의 국경으로 두기보다는 교류와 소통의 통로로 만들기 위한 다양한 노력들이 역사적으로 존재했다. 남북공동어로, 서해평화협력지대 등과 같은 사업들이 그 사례이다. 하지만 연평해전과 같은 우발적 사건, 북한의 핵실험으로 인한 남북 간 긴장의 심화 등과 같이 냉전적 적대관계가 한반도에 지속되면서, 한국의 서해안에서 영토적 장벽을 낮추고 이동과 교류를 촉진하려는 시도들은 영토화의 힘에 의해 좌절되었다. 그 결과, 한국의 서해 5도 지역은 진먼과 달리 여전히 긴장과 갈등의 장벽으로 기능하는 국경이자 접경 지역으로 남아 있다.

이처럼 국경은 안보의 논리를 기반으로 긴장과 갈등의 장벽이 될 수도 있고, 초국가적 이동과 교류의 통로로 기능할 수도 있다. 따라서 국경을 국가의 영토를 둘러싸고 안과 밖을 구분하면서 외부로부터 내부를 지키는 방어선이라는 개념으로만 바라보면 우리는 국경의 다른 중요한 의미를 놓치게 된다. 그러한 시각은 국경뿐 아니라, 국가의 영토, 국가 간의 관계마저도 경쟁과 갈등, 긴장과 충돌이라는 시각으로만 보게 만든다. 반면 관계론적 관점에 입각해 영토는 수많은 관계망 속에서 존재하는 것이며 국경도 그러한 관계망 속에서 발생하는 다양한 이동과 흐름이 빈번하게 발생하는 통로로 바라보게 되면, 우리는 이 세상을 훨씬 더 평화와 공존이라는 관점에서 이해할 수 있게 될 것이다. 그리고 이러한 관점은 국경과 접경 지역에서 영토적 장벽을 약화하려는 다양한 실천과 노력이 더 힘을 가지도록 만들어 국경을 이동과 교류의 통로로 변화시키는 데 궁극적으로 기여할 것이다.

 한 걸음 더

1 국경은 긴장과 갈등의 장소일까, 아니면 소통과 교류의 통로일까? 국경과 접경 지역에서 벌어지는 다양한 초국경적 소통과 교류의 사례들을 찾아보고, 그러한 일들이 어떻게 가능했는지 알아보자.

2 최근 들어 미국과 중국 사이의 지정학적·지경학적 갈등이 심화되면서, 중국과 타이완 사이의 양안 관계에서도 긴장감이 높아지고 있다. 이러한 거시적 환경이 진먼과 샤먼 사이의 관계에는 어떠한 영향을 미칠지 토론해보자.

3 우리나라의 서해 5도 역시 진먼과 비슷한 상황에 놓여 있다고 할 수 있다. 접경 지역으로서 진먼과 서해 5도의 유사점과 차이점은 무엇인지 생각해보자.

4 우리나라에서도 남한과 북한의 서해안 지역 주민들 간의 소통과 교류를 활성화하기 위한 다양한 정책들이 추진된 바 있다. 하지만 이러한 시도들은 실제로 실현되지 못했는데, 그 이유와 배경은 무엇이었을까?

14

평화는 어떻게 돈이 될까?
경제발전과 행복으로 가는 한반도 지정학

한반도를 둘러싼 전쟁과 평화의 지정학

대통령이 속한 정당을 여당이라고 하고, 나머지 정당을 야당이라고
한다. 2020년대 우리나라는 여당과 주요 야당들 사이에 심각한 대립
과 갈등이 나타났다. 집회 때 보수 정당들은 태극기와 미국 국기인 성
조기를 들고 자기들 주장을 펼쳤다. 이들 가운데 일부는 상대방 세력
을 공산주의자로 몰아붙이며 북한 그리고 중국과 연계시켰다.

　이런 현상은 남북 분단의 역사와 관련되어 있다. 왜 한반도는 강대
국들의 각축장이 되어 남북으로 분단되었을까? 20세기 두 차례의 세
계대전을 거치면서 자본주의 진영과 사회주의 진영 간의 대립은 미국

과 구소련을 중심으로 이루어졌다. 문화와 마찬가지로 사회체제와 제도는 지정학적으로 가까운 나라에 먼저 전해지기 쉽다. 사회주의 소련과 국경을 마주하고 있던 중국은 1949년 마오쩌둥 중심의 사회주의국가가 되었다. 이로써 중국과 소련은 불과 1년 전까지만 해도 미국과 힘을 합쳐 제2차 세계대전을 승리로 이끌었지만 이제 서로 적대적인 국가가 되었다. 공교롭게도 아시아 대륙의 주요국인 중국과 소련은 한반도와 국경을 맞대고 있다.

이런 지정학적 관계 속에서 자본주의 체제인 미국은 사회주의 체제인 중국과 소련의 대외 팽창을 막기 위해 한국을 중요하게 생각할 수밖에 없었다. 미국에게 한반도는 지정학적으로 매우 중요했다. 반면, 소련이나 중국의 입장에서도 미국의 한반도 진출이 무척 불편한 현실일 수밖에 없었다.

이와 같은 외부의 대립에서 비롯된 분열의 씨앗은 내부에서도 자라고 있었다. 일제강점기 우리나라에서는 대규모 토지와 자산을 보유한 친일파 중심의 자본주의 세력과 이에 맞선 사회주의 세력 간의 대립이 있었다. 특히 많은 농민과 노동자들이 사회주의사상에 관심을 보이면서 해방 이후의 주도권을 둘러싼 이 두 세력 사이의 대립이 점차 심화되었다.

해방 당시 계층 간 분열과 남북 분단을 막으려던 사회주의자와 중도파 세력이 국민으로부터 폭넓은 지지를 받았다. 사회주의적 중도 좌파로 진보적인 민족·민주주의자였던 여운형, 그리고 자본주의적 중도 우파인 김구가 대표적이다. 여기서 좌파는 사회주의, 진보주의,

평등주의 정책을 지향하는 반면, 우파는 자본주의, 보수주의, 자유주의 정책을 중시한다. 이 두 사람은 더 우파였던 이승만 세력에 의해 암살되었고, 비극은 걷잡을 수 없이 확대되었다. 북한은 전쟁을 통해서라도 통일을 이루겠다는 더 좌파인 김일성이 정권을 잡았다. 그는 중국과 소련의 지원을 받아 한국전쟁을 일으켰으며, 이후 북한은 미국 중심의 국제정치 상황에서 고립되고 말았다.

1945년 일제로부터 해방된 이후 우리나라는 냉전 질서 속에서 38선이 설정되었다. 우리나라 역사상 처음으로 한반도는 북위 38도선을 경계로 남북으로 갈라졌다. 당시 북위 38도선 이남에 있던 개성은 남한 관할에, 38도선 북쪽에 있던 금강산은 북한 관할에 속하게 되었다. 이러한 분단 상황에서 전 지구적 냉전 대립, 특히 한반도에서 펼쳐진 체제 간 대립이 격화되며 한국전쟁이 발발했다. 전쟁 이후 남북 간 경계선은 북위 38도선에서 휴전선으로 바뀌었고, 그 결과 개성은 북한에, 금강산은 남한에 속하게 되었다. 휴전선은 전쟁이 끝난 것이 아니라 잠시 쉬고 있다는 뜻을 내포하고 있다. 1953년 정전 이후 70여 년이 지난 현재까지도 이 상태가 지속되고 있으며, 이런 의미에서 한국전쟁은 여전히 끝나지 않은 상태이다. 그래서 종전 협정을 맺어 전쟁 상태를 끝낼 필요가 있다.

한국전쟁 이후 양 진영 간 경쟁은 끊임없는 군사력 증강으로 이어졌다. 자유주의적 자본주의경제 체제를 택한 남한과 달리 북한은 세습적인 사회주의 체제를 유지해왔고 소련, 중국과 친밀한 관계를 지속해나갔다. 그러나 1990년대 사회주의권의 붕괴 속에서 북한은 개방

정책을 추진했지만 미국, 일본과의 국교 수교가 이루어지지 않은 상태에서 성과를 내기 쉽지 않았다. 북한은 독자적으로 생존할 수 있어야만 했고, 그 일환으로 국방력을 강화하는 전략을 끊임없이 취해왔다. 이것이 현재 북한이 핵을 보유하게 된 배경이다. 북한에게 핵은 거의 유일한 군사적 압박 수단이자 외교 수단이며, 3대 독재로 이어지는 체제를 유지하기 위한 힘이다. 2020년대 현재, 분단과 남북 간 긴장 문제를 우리 스스로 해결할 수 있을까?

경제력과 국방비 1, 2위의 미국과 중국 틈에 낀 한반도

중국은 20세기 후반 이후 자본주의 정책을 일정 수준 받아들이면서 경제적으로나 군사적으로 세계적인 강대국이 되었다. 우리나라는 세

중국 군함

계 최강국인 미국과 중국 세력권 사이에 끼여 있다. 현재 미국과 중국 중 어느 나라가 세계 GDP 1위일까? 2024년 국가별 GDP 순위를 명목별 기준과 구매력(PPP) 기준으로 비교해보자. 명목별 기준으로 보면 세계 1위인 미국이 29조 달러, 세계 2위인 중국이 18조 달러이다. 참고로 세계 12위인 한국은 2조 달러이다. 물가를 반영한 구매력 GDP는 중국이 1위다. 명목 소득이 똑같아도 물가가 싼 나라가 실제로 더 많이 구매할 수 있기 때문이다. 국방비는 미국과 중국이 1, 2위를 차지한다. 세계 군사력 1위는 당연히 미국이다. 국방비 예산이 중국의 세 배이다. 미국은 세계 최대의 군사 강대국이고, 중국도 그보다는 못하지만 계속 군사비를 늘려가고 있다.

그럼에도 중국의 국방력은 만만치 않다. 중국은 첨단 군함들을 만두 빚듯이 만들어내고 있다. 항공모함과 스텔스 전투기도 만들고 있다. 미국의 항공모함을 어렵지 않게 격침할 수 있는 장거리 미사일도 개발했다. 중국의 새로운 대륙간탄도미사일(ICBM)은 미국 전체 영토를 핵무기로 공격할 수 있다. 그 밖에 5세대 스텔스 전투기, 로봇을 이용한 무인 전투 장비를 개발했다.

미국과 중국은 태평양 및 인도양을 사이에 두고 날카롭게 대치하고 있다. 그 사이에 끼여 있는 지역이 한국, 일본, 타이완, 동남아시아, 인도 등이다. 특히 남중국해와 말라카 해협을 포함한 이 해역은 세계 해상무역에서 매우 높은 비중을 차지하고 있다. 2025년 세계 100대 항만을 지역별로 보면 아시아 지역이 48곳이다. 그중 중국이 25개나 된다. 세계 10대 컨테이너 항만 중 대부분을 중국이 차지하고 있다. 세계

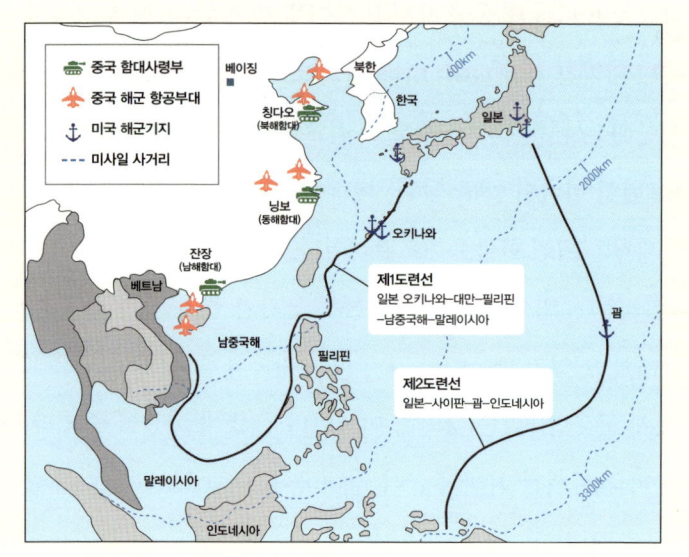

중국과 미국의 방어 경계 지대

1위는 중국 상하이 항만이고, 우리나라 최대인 부산 항만도 세계 10위 안에 들어가는 수준이다. 이렇듯 해상무역은 인도양과 태평양에서의 해군력 경쟁이 중요한 또 하나의 이유가 된다.

이처럼 영토로서 육지 못지않게 해양 또한 중요하다. 위의 지도를 보면 중국은 바다 밖으로 방어의 경계선을 정하고 있다. 중국에 가까운 경계로 제1도련선(First Island Chain, 도련은 '섬을 연결한 쇠사슬'이라는 뜻)이 있고, 그 바깥에 제2도련선이 있다. 중국의 항공모함 전단이 이 선을 돌파한 것은 그동안 방어에 집중하던 태도에서 벗어나 공세로 전환하겠다는 의미이다. 이는 사실상 태평양 지역의 해상 질서를 주도해온 미국의 영향력에 대한 중국의 도전이다. 이에 미국도 항모 전단을 동아시아 지역으로 파견해 맞불 대응에 나선 상황이다. 중국의 항공모함에 이어 전투기들도 제1도련선을 돌파하고 있는데, 이것은 미국에 대한 맞대응의 성격이 강하다. 이로써 미국과 중국의 해양 충돌이 남중국해에서 한반도 일대로까지 확대되는 양상을 보이고 있다.

사드 배치 때문에 포기해야 했던 경제적 이익들

2016년과 2017년, 한반도의 사드 배치 문제가 심각한 문제로 떠올랐다. 미국과 우리나라가 사드 배치를 추진하자 중국은 자국 안보에 큰 위협

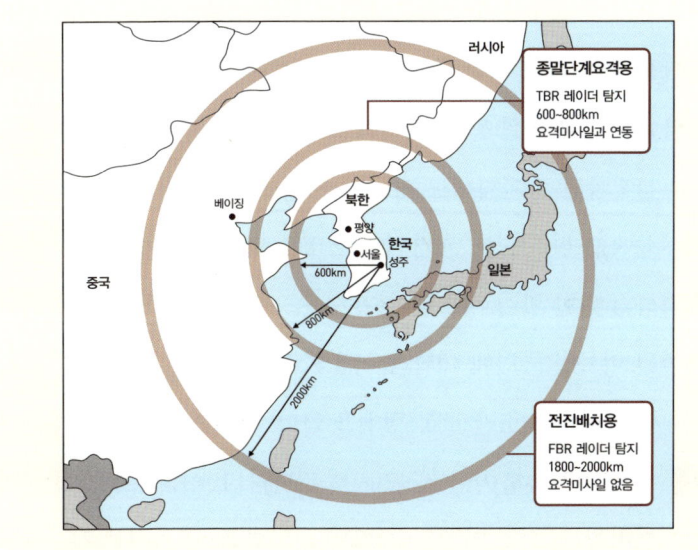

사드 운용 개념도

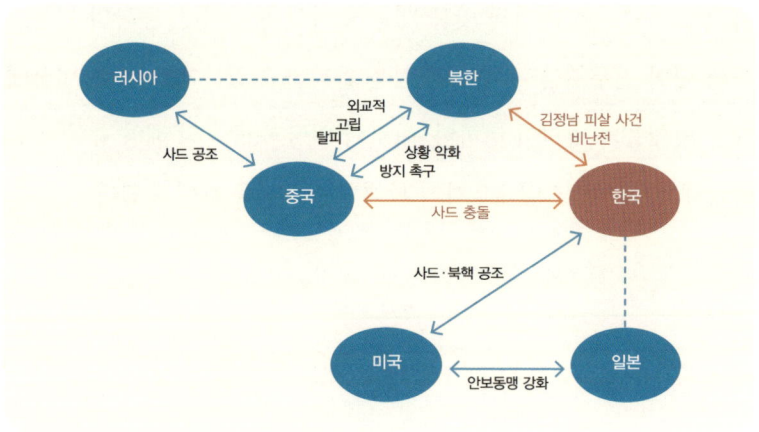

사드 배치를 둘러싼 한반도 주변국의 행보

이 된다고 판단했다. 한국에서 가까운 중국 지역의 인구도 많을뿐더러 중요한 지역 대부분에서 뜨고 내리는 자국 비행기를 사드 레이더에서 포착할 수 있다고 생각했기 때문이다. 이는 개인에 비유하자면, 외부 사람이 안방과 거실 등 집 안의 주요 공간을 들여다보는 것과 같다.

우리나라 국민 사이에서도 사드 배치에 대해 찬반 의견이 나뉘었다. 사드는 탄도탄 고고도 요격 체계로, 탄도탄 미사일이 날아올 때 이를 요격하기 위한 방어 시스템이다. 사드 배치를 찬성하는 쪽은 사드가 북한의 미사일 공격에 대한 방어용으로 꼭 필요하다고 말한다. 반대하는 쪽은 중국의 경제 보복 정책을 든다. 현재 우리나라의 최대 무역국은 중국이다. 2024년 기준으로 우리나라의 총수출액 중 중국이 차지하는 비율은 20%, 미국은 19%이다. 또한 2024년 기준으로 우리나라를 방문한 외국인 관광객 중 중국인은 500만 명, 미국인은 150만 명이었다.

중국에서 한류는 사드 배치 이후 큰 어려움에 부딪혔다. 제주도에 중국인 관광객들의 방문이 끊겼다. 배우 송중기의 중국산 스마트폰 모델이 중국인으로 바뀌었고, 송혜교가 출연하던 중국 화장품 광고도 중단되었다. 한국 가수의 중국 공연도 장기간 허가되지 않았고, 수입 금지나 수입품 수량 규제와 같은 비관세 장벽도 강화되었다. 이러한 조치들은 사드 배치 이후 집중적으로 나타났으며, 이후 일부 완화되었지만 한류 산업에 대한 제한과 비관세 장벽은 현재까지도 완전히 해소되지 않은 상태이다.

2014년 중국의 시진핑 주석은 한국 드라마 〈별에서 온 그대〉가 중국에서 큰 유행이라고 말했으며, 이전 주석인 후진타오와 국무원 총리 원자바오 역시 한국 드라마의 팬이었다. 이처럼 한때 한중 문화 교류는 활발했지만, 최근 한국과 중국의 관계는 지정학적 요인으로 인해 어려운 상황에 처해 있다. 북핵 문제와 사드 배치, 한중 무역 문제의 해결에는 남북한 정부와 사회 내부뿐만 아니라 미국과 중국, 일본, 러시아 등 주변 강대국들의 이해관계도 긴밀히 얽혀 있다.

부드러운 햇볕과 센 바람, 어떤 정책이 더 효과적인가?

2017년 상반기에 영화 〈공조〉가 개봉했다. 공조는 서로 돕는다는 뜻이다. 남한으로 숨어든 탈북 범죄조직을 쫓기 위해 북한 형사와 남한 형사가 극비리에 공조 수사를 한다는 것이 영화의 줄거리이다. 반대로 북한으로 도망간 남한 범죄자를 잡기 위해 남한 형사가 북한으로 파견되어 북한 형사와 함께 수사에 나서는 내용이 마지막에 나오기도 한다. 영화에 대한 여러 반응이 있겠지만, 이 영화를 보고 해방감과 자유로움을 느꼈다고 말하는 사람들이 있다. 영화 속에서라도 남북이 서로 협력하여 공동 작업을 하는 모습을 볼 수 있었기 때문이다.

유명한 이솝 우화 가운데 해와 바람이 지나가는 나그네의 옷을 벗기기 위해 내기를 하는 이야기가 있다. 누가 이길까? 바람이 먼저 나섰다. 바람이 세게 불자 나그네는 옷을 더 단단히 여몄다. 다음에는 해가 나섰다. 따뜻한 볕을 내리쬐자 나그네는 덥다면서 옷을 벗었다. 언뜻 보면 센 바람이 이길 것 같지만, 실제로는 부드러운 햇볕을 이용하는 해가 이긴다. 이 이야기를 다른 사례에 적용해보자. 이웃집으로부터 안전을 보장받기 위해서 담을 높이 쌓고 무관심하거나 적대시하는 게 좋을까, 아니면 담을 낮게 쌓거나 없애고 호의를 베풀면서 서로 교류하는 게 좋을까?

수많은 종류의 담이 있고, 무관심과 적대 행위, 차별이 있다. 일본은 한국을 식민지로 지배하기 위해서 '조센징'이라는 호칭을 새로 만들어냈다. 일본은 조센징이 열등하고 부족하다고 선전하면서 민족차별, 인종차별을 조장했다. 독일은 히틀러를 중심으로 한 나치 정권이 제2차 세계대전 중 게르만 민족의 우수성을 강조하면서 유대인을 대학살했다.

마찬가지로 사회주의는 자본주의를, 자본주의는 사회주의를 여러 가지 이유를 들어 비난하고 서로에게 낙인을 찍는다. 과거에 미국에서는 소련과의 대립을 배경으로 한 스파이 영화를 많이 만들었다. 그런 영화에서 소련은 조롱의 대상이고 악으로만 그려졌다. 이와 같이 어떤 특정 대상을 자기 집단으로부터 분리시키는 것을 '타자화'라고 한다. 타자화되는 순간 차별의 대상이 되고 나아가 저주와 멸망의 대상이 된다. 타자들에게는 인간의 기본권을 보장할 필요가 없다고 믿는 것이다.

분단 이후 북한과 남한에서는 사상이 다르다는 이유로 반대편을 타자화하고, 고문하고, 감옥에 보내거나 사형을 시키는 사례가 적지 않았다. 남한에서 가장 무서운 타자화 중 하나는 종북, 친북, 빨갱이라고 호명하는 것이다. 이런 딱지가 붙으면 다른 사람들이 이들과의 접근을 피하게 되고 호명된 사람들은 위축된다. 이들은 감옥에 가거나 사형을 당하기도 했다. 이들 중에는 나중에 간첩으로 조작되었다고 밝혀진 피해자들도 있다. 남한과 북한에서 일어나는 이런 유형의 타자화는 남북 관계를 단절시키고 서로를 적대시하면서, 물적 자원과 인적 자원을 소모시킨다. 이런 상황에서 좀 전에 예로 든 이솝 이야기가 우리에게 긍정적으로 제시하는 바는 없을까?

평화로운 공존은 경제발전에도 큰 영향을 미친다

세계 여러 나라의 경우를 보면, 권력이 불안한 독재 또는 보수 정권이 이웃 나라와의 국경 불안과 긴장을 악용해서 권력을 유지하고 강화하려 한 사례들이 있다. 한반도의 남북 관계에서도 해방 이후 70년 동안 이런 일이 자주 일어났다. 특히 2024년에 남북 관계는 서로 적대적이며 긴장이 고조된 상태였다. 북한은 오물과 쓰레기 풍선을, 남한은 북한 지도부를 비난하는 전단 풍선을 살포했으며 남북은 확성기 방송을 통해 상호 비방을 이어갔다. 2025년 6월 새 정부 출범 이후, 정부는 남북 간 긴장을 완화하기 위해 민간인들이 풍선에 매달아 북한으로 전단을 살포하는 것을 금지했다. 이에 북한은 휴전선 일대의 대남 방송을 중단했고, 그동안 대남 방송의 소음으로 고통을 겪던 접경 지역 주민들의 불편도 해소되었다.

남북한 사이에 긴장이 고조되면 경제적인 불안도 증가한다. 이른바 코리안 리스크가 그것이다. 남북 관계에서 긴장이 고조될 때마다 국내 주식시장이 하락하고 투자 위축을 불러온다. 국가 신용도 하락에 따른 손실도 크다. 여기에 중국의 무역 보복으로 인한 경제적 손실 비용까지 합치면 경제적 피해 규모는 매우 클 것으로 추정된다.

이와 같이 경제적 효과를 고려해야 하는 이유는 국내의 어려운 경제 상황에서도 찾을 수 있다. 청년들은 일자리가 부족하고, 살 집을 구하기 어렵다. 결혼은 물론이고 연애까지 포기한 청년들이 많다. 학생과 학부모들은 교육비 때문에 매우 힘들다. 경제를 살리기 위해서라도 남북 간 긴장을 줄이고 더 평화로운 관계를 만들 필요가 있다. 우리에게는 미국도 중요하지만 무역액 1위인 중국과의 관계도 중요하다.

요즘 우리나라의 청년들은 상대적으로 통일의 필요성을 덜 느끼는 듯하다. 가장 큰 이유는 통일을 하면 가난하고 도로나 전력 등 하부구조가 부실한 북쪽에 경제적 지원을 많이 해줘야 한다고 생각하기 때문이다. 그러나 평화 관계를 유지함으로 인해 얻을 수 있는 경제적 이익이 더 크다는 점을 간과해서는 안 된다. 방위비와 국방 인력을 축소할 수 있고, 소비 인구가 많아져 규모의 경제를 이룰 수 있으며, 남북한 지역 경제를 유기적으로 결합할 수도 있다. 또한 우리나라는 GDP 대비 국방비 비중이 비교적 높고, 병력 규모도 세계적으로 큰 편이어서 인적·물적 자원의 손실이 뒤따른다. 북한 역시 상당한 병력을 유지하고 있어 남한과 북한의 현재 병력 규모를 합산할 경우 중국을 제외하면 세계적으로도 매우 큰 수준에 해당한다. 평화가 정착되어 국방비와 병력을 다른 산업 부문에 투입할 수 있다면, 우리나라의 경제 여건은 한층 개선될 것이다.

남북 간 긴장이 완화되고 나아가 평화 관계가 형성되면 우리는 자동차나 철도를 이용해 북한을 거쳐 중국, 러시아, 인도, 유럽까지 자유롭게 여행하고, 상품 수출입의 길도 크게 넓어질 것이다. 또한 비경제적 측면에서의 통일 편익으로는 이산가족 문제 해결, 북한 지역의 민주화 촉진 등 인도적 편익, 국제적 위상 제고와 전쟁 위험 해소 등 정치적 편익, 학술과 문화 발전 등 문화적 편익을 들 수 있다. 이와 함께 보수와 진보 사이의 사회적 갈등도 상당 부분 줄어들 것이다. 이러한 점에서 평화와 번영을 위해 휴전을 종전으로 전환하려는 노력이 필요하다. 나아가 평화로운 공존과 지속적인 경제발전을 위해 남북 관계는 물론 동아시아와 지구적 차원에서 문제를 해결하기 위한 새로운 지정학적 인식이 필요한 시점이다.

 한 걸음 더

1 한반도의 분단선은 우리 스스로 정한 것일까, 아니면 국제 정세 속에서 결정된 결과일까? 북위 38도선이 휴전선이 되기까지의 과정을 국제 정세의 변화와 연결해 생각해보자.

2 중국과 미국이 인도양과 태평양을 중심으로 치열하게 대립하고 있는 상황을 조사하고, 앞으로 이 대치 상황이 어떻게 진행될지 생각해보자.

3 통일이나 평화 체제는 단기적으로 비용이 많이 들 수 있지만, 장기적으로는 국방비 축소, 시장 확대, 물류·교통 연결 등 다양한 경제적 이익을 가져올 수 있다는 주장도 있다. 남북 간 평화로운 공존이 경제발전에 도움이 될 수 있을까?

4 이솝 우화 속 '센 바람'과 '부드러운 햇볕'의 비유처럼 국가 간 관계에서도 압박과 제재보다 교류와 협력이 더 효과적일 수 있다는 주장도 있다. 북한과의 관계에서 강경한 대응과 유화적 정책 중 어떤 방식이 더 효과적일지, 그 이유를 들어 토론해보자.

15

인구가 증가해야만 성장할 수 있을까?
성장에 대한 환상에서 벗어나야 한다

한국이 처한 예외적 상황이란 무엇일까?

영국의 경제학자 토머스 맬서스(Thomas R. Malthus)는 1766년 웨스트우드의 부유한 가정에서 태어났다. 그의 아버지는 철학자였던 데이비드 흄의 친구였으며, 장 자크 루소의 제자이기도 했다. 이런 학구적인 분위기에서 자란 맬서스는 1798년 그 유명한 『인구론』의 초판을 출간한다. 이 책에서 맬서스는 인구 증가가 식량 생산을 뛰어넘기 때문에 인구를 억제하지 않으면 인류 문명이 위험에 처할 것이라고 주장했다. 그러나 맬서스의 주장이 나온 지 200년이 넘었지만, 그의 우려는 현실화되지 않았고 이후 세계는 다양한 인구 현상을 경험하고 있다. 높은 출산율을 보이던 유럽의 많은 국가들은 20세기 이후 출산율이 점차 감소했으며, 우리나라는 1960년 6명이던 합계출산율이 2015년 1.2명, 2024년에는 0.75명으로 급격히 감소했다. 합계출산율은 출산이 가능한 여성의 나이(일반적으로 15~49세)를 기준으로 한 여성이 낳을 것으로 예상되는 평균적인 아이의 수를 말한다. 우리나라의 이런 급격한 출산율 변화는 경제가 발달한 유럽 국가들이나 아시아 국가들 중 저출산* 현상을 가장 먼저 경험한 일본에서조차 볼 수 없는 급격한 변화이다.

우리나라의 합계출산율은 1997년까지만 해도 1.5명 이상이었다. 그러나 1998년 처음으로 초저출산의 마지노선인 1.5명 미만으로 낮아졌다. 그 이후 합계출산율은 꾸준히 낮아져 2005년에는 1.08명을 기록했다. 합계출산율 변화 그래프를 통해 알 수 있듯이 이후 우리나라의 합계출산율은 이전보다 더 감소해 2018년 0.98명을 기록하며 처음으로 1명 아래로 떨어졌다. 그렇다면 우리와 경제 발달 수준이 유사한 다른 나라들도 비슷한 경험을 하고 있을까? 2022년 기준 OECD 국가 중 합계출산율이 1.3명 미만인 국가는 한국과 일본, 이탈리아, 리투아니아, 폴란드, 스페인 등 일부에 한정된다. 그러나 한국처럼 장기간 초저출산 현상이 지속적으로 나타나는 국가는 아주 예외적인 경우라고 볼 수 있다. 국가데이터처의 전망에 따르면, 우리나라 총인구는 2022년 5,167만 명에서 2030년 5,131만 명, 2072년 3,622만 명으로 감

---

* 최근 '저출산'이라는 용어가 출산의 책임을 여성에게 전기하는 뉘앙스를 담고 있다는 지적이 제기되면서, 문제를 보다 사회구조적으로 바라보기 위해 '저출생'이라는 표현을 사용하는 추세이다. 다만 이 책에서는 독자의 이해와 편의를 위해 '저출산'이라는 용어를 사용하기로 한다.

소하며, 65세 이상 노년층의 인구 비율은 2022년 17.4%에서 2030년 25.3%, 2072년 47.7%로 증가할 것으로 예상된다. 따라서 청장년층과 국가 전체 인구의 증가를 전제로 한 20세기 산업화 중심의 성장·개발 패러다임에서 벗어나지 않는다면, 다가올 인구구조 변화에 효과적으로 대응하기 어려울 것이다.

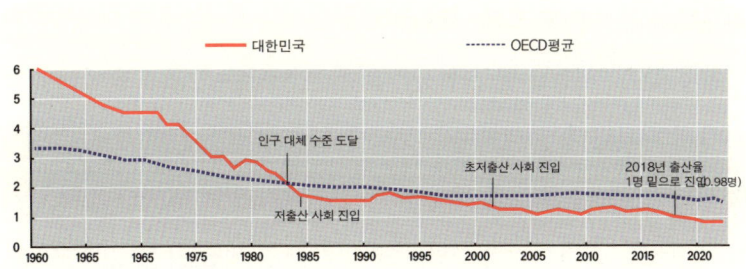

우리나라와 OECD의 합계출산율 변화(출처: OECD, 국가데이터처)

국가	시작 연도	종료 연도	지속기간
대한민국	2001년(1.29)	-	-
그리스	1996년(1.28)	2004년(1.31)	8년
이탈리아	1993년(1.26)	2004년(1.33)	11년
독일	1992년(1.29)	1996년(1.32)	4년
일본	2003년(1.29)	2006년(1.32)	3년

OECD 국가의 합계출산율 1.3 미만 시기(출처: OECD)

전체 인구는 감소하는데, 지방 중소도시 인구는 성장할 수 있을까?

앞에서도 언급했듯이, 우리나라의 인구는 앞으로 감소할 것으로 예상된다. 국토연구원의 연구에 따르면, 지방 중소도시는 1990년대부터 이미 인구가 감소하는 것으로 나타났다. 1990년부터 2010년 사이 전국 84개 도시를 조사한 결과, 31개 도시에서 인구 감소 현상이 나타났다. 그리고 31개 도시 중 29개는 비수도권에 있는 도시로, 수도권과 비수도권 간 차이도 크게 나타났다.

이와 같은 지역 간 인구 현상의 격차는 노년층 인구 비율에서도 뚜렷하게 나타난다. 우리나라의 노년층 인구 비율은 1980년 3.9%에서 2024년 19.2%로 크게 증가했다. 그러나 국가 단위가 아닌 지역 단위로 스케일을 좁혀서 살펴보면, 우리나라는 2000년대에 이미 '초고령사회'에 진입한 것으로 볼 수 있다. 예를 들어, 경상남도 남해군의 경우, 노년층 인구 비율이 1980년 8%에서 2000년 24%로 증가했으며, 2024년에는 41.3%를 기록했다. 따라서 노년층 인구 비율이 19% 수준을 전제로 한 국가 단위의 정책은 이미 노년층 인구 비율이 40%를 넘은 남해군의 실정과는 크게 다를 수밖에 없다. 즉 국가 단위의 인구정책도 있어야 하지만, 지역 단위별로 각 지역의 고령화 실정에 맞는 인구정책이 절실히 필요하다.

현재 인구가 감소하는 도시를 살펴보면, 경주, 안동, 상주, 문경, 강릉, 정읍, 남원, 밀양 등 주로 대도시로부터 멀리 떨어져 있고 산업 기반이 취약한 지방 중소도시들이며, 역사가 오래된 지역 거점 도시들

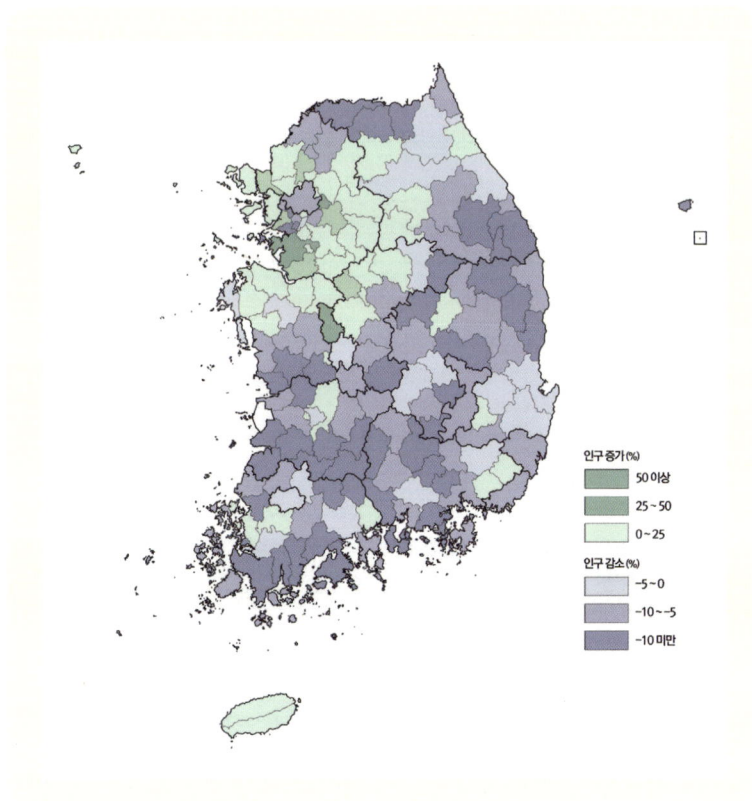

인구 증가 (%)	
	50 이상
	25~50
	0~25

인구 감소 (%)	
	-5~0
	-10~-5
	-10 미만

전국 시군별 인구 증감률(2005~2015년)(출처: 국가데이터처)

이 대부분이다. 그런데 문제는 인구가 감소했거나 감소할 것으로 예상되는 도시들이 멀지 않은 미래에는 인구가 성장할 것이라는 예측을 바탕으로 '도시기본계획'˙을 세우고 있다는 점이다. 예를 들어, 삼척의 인구는 1990년부터 2010년까지 약 34% 감소했다. 그럼에도 불

● 도시기본계획은 한 도시의 장기적인 발전 방향과 토지 이용, 교통, 주거, 환경, 산업 등 다양한 부문에 대한 종합적인 계획으로, 보통 20년 단위의 장기 계획으로 수립되며, 도시의 성장 관리와 쾌적한 생활환경 조성, 지속 가능한 발전을 목표로 한다.

구분	실제 인구(인)			도시기본계획 인구(인)				
	1990년	2010년	증감	기준연도	목표연도	자연적 증감	사회적 증감	증감
삼척시 (강원도)	110,557	67,454	39.0%▽	74,577 (2004)	100,000 (2020)	77▽	25.500△	34.1%△
공주시 (충청남도)	158,067	122,153	22.7%▽	133,012 (2002)	210,000 (2020)	16,612▽	93,600△	57.9%△
남원시 (전라북도)	124,524	78,770	36.7%▽	101,950 (2004)	130,000 (2025)	1,950▽	30,000△	27.5%△
나주시 (전라남도)	158,634	78,679	50.4%▽	99,308 (2004)	150,000 (2020)	10,410▽	61,236△	51.0%△
밀양시 (경상남도)	133,043	99,128	25.5%▽	112,451 (2007)	190,000 (2020)	9,131▽	69,000△	69.0%△

주요 중소도시의 인구 변동과 도시기본계획 목표 인구의 차이(출처: 국토연구원)

한 지역의 인구 증가와 감소는 일반적으로 일정 기간에 발생하는 자연적 증감과 사회적 증감에 따라 나타난다. 자연적 증감은 출생자 수와 사망자 수의 차이이고, 사회적 증감은 전입자 수와 전출자 수의 차이를 의미한다.

구하고 인구가 약 7만 4,000명이던 2004년에 수립한 도시계획에서는 2020년 인구가 10만 명으로 늘어날 것이라 예상했다. 하지만 2020년 인구조사 결과 실제 인구는 약 6만 5,000명으로, 2004년 당시보다 오히려 약 9,000명 줄어든 것으로 나타났다.

다른 지방 중소도시들의 상황도 삼척과 비슷하다. 지난 30년간 약 30%의 인구 감소를 경험한 도시들조차 미래에는 30~50% 이상의 인구 증가를 예측하고 있다. 국가 전체적으로 인구 감소 현상은 발생하겠지만, 각 지역에서는 인구 유입 및 대규모 개발 사업을 통해 타 지역에서 인구가 유입될 것으로 예상하고 기대하고 있는 것이다.

이런 식의 계획은 큰 문제를 야기할 수 있다. 우선 도시에 더 이상 사용되지 않거나 활용도가 낮은 유휴(遊休) 시설이 확대될 것이다. 도시에 존재하는 자산에는 화폐적 가치를 갖는 금융과 부동산뿐만 아니라 도로와 철도, 학교, 병원 등의 사회 기반 시설, 문화재와 자연환경, 인적 자원 등 다양한 요소가 포함되어 있다. 이와 같은 도시의 자산은 다양한 형태의 자본축적을 통해 주민의 삶의 질을 유지하는 기반이 된다. 따라서 지역주민의 삶의 질을 유지하고 도시의 지속 가능한 발전을 이루기 위해서는 도시에 존재하는 다양한 자산들을 보전하고 발전시킬 필요가 있다.

그런데 우리나라의 많은 도시들이 도시계획에 있어 중요한 미래의 인구 규모를 지나치게 높게 잡고 있다. 이럴 경우 미래의 도시 곳곳에 빈집과 가동을 멈춘 공장 등 사용하지 않는 시설들이 증가하는 것은 자명한 일이다. 따라서 인구 감소가 예견되는 미래에는 경제적인 효율성과 자연환경 보전을 동시에 달성할 수 있는, 보다 밀도 있는 도시 개발이 필요하다. 또한 사회적 인구 유입을 전제로 한 도시계획은 국가 전체의 인구 감소 추세를 고려할 때, 지방정부 간 인구 뺏어오기를 통해 자기 지역만큼은 인구를 증가시키겠다는 주장으로 볼 수도 있다. 이는 지역 간 제로섬(zero-sum) 게임으로 발전할 수 있다(제로섬 게임의 피해자는 결국 우리 모두이다). 인구가 증가하는 지역이 있다면, 반대로 다른 지역은 인구가 감소할 수밖에 없는 것이 현실이다.

2014년 일본에서는 '지방 소멸'이란 말이 사회적으로 큰 파문을 일으켰다. 마스다 히로야 전 장관은 지금과 같은 인구 감소 추세라면 2040년 일본 지자체의 절반인 896개가 소멸할 것이라는 내용을 담은

책『지방 소멸』을 출판했다. 그는 농촌에서 대도시로의 인구 순유출은 일본의 인구 감소를 가속화시킨다고 주장했다. 보육과 육아 환경이 열악하고 거주 비용이 높은 대도시로 청장년층 인구가 집중하면, 일본 전체 출산율이 떨어지고 결과적으로 국가 인구가 감소할 것이라고 예상했다. 실제로 2012년 일본의 출산율은 1.41명이었지만, 도쿄는 1.09명으로 일본 전체 평균보다 낮게 나타났다. 이런 사정은 우리나라도 유사하다. 우리나라의 2014년 출산율은 1.2명, 서울의 출산율은 0.98명으로 일본보다 더 심각한 상황이다(2024년 서울의 출산율은 0.58명이다).

또한 마스다는 저출산과 고령화 현상은 동아시아뿐만 아니라 미국과 유럽 등 경제가 발달한 지역에서 공통적으로 나타나는 현상이지만, 일본의 경우 인구가 도쿄 한 곳에 집중해 있는 것이 인구문제를 더욱 악화시킨다고 주장했다. 2016년 도쿄도(東京都)의 인구는 약 1,300만 명이며, 도쿄를 중심으로 한 광역권에는 약 4,300만 명이 거주해 일본 전체 인구(2015년 기준 약 1억 2,600만 명)의 약 35%가 집중되어 있다. 우리나라는 이보다 더 심각하다. 2023년 서울의 인구는 약 940만 명이며, 서울과 인천, 경기도를 합친 수도권의 인구는 약 2,620만 명으로 우리나라 전체 인구의 절반 이상이 수도권에 집중되어 있는 실정이다.

그렇다면 지역 단위의 인구 분포 및 감소 양상, 고령화 정도에 차이가 발생하는 이유는 뭘까? 가장 큰 이유는 지역 간 불균형 발전 때문이다. 즉 인구 감소 지역의 문제를 해결하기 위해서는 젊은 청장년층 인구를 유인할 수 있는 지역 차원의 노력도 중요하지만, 국가 전체의 불균형 발전 문제를 완화하려는 노력도 필요하다. 지방정부뿐만 아니

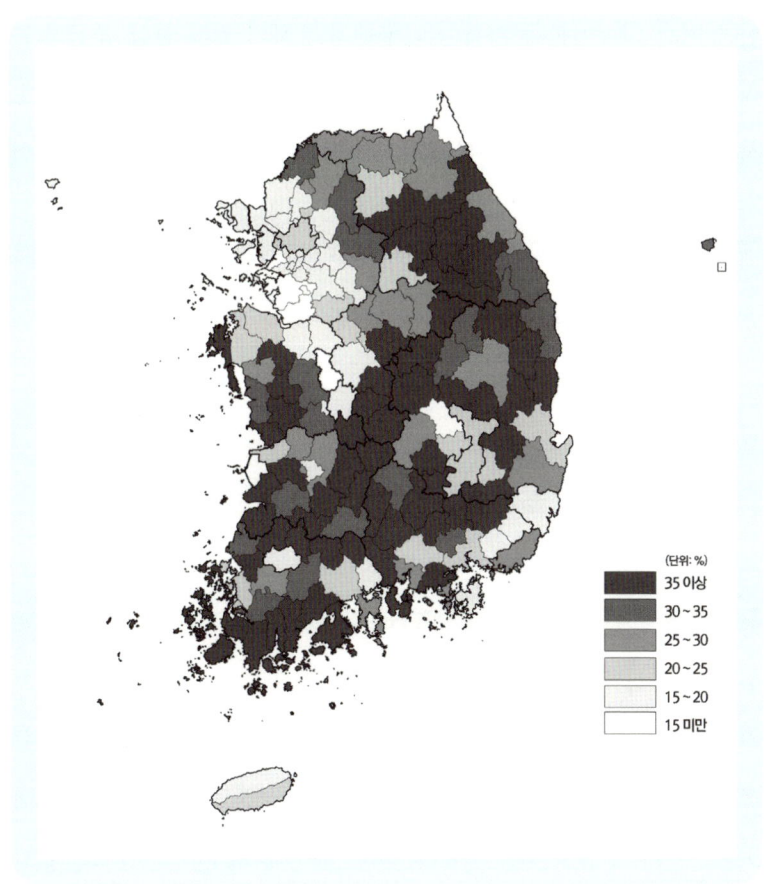

시군별 65세 이상 노년층 인구 비율(2021년)(출처: 국가데이터처)

라 국가 전체의 생존을 위해서라도 지역 간 인구구조 차이, 인구 유출 문제 등을 국가 발전의 중요한 정책 과제로 다뤄야 한다.

　우리에게 다가올 인구 감소라는 미래 사회의 모습은 외면한 채 정책의 방향을 인구 증가에 따른 성장에만 맞춘다면, 인구 감소 대응 노력이 줄어들어 실질적인 주민의 삶의 질이 떨어질 수 있다. 과거 급격한 산업화 시기에는 증가하는 인구를 수용하기 위해 공급 중심의 논리에 기초한 도시 개발이 이루어졌다면, 다가올 인구 감소 시대의 도시는 기존의 도시 기반 시설을 유지, 관리하고 재활용하기 위한 노력이 요구될 것이다. 또한 인구가 감소하는 지방 중소도시를 살리기 위해서는 젊은이들에게 매력적이며, 노년층에게는 노후를 편하게 보낼 수 있는 도시에 대한 발전 구상이 필요하다.

인구 감소 시대, 지속 가능한 성장을 위해 필요한 것은?

산업혁명 이후 발달한 현대 경제학과 사회제도는 지속적인 성장을 당연시했다. 경제는 늘 성장하는 것이었다. 또한 세계화의 흐름 속에서 기업의 활동 영역은 국가의 경계를 뛰어넘어 확장되었다. 그런데 이 같은 성장을 위해 중요한 필수조건이 바로 인구 증가이다. 그러나 미래 사회는 인구가 감소하고 그 결과 수요가 줄어들어 소비는 감소하게 될 것이다. 문제는 이것이 일시적인 현상이 아니라는 점이다. 우리나라의 경우 인구구조의 변화 속도가 빨라 그 충격의 정도가 다른 나라들보다 더 클 것이다. 인구구조가 고령화되면 노년층 부양 부담이 증가하고 경제성장이 둔화되는 등 부정적 영향이 나타난다는 인식이 일반적이다. 이에 따라 고령화에 따른 문제를 해결하는 방안으로 출산율을 높여야 한다는 주장이 흔히 제기된다. 그러나 출산율을 높여 인구를 증가시키는 것이 과연 당연한 대안인지에 대해 고민해볼 필요가 있다.

21세기 지구의 지속 가능성을 높이기 위해 가장 중요한 이슈로는 지구온난화에 따른 기후변화와 석유, 천연가스, 철광석 같은 자원의 고갈 문제가 있다. 그런데 고령화에 따른 문제를 해결하기 위해 출산율을 높이면 인구는 현재보다 더 증가하게 되고 이는 자원 소비 증가로 이어져 또 다른 환경문제가 발생할 것이다. 결국, 고령화로 인해 생기는 문제를 해결하기 위한 출산율 증가 노력이 환경과 자원 문제 측면에서는 오히려 지구의 지속 가능성을 해칠 수 있는 것이다. 따라서 고령화와 환경문제를 함께 고려해 지속 가능한 성장을 모색할 경우, 출산을 장려할 수도, 장려하지 않을 수도 없는 딜레마에 빠지게 된다.

　사실 고령화 문제는 인구구조, 즉 연령별 인구 분포와 관련이 있다. 그리고 환경문제는 주로 절대적인 인구 규모와 관련이 있다. 고령화 현상에 따른 문제를 해결하기 위해서는 출산율 증가가 필요하지만, 출산율 증가로 인해 높아질 인구 규모는 환경문제 측면에서는 부정적 요소로 작용하는 셈이다. 높은 출산율은 인구 규모가 '생태계의 생산 역량과 일치하는 수준에서 안정되어야 한다'는 조건과 동시에 충족되기 쉽지 않다. 고령화 문제를 해결하기 위해 출산율을 높일 경우 청장년층의 증가에 따른 세수 확대로 연금 체계와 성장·복지의 지속 가능성은 확보될지 몰라도, 환경적 측면에서의 지속 가능성은 감소하게 되는 것이다. 반대로 환경문제를 해결하고자 인구와 환경의 조화를 지나치게 강조해 인구 성장을 억제할 경우 환경의 지속 가능성은 확보될지 몰라도, 경제성장 둔화와 연금 체계의 지속 가능성은 점차 낮아질 수밖에 없다.

따라서 이와 같은 사회문제의 근본적 해결을 위해서는 문제의 원인에 대한 정확한 진단이 필요하며, 인구의 지속 가능성에 대한 고민의 시작을 기존의 성장 방식과 사회구조에 대한 성찰로부터 출발해야 한다.

현실적으로 1명도 되지 않는 현재의 출산율을 대체 출산율 수준*인 2명 이상으로 높이는 것은 쉽지 않은 일이다. 어쩌면 우리에게 다가올 저출산, 고령화 현상, 인구 감소 등의 위기는 과거와 같은 국가 중심의 양적 성장에서 벗어나 안정적 고용과 정의로운 분배를 통해 국민 개개인의 행복과 보람을 실현하며, 인구 증가에 따른 환경문제의 발생 가능성을 감소시킬 수 있는 기회일지도 모른다. 따라서 '저출산·고령화 현상'이라는 단편적인 인구 현상(문제)에만 집중하기보다는, 현재 우리 사회구조의 문제와 기존의 성장 방식에 대한 근본적인 반성이 선행되어야 한다. 성장에 대한 과도한 맹신에서 벗어나 복지와 환경에 대한 관심을 가지고 국민 개개인의 삶의 질 향상과 행복한 삶에 관해 고민하는 것이 우리 사회의 지속 가능성을 높일 수 있는 해결책일 것이다.

마지막으로 우리가 생각해봐야 할 문제는?

저출산과 고령화 논의에서 흔히 '연금 고갈', '세금 폭탄'과 같은 경제적 위기 담론이 강조된다. 특히 '보험료 폭탄', '세대 간 도적질', '미래 세대 부담론'과 같은 표현은 연금 문제를 세대 갈등의 프레임으로 왜

• 한 국가의 인구가 감소하지 않고 유지되기 위해 필요한 출산율을 의미한다.

곡하는 경우가 많다. 연금제도를 개혁해야 한다고 주장하는 사람들은 세금을 내는 젊은 세대가 줄고, 연금을 받는 노년층은 늘어 미래 세대의 부담이 커진다고 말하며, 개혁하지 않으면 연금 기금이 고갈될 것이라고 경고한다. 그러나 연금의 소득대체율*은 '세대 간 연대'라는 관점에서 이해해야 한다. 현재의 부모 세대는 조부모 부양, 자신의 노후 준비, 자녀 부양까지 떠안은 삼중 부담을 지고 있다. 만약 이 세대가 미래에 안정적인 연금을 받는다면, 그들의 자녀 세대는 부모 부양 부담을 덜게 되어 '미래 세대 부담론'이 주장하는 논리와 충돌한다. 결국, 연금 개혁 논의는 세대 갈등이 아니라 세대 간 상호 부양 구조 속에서 균형점을 찾는 방향으로 이뤄져야 한다.

사실 우리 사회의 심각한 문제는 '세대 간 갈등'이기보다는 '세대 내 갈등'이라고 할 수 있다. 같은 세대 내에서의 일자리 양극화, 정규직과 비정규직의 갈등, 빈부 격차 등이 더욱 심해지고 있기 때문이다. 이런 상황 속에서 일각에서는 노동시장 개혁을 '세대 간 상생을 위한 시대적 과제'라고 주장하며, 청년 실업은 곧 기성세대의 책임이라는 논리를 내세우고 있다. 이는 의도적으로 '세대 간 갈등'을 조장하는 주장으로 볼 수 있다. 우리나라의 베이비붐 세대는 1955년부터 1963년까지 출생한 세대로, 한국전쟁이 끝난 후 출산을 미루고 있던 많은 사람들이 짧은 기간에 집중적으로 자녀를 낳으면서 형성되었다. 이들은 2024년 기준 약 704만 명으로, 전체 인구의 13.5%를 차지할 정도로 거대한 인구 집단이다. 사회는 베이비붐 세대의 대규모 은퇴가 진

● 직장인의 재직 기간 평균 소득 대비 퇴직 후 받게 되는 연금액의 비율을 의미한다.

행됨에 따라 연금 지급과 의료, 사회복지 비용이 증가하면서 국가 재정에 부담이 발생할 것으로 보고 있다. 하지만 우리나라의 베이비붐 세대는 민주화와 산업화를 완성한 세대이기도 하다. 그들이 받아야 할 복지와 연금 혜택은 국가의 부담이 아닌, 국가가 온전히 제공해야 할 그들의 '청춘의 대가'이며 그 대가는 현재의 젊은 세대가 은퇴하는 미래에도 존재해야 한다. 이러한 '신뢰'는 현재 젊은 세대에게 부과되는 세금을 '폭탄'이 아니라 사회 구성원으로서 당연히 맡아야 할 '역할'과 '책임'으로 인식하게 하며, 이러한 역할과 책임은 온전히 다음 세대로 이어져 선순환의 고리를 형성할 것이다.

 한 걸음 더

1 우리나라는 세계에서 유례없이 빠른 속도로 저출산·고령화와 인구 감소를 겪고 있다. 인구 감소에 따른 문제를 해결하기 위해 출산율을 높이는 정책과 인구 감소를 전제로 사회구조를 전환하는 정책 중 어느 방향이 더 적절할까?

2 인구 감소 시대에는 학교, 병원, 도로와 같은 사회 기반 시설을 모두 유지하기 어려워질 수 있다. 모든 지역의 시설을 동일하게 유지하는 게 좋을까, 아니면 일부 지역의 기능을 축소하는 선택이 필요할까?

3 지방 중소도시는 인구가 줄고 있지만, 여전히 인구 증가를 가정한 대규모 개발 계획을 세우는 경우가 많다. 인구 감소가 예상되는 상황에서 도시 성장을 위한 개발은 계속되어야 할까, 아니면 도시의 규모를 줄이고 삶의 질을 높이는 방향으로 전환해야 할까?

4 저출산·고령화 문제를 해결하기 위해 출산율을 높이면 인구 규모가 증가해 환경 부담이 커질 수 있다. 경제와 연금제도의 지속 가능성과 환경보호 중에서 어느 가치를 더 우선해야 한다고 생각하는지 토론해보자.

16

지구촌 이민자들이 국경을 넘는 까닭은?
세계화 시대, 공간 불평등이 이주자를 만든다

'이민의 나라' 미국에서 '반이민 정책'이 펼쳐지다

2016년 미국 대통령 선거에서 도널드 트럼프(Donald Trump)의 당선을 예측한 사람은 많지 않았다. '이민의 나라' 미국에서 '반(反)이민'을 주장한 트럼프를 선택하다니, 이변이라고들 했다. 공화당의 대선 주자 트럼프는 미래가 불안한 유권자들에게 '미국의 이익을 우선'해 공장 이전을 반대하고 '일자리'를 지키겠다고 목소리를 높였다. 또한 일자리를 빼앗는 이민자를 막기 위해 멕시코와의 국경에 거대한 장벽을 쌓겠다고 선언했다. 보호무역과 함께 반(反)이민 정책을 전면에 내걸었으니, 일자리를 찾아 남미에서 미국으로 넘어온 히스패닉들에게는

트럼프의 반이민 행정명령에 반대하는 시위

최악의 정책인 셈이다. 흑인*들 또한 평소 인종차별적 발언을 했던 트럼프에게 곱지 않은 시선을 던졌다. 이처럼 대다수 히스패닉과 흑인들의 반대에도 불구하고 다른 어떤 가치보다 미국의 이익을 앞세우는 트럼프가 당선되었고, 이후 미국과 지구촌의 앞날에 어떤 변화를 가져올지 관심이 집중되었다.

변화는 곧 감지되었다. 트럼프 대통령은 "이슬람 테러리스트의 미국 잠입을 차단하겠다"며 잠재적 테러 위험이 있는 일곱 개 무슬림 국가를 지목해 그 나라 국민의 미국 비자 발급을 중단하는 '반이민' 행정명령에 서명했다. 곳곳에서 입국이 거부되고 난민이 억류되는 사태

---

* '흑인'은 인종차별적 용어라는 논란이 있어 '아프리카계'로 표현하고자 했지만, 독자들의 이해를 돕기 위해 흑인이란 용어를 일부 사용하기로 한다.

가 발생했고, 갈등과 소송이 이어졌다. 끝내 법원이 행정명령의 효력을 중단하면서 진정되었지만, 트럼프는 멈추지 않았다. 무슬림 7개국을 6개국으로 바꾸고 영주권자의 입국을 허용하는 등 몇 가지를 수정한 후 다시 행정명령을 냈고, 이 또한 연방법원의 잠정 중지 명령을 받으며 줄다리기는 계속되었다. 실제로 트럼프 대통령 취임 후 불법 이민자 단속 및 체포가 급증하면서 건축과 농업 분야 등 3D(Dirty, Difficult, Dangerous한 근무 환경) 산업 인력 부족 현상이 심화되었다. 자국민 고용은 늘었지만 유학생 등 인재 유입은 줄어들었다. 미국의 반이민 정책에 대한 국제사회의 비판도 거세졌다. 트럼프 정부의 '미국 우선주의' 정책은 장기적으로 미국에 이익이 될까? 손해가 될까?

미국은 '이민의 나라'이다. 1620년 메이플라워호(號)를 타고 종교의 자유를 찾아 대서양을 건너온 102명의 영국인들로부터 시작해 유럽인들의 이민이 이어졌고, 그들은 원주민들을 서부 건조지대로 몰아내고 터를 잡았다. 이어 부족한 노동력을 메우기 위해 아프리카에서 흑인들을 노예로 끌고 왔고, 아메리칸 드림을 꿈꾸며 건너온 아시아계와 히스패닉 이주자들이 더해지며 미국 사회는 '이민의 나라'답게 인종 구성이 다양한 다문화 사회가 되었다. 2024년 현재 총인구 약 3억 4천만 명으로 세계에서 세 번째로 인구가 많은 미국에서 백인(비히스패닉계)이 차지하는 비중은 지속적으로 감소해왔다. 2024년 현재 총인구 중 백인은 약 58%이고, 상대적으로 출산율이 높은 히스패닉 인구는 지속적으로 늘어 19% 정도를 차지한다. 이 흐름은 지속되어 2040~2050년경 비히스패닉계 백인의 비중이 50% 이하로 낮아질 전

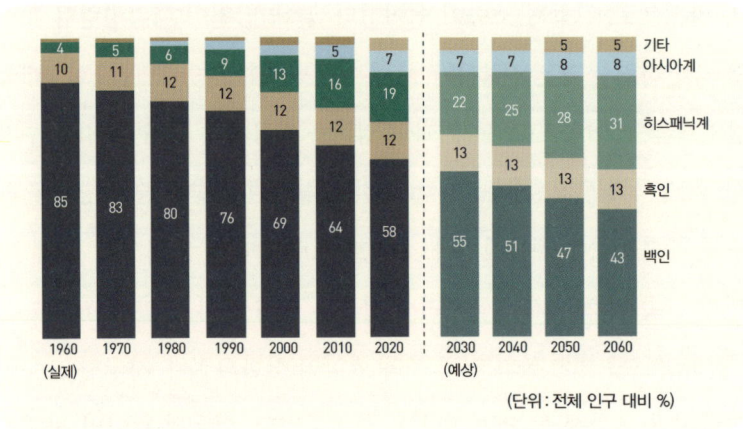

미국의 인구구조 변화 양상(1960~2060년)
Pew Research Center historic population estimates for 1960-1990. Census Bureau population estimates for 2000-2020 and projections for 2025-2060 참조.

망이다. 예상은 늘 그렇듯 변할 수 있지만, 속도의 차이일 뿐 그 방향에는 큰 이변이 없을 듯하다.

더 이상의 이민자는 안 돼! 영국인들의 '브렉시트' 충격

2016년 트럼프 당선에 앞서 세계를 강타한 사건이 대서양 건너편에서 일어났다. 바로 영국이 유럽연합 탈퇴를 선언한 것이다. 2016년 6월 24일, 국민투표에서 51.89%의 찬성으로 브렉시트(Britain+Exit)가 최종 결정되었다.

독일, 프랑스와 함께 유럽을 대표하는 경제대국 영국이 유럽연합 탈퇴를 결정한 데에는 여러 이유가 있겠지만, 견고해 보이던 유럽연합에 균열을 가져온 건 다름 아닌 '이민' 문제였다. 유럽연합 가입국 안에서 인구 이동과 거주가 자유롭다 보니 경제적 형편이 어려운 나라들에서 선진국으로 이민자들이 몰려들게 된 것이다. 영국인들은 동유럽 이민자들이 들어와 일자리를 빼앗고, 저임금 노동으로 인해 일자리의 질도 하락시킨다고 우려했다.

영국인들은 앞으로가 더 문제라고 생각했다. 시리아 내전으로 인해 목숨을 걸고 유럽으로 쏟아져 들어온 난민들은 경제적으로 더 나은 삶터를 찾아 선진국행을 희망하며 이주를 감행한다. 이 문제에 직

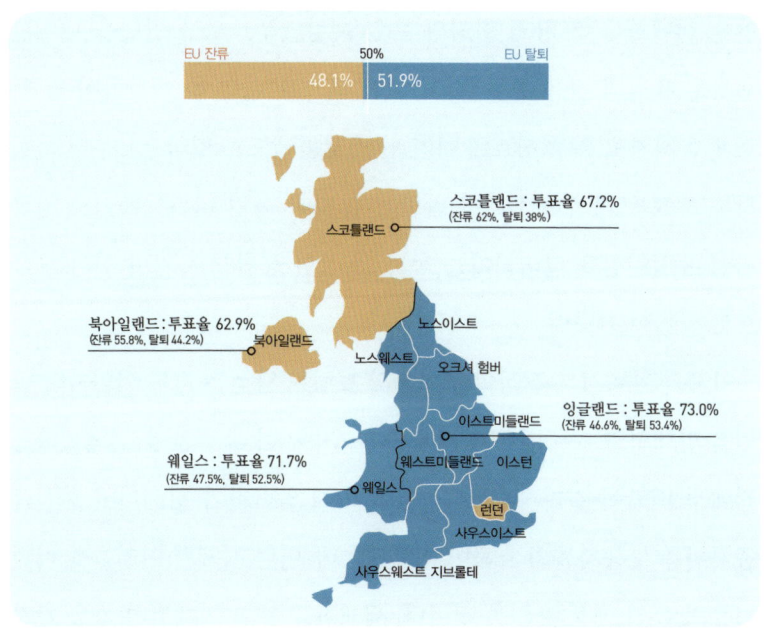

브렉시트 투표 결과

면한 유럽연합은 서남아시아에 위치한 튀르키예[•]에 송환된 불법 난민들을 받아줄 것을 요청하게 되었고, 이에 튀르키예는 비자 면제 요구를 들고 나왔다. 튀르키예의 유럽연합 가입이 허가되면 튀르키예인 1,000만 명이 영국으로 이주할 거라는 소문이 퍼지기도 했다. 영국은 향후 무슬림인 튀르키예인들이 대거 몰려오는 것은 아닐까 우려했다.

게다가 유럽연합에서는 늘어나는 난민 문제 해결을 위해 난민 할당제 도입을 추진했는데, 이에 대해서도 영국은 가장 강하게 반대해왔다. 영국은 유럽연합이 인구 이동의 자유를 제한하거나 영국을 예외로 인정해달라고 요구했지만, 유럽연합 지도부는 이를 거절했다. 영국은 격론 끝에 국민투표에 부쳤고, 영국인들은 유럽연합을 떠나는 안을 선택했다. 프랑스 파리와 독일 프랑크푸르트는 런던을 대체할 새로운 유럽의 금융 중심지, 이른바 '넥스트 런던'을 주장하며 발 빠르게 움직였고, 브렉시트에 화가 난 스코틀랜드는 영국으로부터 독립하는 투표를 다시 하겠다며 반발했다. 다른 유럽 나라들에서도 영국처럼 유럽연합을 탈퇴하자는 측과 더 강한 통합으로 가야 한다는 측으로 여론이 갈렸다.

영국의 브렉시트 결정이나 미국의 트럼프 당선은 모두 이민자와 난민을 반대하고 자국민 보호를 앞세운 '자국 이익 우선'을 선택했다는 점에서 맥락이 같다. 세계화의 흐름 속에 양극화가 심해지며 선진국 중하위층 노동자들의 소득이 정체됐는데, 이런 경제적 어려움을 이민자들의 유입 때문으로 본 것이다. 세계화를 통한 경제적 이득을 가장

• 튀르키예는 2022년 국제사회에서의 국명 표기를 Turkey(터키)에서 Türkiye(튀르키예)로 공식 변경했다.

많이 누려온 선진국에서 터져나온 이러한 반세계화 움직임을 어떻게 봐야 할까?

이민이 꼭 개도국엔 유리하고 선진국엔 불리할까?

인류 이동의 역사는 인류의 역사만큼이나 길다. 인간은 더 나은 삶을 위해 늘 이동해왔다. 물론 자발적 인구 이동만 있었던 것은 아니다. 아프리카 노예나 전쟁에 의한 이주처럼 비자발적, 강제적 이동도 있었다. 최근에는 기후변화로 인한 환경 난민도 늘고 있다. 하지만 오늘날의 인구 이동은 자발적 인구 이동이 많으며, 대체로 더 잘사는 나라로 이주하는 경제적 이주가 많다. 사람들은 일자리를 찾아 다른 나라, 다른 대륙으로 이동하는데, 아시아, 라틴아메리카, 아프리카는 떠나는 사람이 많고, 앵글로아메리카, 유럽, 오세아니아는 들어오는 사람이 많다. 그렇다면 이러한 인구 이동은 개발도상국에는 유리하고 선진국에는 불리한 상황을 만들었을까?

미국은 1965년 기존의 이민법을 대폭 수정해 주로 백인들로 구성된 국가 위주로 받던 이민을 전 국가로 확대했다. 이는 후기 자본주의 사회로 진입하던 미국의 산업 재구조화와 밀접한 관련이 있었다. 그 결과 아시아계와 중남미계 사람들이 대규모로 유입되어 주로 세탁소, 슈퍼마켓 등 서비스업과 소매업에 종사하며 경제 규모를 확대시켰고, 이를 바탕으로 미국은 오늘날의 경제 대국으로 성장할 수 있었다. 이

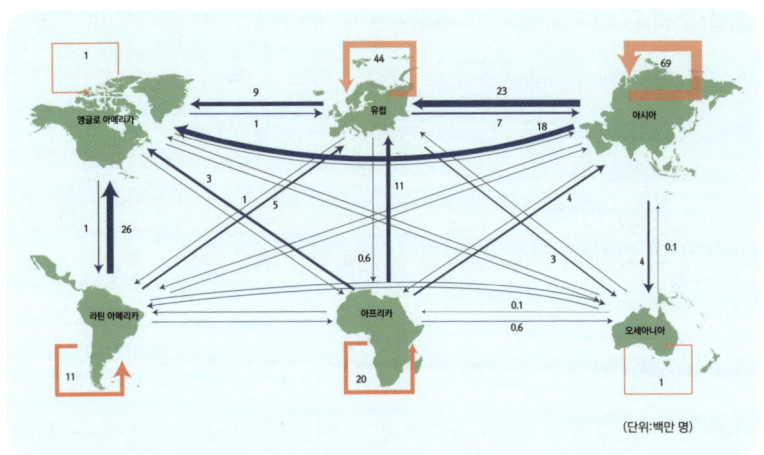

대륙 간 인구 이동(2020년)(출처: 국제연합, 2023년)

들은 백인 주류사회에 편입된 것이 아니라, 아프리카계와 더불어 저급 노동력의 수요를 상당 부분 충당했다. 또한 이들은 문화적으로도 다양성을 확대시키며 미국 문화의 저력을 확보하는 데 기여했다.

영국을 비롯한 유럽 사회도 마찬가지이다. 출산율이 낮아지고 수명 연장으로 노년층은 확대되는 상황에서 사회의 활력을 살리고 사회보장제도를 지탱할 저임금 노동자들이 필요했는데, 수많은 이민자들이 그 수요를 채워주었다. 이민자들 덕에 세금도 더 걷히고, 물가 상승률도 어느 정도 낮아졌고, 이민자 가정은 대체로 아이를 좀 더 많이 낳았으므로 출산율도 높아졌다. 이러한 이유로 영국 또한 1997년 이후 10년 동안 150만 명에 달하는 대규모 이민자를 받아들였다. 이 기간 만들어진 일자리의 절반 이상이 이민자들에게 돌아갔다. 정부가 이런 통계를 발표하자 영국 사회의 반응은 어떠했을까? 이민자들이 일자리를 뺏어갔다는 여론이 들끓으며 반이민 정서가 확산되었고, 이민에 대한 규제를 해야 한다는 주장이 높아졌다.

그럼 이민으로 인구가 유출되는 개도국에겐 이익만 있을까? 오히려 개도국의 우수한 인력이 선진국으로 빠져나가면서 '두뇌 유출'로 인해 큰 타격을 입고 있다. 2006년 UN 보고서에 따르면 몇몇 아프리카 국가에서는 고등교육 이수자들 중 33~55%가 선진국으로 이주했다. 또한 2005년 OECD「국제인력 이동경향 보고서」에 따르면, 두뇌 유출이 가장 심각한 가이아나는 대졸 이상 고학력자의 83%, 자메이카는 81.9%가 해외로 이주했다. 지금도 아프리카 국가나 인도 등의 의료 인력이 선진국으로 취업하면서 해당 국가의 보건의료 시스템이 취약해지는 문제를 겪고 있다. 이처럼 개도국들은 우수 인력 유출로 사회, 경제의 역동성에 치명타를 입고 있다. 이민자들이 선진국을 선택하는 것은 더 나은 삶을 위한 개인의 자유의지이기 때문에 억지로 막을 수는 없다. 개도국들도 손해만 보는 것은 아니다. 이민자들이 선진국에서 번 돈의 일부는 모국으로 송금하여 국내 경제에 큰 도움을 주기도 한다. 실제로 타지키스탄, 통가 등 일부 나라는 이주민들의 본국 송금액이 GDP의 40~50%를 차지한다.

이처럼 선진국과 개도국에 나름의 이유와 장단점을 가지고 있는 이민자들에 대해 선진국에서 유독 곱지 않은 시선을 보내는 것은 왜일까? 세계화 시대에 이민자들이 점점 확대되면서 각 사회에서는 기존의 저임금 노동자의 대체, 불법 이민자의 확대, 지하경제의 확산, 문화적 갈등과 대립 등 다양한 문제들을 맞닥뜨리게 되었기 때문이다.

그동안 대규모 이민자들의 유입이 선진국의 경제를 지탱하는 데 기여한 것은 틀림없는 사실이다. 하지만 시간이 흐르면서 그들에게도 사회적 복지 서비스를 제공해야 하자 부담이 되기 시작한 것이다. 예를 들어, 2004년 유럽연합 지역으로 이주한 이민자들 중 일자리를 찾아 이주한 사람들은 국가별로 10~35% 정도밖에 되지 않았다. 이민자들 중 거의 절반은 가족과의 재결합을 위한 이주였다. 노동자들이 들어와 어느 정도 정착을 하면 가족들을 불러온다. 당장은 이주 노동자의 경제활동 참여가 이루어지지만, 중장기적으로 볼 때 그와 가족에게 그 이상의 복지 혜택을 주어야 하므로 경제적 이득이 크지 않다는 주장도 나온다. 게다가 경제 및 금융위기로 일자리에 대한 불안감이 높아졌고, 테러에 대한 공포까지 겹치면서 의심의 눈초리로 이민자들을 보게 된 것이다. 하지만 이민자들의 입장에서 생각해보면 참 억울한 일이다. 상대적으로 저임금 노동에 시달리면서도 묵묵히 일해왔고, 사회발전에 기여했는데도 본인과 가족은 온갖 차별에 노출되니 말이다.

선진국들은 이제 교육 수준이 높고 기술 숙련도가 높은 젊은 이민자들을 원한다. 실제로 미국, 캐나다, 호주, 스위스 등은 이미 고학력 숙련 노동력을 중심으로 이민을 받아들이고 있었다. 이제 이런 흐름이 유럽 전반으로 확대되고 있는 것이다. 이는 이민을 엄격히 규제해서 원하는 이민자들을 선별적으로 받아들이겠다는 전략이다. 선진국들은 한편으로는 이민을 환영한다고 말하면서도, 다른 한편으로는 시민권 취득 시험이나 언어 시험을 치러야 한다고 주장한다.

한편, 신흥국들의 경제가 성장하면서 세계 인재들의 이주 패턴이 좀 더 다양해지고 있다. 기존의 선진국 외에 신흥국들로의 이주가 이루어지고 있는 것이다. 자존심 상했던 이민자들에게 선택지가 다양해지고 있는 것은 그나마 다행스러운 소식일까?

국경 장벽을 높이 쌓으면 멕시코인들은 이주를 멈출까?

미국 트럼프 대통령은 첫 취임 이후 자신의 공약대로 미국-멕시코 국경에 '트럼프 장성'을 세웠다. 트럼프 대통령은 이 국경 장벽을 중국 만리장성의 영어식 표현인 '그레이트 월(great wall)'이라 부르기도 했다. 3,144km에 이르는 국경에 높이 10m 이상의 넘지 못할 장벽을 세우겠다고 선언했다. 하지만 약 640km에 달하는 기존 장벽을 보수하거나 교체하고 약 80km의 신규 장벽을 건설하는 데 그쳤다. 사유지 소유권과 예산 확보, 환경문제 등 복합적인 문제에 부딪힌 것이다. 재임에 성공한 트럼프 대통령은 2025년 1월 취임하면서, 즉각 국경을 폐쇄하고 사상 최대 규모의 불법 이민자 추방 작전을 펼치겠다고 밝혔다. 분명한 것은 트럼프 미국 정부가 이웃 멕시코인들을 마약과 범죄를 들여오는 불법 이민자들로 규정하고 있다는 사실이다.

자존심이 상한 멕시코는 어떻게 대응했을까? 당시 니에토 전 대통령은 미국과의 정상회담을 취소하면서도 "미국과 협력할 용의가 있다"고 여지를 남겼다. 재임한 트럼프 대통령이 멕시코 수입품에 25%

관세를 부과하는 행정명령을 내렸을 때도 멕시코의 셰인바움 대통령은 신중한 태도를 보였다. 멕시코도 즉각 보복 관세를 부과하겠다고 하면서도 구체적인 항목은 발표하지 않은 것이다. 멕시코가 이처럼 저자세로 임하는 데에는 1994년에 체결한 북미자유무역협정(NAFTA)과 20220년에 새롭게 발효된 미국·멕시코·캐나다 협정(USMCA)의 영향으로 미국에 대한 경제적 의존도가 높아졌기 때문이다. 현재 멕시코 전체 수출의 약 80%를 미국이 차지하고 있다. 그동안 무관세로 수입해온 멕시코산 가전제품과 자동차 등에 미국이 수입 관세를 부과하겠다는 것은 USMCA 협정을 무시한 발상이지만 이를 막을 뚜렷한 대안도 없다.

미국 등지로 이민 간 멕시코인들이 본국으로 보낸 송금액은 멕시코의 석유 수출액보다 큰 규모로 멕시코 경제를 지탱하는 버팀목이다. OECD 회원국 중 소득 불평등 정도와 빈곤율이 높은 멕시코에서는 많은 가정이 해외 송금액에 의존해 살고 있다.

그런데 높은 장벽이 세워진다면 멕시코인들은 이주를 멈출까? 아니면 위험을 무릅쓰고 장벽을 넘을까? 산악지대나 계곡을 통해 월경(越境)을 돕는 불법 브로커가 판을 치지는 않을까? 추방과 죽음을 각오한 월경이 이어질 것이란 전망이 나오고, 비효과적인 정책에 '시간과 돈 낭비'라는 비판이 쏟아지는 상황에서 국경 장벽 건설은 계속될까?

사실 미국과 가까운 멕시코에 제조업이 성장하며 멕시코가 미국으로의 수출을 통해 얻은 이익도 크겠지만 미국이 멕시코의 저임금 노동력을 통해 얻은 이익도 상당하다. 멕시코로 공장을 이전해 값싼 경

미국과 멕시코의 국경선(왼쪽이 미국이고 오른쪽이 멕시코)

공업 제품 및 부품을 수입하며 미국 기업 또한 성장했기 때문이다. 다만 자유무역을 통한 혜택이 주로 주주, 경영자, 고학력 노동자들에게 돌아가면서 소득 불균형을 확대시켰을 뿐이다. 이 책임을 멕시코의 노동자들과 이주자들이 져야만 할까?

브렉시트를 결정하고 2020년을 전후해 유럽연합과 법적·경제적 관계를 정리한 영국은 상황이 더 나아졌을까? 유럽연합 탈퇴 후 아직 짧은 기간임을 감안하고 봐야겠지만, 영국은 무역 감소, 물가 상승, 인력난 심화 등 경제적 어려움을 겪고 있으며, 스코틀랜드 독립 요구, 북아일랜드 국경 문제 등으로 정치적 불안정성도 높아졌다. 또한 금융 중심지로서의 위상도 약화하는 추세로 국제적 영향력이 감소하고 있다.

과연 현재 미국이나 영국 등 선진국이 겪고 있는 경제적 어려움의 원인이 이민 증가 때문인지 냉철하게 따져볼 필요가 있다. 이민으로 이득이 클 때는 문을 활짝 열었다가 손해를 본다고 판단되자 문을 걸어 잠그겠다는 식이라면 곤란하다. 그 과정에서 이주 노동자들과 가족들은 삶의 터전을 잃고 인간으로서 자존감을 상실하게 된다. 달면 삼키고 쓰면 뱉는 식의 이민정책은 그 사회의 이기심의 발로인 셈이다. 미국 내 불법 이민자들에게 시민권을 신청할 수 있는 기회를 주어 이들의 법적 지위 문제를 해결해주자며 거리에 나섰던 시위대는 이렇게 적힌 깃발을 치켜들었다.

"1492년 이래 이 대륙에 거주하는 유럽인들은 모두 불법 이민자!"

세계화 시대, 공간 불평등은 끊임없는 이주자를 만든다

재레드 다이아몬드(Jared Diamond)는 『나와 세계』에서 "세계에서 가장 부유한 국가인 노르웨이는 세계에서 가장 가난한 국가인 니제르공화국, 브룬디, 말라위보다 400배나 부유"하다며, 이런 국부(國富)의 차이에서 비롯되는 결과는 무엇일지 묻고 있다. 결론부터 말하자면, 국가 간의 불평등은 '질병과 이민과 테러'를 가져온다는 것이다.

세계화된 지구촌은 스마트폰과 인터넷, 수많은 무역선과 비행기 등으로 연결되어 한 지역, 한 국가의 문제가 그 지역, 그 국가만의 문제로 국한되지 않는다. 한국 사회가 이미 겪었던 사스나 메르스, 코로나 사태를 봐도 알 수 있듯이, 특정 지역의 질병이 국경을 넘나들고 있다.

다른 사회의 모습을 다양한 매체를 통해 확인할 수 있는 시대에 살고 있는 인류는 더 나은 삶을 위해 이주를 하고, 국경을 넘어 이민을 선택한다. 가난과 전쟁, 환경오염을 벗어나 경제적 풍요, 정치적 안정, 깨끗한 환경을 찾아 떠나는 것이다. 이 과정에서 차별을 당하고 분노와 절망에 빠지다 극단적인 선택을 하는 사람도 생길 수 있는데, 그중 일부는 악의를 품고 테러를 저지르기도 한다.

2022년 지구촌 인구시계는 80억 명을 넘어섰다. 세계 인구는 2050년경 90~100억 명에 도달한 후 안정될 것으로 예상하고 있지만 지역 간 인구 격차는 크게 벌어질 전망이다. 선진국 인구는 약 13억 명 선에서 멈추겠지만 개발도상국 인구는 80억 명을 넘어설 것이기 때문이다. 특히 선진국에서는 출산율이 낮아져 미래의 청년층이 얇아지는 반면, 2050년경 지구촌 청년의 90%는 개발도상국에서 살고 있을 것이다. 이런 불균형은 양측 모두에게 고민거리이다. 선진국은 얼마 안 되는 청년층이 고령 인구를 부양해야 하는 부담이 클 테고, 개도국은 얼마 안 되는 경제적 기회를 두고 수많은 청년들이 도시로 몰려들어 치열하게 경쟁하면서 사회적 불안이 커질 테니 말이다. 개도국의 경제성장이 부진을 면치 못한다면 어떻게 될까? 더 나은 삶을 위한 탈출 행렬이 늘어날 것은 당연하지 않을까? 국가 간 빈부 격차가 줄어들지 않는 한 늘어나는 이민을 막기는 어려울 것이다. 지역 간 격차, 공간 불평등을 줄이는 노력이 병행되지 않는다면 평화와 번영을 누리기는 어려울 것이라 예상된다.

미래의 삶이 어떻게 달라질지 우리는 예측하기 어렵다. 맬서스도 녹색혁명이나 피임도구 개발을 예상하지는 못했다. 오늘날의 이민 추세도 과거엔 예상하지 못했던 혼란이지만, 인류는 해법을 찾기 위해 고심하고 토론하며 지혜를 모아나가고 있다. 고령화 시대, 기후변화의 시대, 로봇의 시대 등 격변하는 미래에 인간은 또 어떤 인구문제와 맞닥뜨리게 될까?

 한 걸음 더

1 세계화 시대에 국경이 낮아질 거라는 기대와 달리, 국경에 높은 장벽이 증가하는 이유는 무엇일까? 장벽보다 더 근본적인 해결책은 무엇일지 생각해보자.

2 개발도상국의 의사나 기술자가 선진국으로 떠나면 본국의 발전은 더뎌진다. 하지만 그들이 보내오는 송금액은 국가 경제를 살리는 버팀목이 된다. 내가 개발도상국의 대통령이라면 국민의 이민을 장려할 것인지, 아니면 제한할 것인지 토론해보자.

3 대한민국은 일할 사람이 부족해짐에 따라 외국인 노동자에 대한 의존도가 높아지고 있다. 우리나라도 본격적인 '이민 국가'로 변해야 할까? 우리는 이민자들을 이웃으로 받아들일 준비가 되어 있을까?

4 태어난 곳이 다르다는 이유만으로 누군가는 풍요를 누리고, 누군가는 생존을 위협받는다. 공간 불평등을 줄이고 지구촌 구성원 모두가 인간답게 살기 위해 지금 내가 실천할 수 있는 작은 행동에는 무엇이 있을까?

17

먹방의 시대가 숨겨온 세 가지 질문은?
식량자원과 농업·농촌의 지속 가능성을 묻다

음식 포르노 넘어서기 — 음식의 출처를 묻다

'먹다'와 '방송'이 결합된 '먹방', 그리고 '요리하다(cook)'와 '방송'이 결합된 '쿡방'은 한국의 대중매체에서 인기가 식지 않는 소재이다. 아이돌이 포함된 K-연예인들이 관광지까지 일부러 찾아들어가 삼시 세끼를 직접 해먹거나 한식을 만들어 이방인에게 대접하느라 하루 일과를 다 소진하는 것을 보려고 시청자들은 티브이 앞에 시간 맞춰 모여들었고, 유명 여배우의 광고에 힘입어 '치맥'이 한식의 대표 주자처럼 외국인들에게 소개되기도 한다. 이처럼 한국의 먹방과 쿡방은 이미 세계적으로 관심을 끄는 사회적 현상이다.

먹방과 쿡방

요리 관련 프로그램은 방송가에서 오랜 기간 지속된 주제였지만, 오늘날 먹방이나 쿡방의 인기는 2010년 이후의 한국 사회의 구조적 변화와 사회적 분위기가 반영되어 있다.

우선, 인구통계학적으로 가족의 해체와 1인 가구가 크게 증가하면서 혼자 식사를 해결해야 하는 이들의 수가 늘어났다. '혼밥'이 유행하게 된 것이다. 매일 사먹어야 하는 식당 음식의 맛에 물린 이들이 건강과 재미를 추구하면서 '집밥', 도전 가능한 요리 비법을 배울 수 있는 '쿡방'의 인기가 치솟고 있다. 둘째, 우리나라 경제가 저성장 국면에 고착되고 인플레이션 때문에 외식 비용이 부담되면서 소비 성향이 급감했다. 상대적으로 적은 돈으로 좋은 음식을 해먹으며 가장 기본적인 생리적 욕구를 해소할 수 있기 때문이다.

한편에서는 정치적·사회적 불만과 불안으로 인해 좌절을 겪은 사람들이 욕구 위계의 가장 하위에 해당하는 먹는 행위에서 소소한 행복과 즐거움을 찾게 되는 현상을 사회적 퇴행으로 해석하며 비판하는 시각도 있다.

하지만 이 먹방의 홍수 속에서 우리가 놓치고 있는 것이 있지 않을까? 국제슬로푸드협회를 이끌고 있는 카를로 페트리니(Carlo Petrini)는 2010년 방한 중에 한국의 먹방 문화에 놀라면서도 다음과 같이 우려를 표명했다. "요리에만 관심이 있고 농업에는 관심 없는 것은 바보 같은 짓입니다. 농업에 대해 얘기하지 않고 먹는 것만 이야기하는 것은 음식 포르노일 뿐입니다."•

맛집 소개, 유명인의 요리, 남들이 음식을 맛있게 먹는 모습이 티브

• 김종덕, 『음식문맹자, 음식시민을 만나다』, 따비, 2012.

이에 클로즈업될 때 우리의 동공과 침샘은 크게 반응하지만, 그 순간 이성은 멈추는 경우가 많다. 요리 소재 프로그램의 대다수는 정보 오락물(infortainment)로 '흥미' 추구에 방점이 찍혀 있을 뿐이다. 음식을 둘러싼 다양한 사회적 맥락과 문제들은 일부 다큐멘터리성 프로그램을 제외하고 거의 다루어지지 않는다. 생각해보면 눈과 귀를 자극하는 장면에는 '식(食)'만 있을 뿐 그 식의 기원이 되는 '농(農)'이 없는 셈이다.

현재의 먹방이 가능한 것은 식재료인 농식품이 상대적으로 저렴하고 풍부하게 공급되기 때문이다. 또한 석유(농약+농기계)에 기초한 근대적 농업과 규모의 경제를 추구하며 커져온 지구적 규모의 농식품 산업 덕분이다. 두 차례의 세계대전 이후 전 세계적으로 확산된 이러한 근대적 농식품 체계 덕분에 많은 지구인들이 굶주림에서 해방될 수 있었다.

하지만 이와 같은 글로벌 식품 체계의 수명이 지속될 것이라는 기대는 낙관적이지 않다. 생태적·사회적 측면에서 그 취약성이 곳곳에서 드러나고 있기 때문이다. UN의 보고서에 따르면 2024년 기준 전 세계 인구의 8.2%(약 6억 7천3백만 명)가 여전히 상시적인 기아 상태에 놓여 있다. 또한 농식품 생산이 의존하는 자연과 농촌에서 발생하는 다양한 환경문제가 생산력 자체를 위협하는 수준에 이르고 있다. 주기적으로 찾아오는 한국의 조류독감이나 구제역 사태 역시 값싼 먹거리의 시대, 먹방의 홍수에 가려진 위험의 한 징후이다.

즐거움을 얻기 위해 맛집을 찾아다니는 것은 힘들고 여유 없는 일상에서 그나마 서민들에게 허락된 위안거리이지만, 이제는 우리의 먹거리를 떠받치는 농촌과 농식품 유통의 현실을 직면하며 질문해야 한다. 지금부터 다음 세 개의 질문을 기초로 먹거리의 안전성과 지속 가능성에 대해 탐구해보자.

먹거리는 어디서 오나?

오늘날 우리의 식탁은 세계화의 첨단을 걷고 있다. 2023년 기준 우리나라의 농식품 수입액은 438억 달러에 달한다.[*] 중국산 김치, 노르웨이산 고등어, 태국산 새우, 칠레산 과일까지 전 세계 구석구석에서 조달되어온 식재료가 이제는 더 이상 낯설지 않다. 다른 한편 한류의 인기에 힘입어 한국 식품의 해외 수출도 2024년 기준 100억 달러를 넘어섰다. 사실 소비자의 입장에서 농식품의 세계화가 꼭 나쁘다고만 볼 수는 없다. 식품의 장거리 교역 및 소매식품 시장의 성장에 힘입어 소비자들은 해외여행을 나가지 않고도 다양한 식품(특히 과일이나 기호식품)을 계절에 구애받지 않은 채 즐길 수 있게 되었고, 다른 한편 해외여행 중 마트의 진열장에 놓인 김치, 라면, 고추장 등의 한국 식품을 발견하는 일도 더 이상 낯설지 않다.

식탁의 세계화는 국제적인 다국적 농식품 기업들에 의해 주도되어 왔는데, 이러한 구조를 일컬어 '세계농식품체계(global agro-food system)'라

• 국가데이터처 농림축산식품 수입동향(https://www.index.go.kr/unity/potal/main/EachDtl PageDetail.do?idx_cd=2743) 참조.

고 한다. 제2차 세계대전 이후 꾸준히 진행되어온 식량의 세계화 양상은 많은 나라에서 기아 감축과 상대적으로 저렴하고 풍부한 식량의 공급을 가능케 했다. 저렴한 식량의 세계적 공급은 농업의 산업화에 의해 뒷받침되었다.

이러한 세계농식품체계는 어떠한 과정을 통해 형성되었을까? 그 역사적·지리적 과정을 국제적 차원에서 조망해보자. 먼저 제2차 세계 대전이 끝난 이후(대체로 1960년대부터) 대부분의 국가는 국민들, 특히 제조업에 종사하는 도시 노동자들을 위한 저렴한 식량을 안정적으로 공급하는 것을 국가의 주요 목표 중 하나로 삼았다. 이에 따라 녹색혁명˙ 등의 기술혁신을 통해 농업의 근대화와 산업화를 추구했다. 이렇듯 농업의 최대 목표는 늘어나는 인구를 먹이기 위한 식량 증산에 있었고, 농촌은 밀과 쌀 등의 주식인 곡물의 생산기지로 특화되었다. 식량은 국가 안보와도 직결되는 문제였기 때문에 대부분의 국가는 농업 보호주의를 내세워 국내 농산물 시장을 보호하는 정책을 고수했다.

1970년대에 접어들면서 선진국(특히 미국)의 농업이 식품 산업과 강하게 결합되는 새로운 경향이 나타났다. 이미 선진국의 곡물 메이저들은 농업 보조금에 기초해 저렴하게 생산된 자국의 곡물 잉여생산물을 개도국에게 원조나 수출의 형태로 이전해오고 있었다. 그런데 1970년대 이후 곡물기업들이 세계 곳곳의 다양한 식품회사를 인수하는 한편, 식품 가공과 유통 부문에까지 사업 영역을 확대하기 시작했다.

• 20세기 중반 이후 개발도상국을 중심으로 식량 부족 문제를 해결하기 위해 품종 개량, 화학비료와 농약 등의 과학기술을 대규모로 도입해 농업 생산성을 크게 향상시킨 농업 혁신을 의미한다.

1980년대 이후에는 농약과 비료 등에 특화되었던 농화학 기업들이 생명과학기술(예를 들어, GMO 기술)을 바탕으로 농업 및 식품 분야의 기술적 변화를 주도하게 되었다. 특정 종자와 합쳐진 비료와 농약이 결합 상품으로 판매되면서 토종 종자가 자취를 감추게 된 것이다. 농부들은 내년에 심을 곡식의 씨앗을 고르는 개인 육종가*에서 다국적기업의 종자를 해마다 사야 하는 종자 산업의 구매자로 지위가 바뀌었다. 이러한 과정을 거쳐 농산물은 공산품과 마찬가지로 국제 거래가 가능한 상품으로서의 성격이 강화되었다. 이것은 곧 '종자에서 식탁까지' 농업과 식품의 수직계열화가 완성되는 과정이었으며, 동시에 선진국에서든 개발도상국에서든 개별 가정의 식탁이 세계화되는 과정이었다.

　　한국의 농업과 먹거리의 사정은 1990년대 중반 세계무역기구(WTO) 출범과 함께 극적으로 변화되었다. WTO의 우루과이라운드 협상에서 그동안 국가 안보 등의 이유로 제외되어왔던 농업 부문의 자유화와 시장 개방이 전격 결정되었기 때문이다. 2013년 방영된 드라마 〈응답하라 1994〉에 관련 장면이 등장한다. 극중 삼천포는 서울에 처음 올라온 날 온갖 우여곡절을 경험하는데, 서울살이 첫날의 마지막에 경찰서로 끌려가고 만다. 우연히 지하철 앞에서 시위 중이던 대학생이 나눠준 전단지가 가방에 들어 있었던 것이 이유인데, 이 전단지에는 "쌀 수입 반대!"의 주장과 이유가 담겨 있었다. 당시에 농민과 시민단체의 반대가 컸으나, 1994년을 기점으로 한국에서도 쌀을 포함해 농업 분

• 더 좋은 품종을 만들기 위해 식물이나 가축을 개량하는 사람.

세계화된 식탁

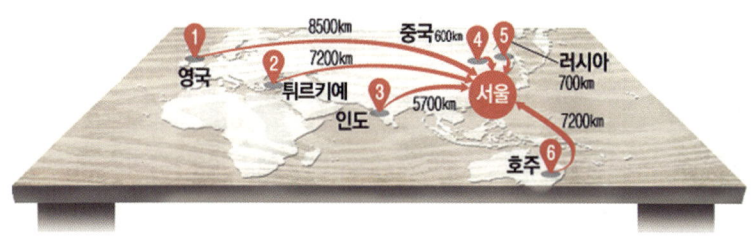

한식의 세계화

야가 전격 개방되기에 이른다. 이후 잡곡, 사료작물, 일부 기호식품(커피 및 차 등)에 국한되어 있던 국내 수입 농식품 시장도 먹거리 전반으로 넓어지면서 식탁의 세계화가 가속화되었다. 그 결과 음식을 생산하는 곳과 음식을 먹는 곳 사이의 거리, 일명 푸드마일•이 점점 더 길어지게 되었다. 생산자와 소비자의 익명성도 증가하면서 물리적 거리뿐 아니

• 식품이 생산지로부터 생산, 운송, 유통 단계를 거쳐 소비자의 식탁에 이르는 거리를 뜻한다. 식품 안전에 관심이 크거나 농업 강국인 유럽의 국가들에서 푸드마일이 감소 추세인 것과 비교할 때, 농식품 원재료의 해외 의존도가 높은 한국의 푸드마일은 상당히 높은 편이다. 푸드마일이 길면 식품의 안정성과 신선도가 떨어지고 온실가스 배출량도 늘어난다. 물리적 거리 못지않게 소비자와 음식 간의 심리적 거리를 멀어지게 하여 음식에 대한 신뢰도도 낮아진다.

라, 농업과 음식 사이의 사회적 거리 역시 훨씬 멀어지게 되었다.

먹거리는 제대로 분배되고 있는가?

세계식량체계의 성립과 녹색혁명이 지구상의 기아 감축에 어느 정도
기여한 것은 사실이다. 실제로 세계의 농업생산력은 1984년을 기점으
로 약 120억 명을 거뜬하게 먹일 수 있는 수준에 도달했다. 하지만 유
엔인권위원회 식량특별조사관이었던 장 지글러(Jean Ziegler)의 책 『왜
세계의 절반은 굶주리는가?』가 제목에서 말해주듯이 여전히 지구상
에는 굶주림이 일상인 이들이 다수 존재한다. 목축용 소가 연간 50만
톤의 곡물을 먹어치운다거나, 주로 선진국에서 제대로 소비되지 못한
채 대량으로 폐기되는 식재료와 조리 음식의 양을 고려하면, 세계의
기아 문제는 너무도 불합리한 문제가 아닐 수 없다.

  장 지글러에 따르면, 2005년 기준으로 세계 인구의 약 7분의 1이 만
성적인 영양실조에 시달리고 있으며, 하루에 약 10만 명씩 기아나 그
로 인한 질병으로 죽어가고 있다. 기아 인구는 아프리카 사하라 이남
지역과 남부 아시아 지역에 밀집되어 있다. 이러한 국가의 대부분은
정치적 혼란을 겪고 있는데, 사실상 내전 상태이거나 군부 혹은 지역
의 독재자가 군림하는 경우가 많다. 하지만 장 지글러는 세계적 굶주
림의 원인은 지구적 차원의 불균등과 기아를 악용하는 다국적기업들,
그리고 일부 개도국의 나쁜 정부에 있다고 말한다.

풍요와 기아의 구분선은 일차적으로 북반구와 남반구 사이에 존재하지만 사실 빈곤과 기아 문제는 선진국 내부의 문제이기도 하다. 만성적인 실업난과 빈곤, 부의 양극화와 계층화가 심화되면서 북반구국가 내부에서도 기아와 영양실조의 문제가 다시 늘어가고 있다. 북반구 선진국에 사는 최저 생계선 아래의 빈민들 역시 남반구 개도국에 만연한 빈곤과 기아와 동일하게 고통받고 있는 것이다.

지구적 차원에서 빈곤은 상당수 개도국 농촌의 문제이지만, 선진국의 산업화된 도시 지역에서 비만과 그로 인한 각종 질병(당뇨 등)으로 고통받는 인류가 약 10억 명을 넘어선다. 북반구의 비만 인구는 남반구의 기아 인구에 필적한다. 기아와 비만은 상호 대조적인 것처럼 보이지만, 영양학적 측면에서 볼 때 양자 모두 영양 결핍에 속한다고 할 수 있다. 기아는 절대적인 식량 부족에 의한 것이고, 비만은 영양 불균형에 따른 문제일 뿐이다. 두 상황은 선진국이든 개도국이든 관계없이 빈곤층에서 주로 발생하는 문제이다. 한편에선 '잘 먹고 잘 살자'라는 구호 아래 건강식이 인기를 얻고 있지만, 여전히 굶주림에 고통받고 있는 사람들이 존재한다는 사실도 기억할 필요가 있다.

먹거리 생산은 지속 가능한가?

기계화와 화학비료에 의존하는 산업농은 단일경작을 선호하며, 이는 필연적으로 생물 다양성의 감소와 토질 저하 및 토양 고갈의 문제를 야기한다. 산업적 농업은 화학비료와 농약을 과잉으로 사용하는 경향이 있고, 이에 따라 토지와 수자원 역시 오염된다. 다른 한편 산업적으로 생산된 먹거리가 과연 안전한가의 문제도 생각해볼 필요가 있다. 생산 과정에서의 과도한 농약 사용, 제조 과정에서 각종 화학첨가물로 범벅이 된 식음료, 최근의 유전자조작 작물(GMO) 논란에 이르기까지 먹거리 안전을 둘러싼 시민의 불안과 불만도 커져가고 있는 실정이다. 특히 청소년들이나 취업을 준비하는 청년들이 값싸고 안전하지 않은 식품에 노출되는 경향이 크다는 게 문제이다.

경제성 논리에 따라 대량 생산되는 음식의 소비는 또 다른 사회적 격차를 낳기도 한다. 음식이 시장 논리에 따라 거래되는 상품이 되면서 개인과 국가의 식량 안보도 경제 사정에 따라 좌우될 가능성이 커졌다. 즉 선진국과 개도국을 막론하고 저소득층일수록 열량만 높고 영양가 낮은 저렴한 식생활을 할 가능성이 높아진 것이다. 또한 자급용 주식 작물 대신 국제시장을 겨냥한 상품 작물(설탕, 커피, 담배 등)을 특화시킨 개발도상국이나, 한국처럼 식량 자급률이 낮은 국가들의 경우엔 농산물 국제시장의 가격 변동성이 높아져 식량 안보에 비상등이 켜지는 일도 늘어나고 있다. 1980년대 국제 설탕 가격 폭락에 따라 사탕수수 밀집 생산 국가들에서 대규모 기아 사태가 발생한 것이 대표적인 사례이다. 한국에서 가장 가까운 동남아 국가인 필리핀은 UN 세계식량기구(FAO) 산하의 국제미작연구소(IRRI)가 있을 정도로 쌀농사에 대한 전문성을 갖춘 국가이지만, 쌀 수입 개방과 반복되는 경제위기를 겪으며 현재는 세계 최대 쌀 수입국이 되어버리고 말았다.

더 나아가 기후변화로 인해 먹거리 생산에 새로운 위기가 닥쳐오고 있다는 점에도 주목해야 한다. 우리 식탁에 오르는 먹거리의 상당수는 여전히 녹색혁명과 농업의 세계화에 따른 저렴한 식재료가 차지하고 있다. 이런 값싼 먹거리는 산업화 시대의 에너지인 석유 덕분에 가능했다. 농업 노동력 감소에 기여한 비료, 농약, 농기계의 등장이 모두 석유를 기반으로 생산된다. 그러므로 사실상 우리는 석유를 먹는 셈인데, 전 세계적으로 탄소중립˙ 요구가 높아지고 있기 때문에 석유에 의존하는 식량 생산은 장기적으로 지속 불가능하다.

사실 기후변화의 영향에서 자유로운 지역과 계층은 더 이상 존재하지 않는 상황이지만 그 영향을 가장 크게 받는 영역이 농업과 먹거리이다. 먹거리를 생산하는 농업 행위 자체가 인간과 자연이 상호작용하는 최전선이기 때문이다. 기후변화에 따른 이상기후는 계절과 상관없이 농작물에 피해를 주고 있다. 농사를 준비해야 하는 1~2월에는 한파와 대설, 과일나무가 꽃을 피우는 3~4월에는 이상저온, 한창 자라고 수확을 해야 하는 5~11월에는 집중호우와 우박, 태풍이 농민들의 몸과 마음을 고달프게 만들고 있다. 이른 봄의 이상고온은 꽃의 개화를 앞당기는데, 차라리 기온이 쭉 올라가면 그대로 자라 오히려 수확을 앞당길 수도 있으련만 꽃이 핀 후 갑작스러운 이상저온이 닥쳐 냉해를 겪는 상황이 벌어지고 있다. 가을볕에 마지막 단물을 올려 수확해야 할 시기에 집중호우와 뒤늦은 태풍으로 탄저병이 번지거나 열매가 떨어지는

˙ 탄소중립은 석유나 석탄 같은 화석연료를 태울 때 발생하는 온실가스의 배출량을 최소화하고, 남은 탄소 배출량을 흡수 또는 제거하여 실질적인 탄소 배출량을 '0'으로 만드는 것을 의미한다.

경우도 늘고 있다. 이런 피해는 농민들이 겪는 고충에서 멈추지 않는다. 농업 생산성이 타격을 입으면 당연히 농산물 가격이 오르고 그 피해는 우리의 식탁에도 영향을 미치게 마련이다. 도시의 삶에 익숙한 사람들에게 농업과 농촌은 저 멀리 있는 듯하지만 우리는 모두 누군가가 길러낸 농산물로 일상을 유지하는 사람들임을 잊지 말아야 할 것이다.

대안은 어디에?

내가 먹는 음식이 산지에서 식탁에 오르기까지의 과정에는 이처럼 다양한 사회적 힘과 관계들이 뒤엉켜 있다. 특히 음식의 출처에 해당하는 농업과 농촌의 지역적·국가적 구조 그리고 개별 국가의 농촌 부문의 시장 개방 정도는 식탁의 세계화 정도에 큰 영향을 미친다. 한국은 짧은 시간 내에 높은 수준의 산업화와 90%가 넘는 도시화에 이르렀으며 국민 일반의 생활수준과 의식도 상당히 현대화되었다.

그런데 국민경제에서 농업이 차지하는 비중이 줄어들고, 농업에 종사하는 인구가 줄어들면서 농업을 경시하는 태도가 만연해 있는 상태이다. 식량은 휴대폰과 자동차를 팔아 사먹으면 된다는 말이 공공연히 유포되고 있기도 하다. 현재 한국의 농업은 지난 70여 년 이상 구축되어온 농업의 산업화와 세계화라는 안팎의 도전에 직면해 있다. 규모의 경제를 추구하던 고투입 고산출 방식의 농법과 지구적 유통 체계는 다양한 문제들을 노출시키고 있으며, 기후변화의 영향으로 미래의 식량 생산의 안정성이 크게 저하되고 있다.

세계농식품체계가 강화되면서 소비자와 먹거리 생산자의 거리는 멀어졌고, 소비자는 자신이 먹는 음식의 생산자와 생산과정을 점점 더 알 수 없게 되었다. 1인 가구가 증가하고 야근을 하거나 학원을 가느라 '저녁 없는 삶'을 사는 직장인과 학생들이 많아지면서 가정에서의 조리 활동도 줄어드는 게 현실이다. 이러한 상황 속에서 먹거리는 무엇보다 소비자와 생산자의 생존과 우리가 살고 있는 사회 및 환경과 밀접하게 관련되어 있음에도 먹거리를 둘러싼 사회적 질문을 자신과는 무관한 것으로 생각하는 경향도 커져왔다. 이제 저렴한 대량 식량 생산의 시대가 저물어가고 있기에, 우리는 더더욱 눈앞의 맛있는 음식 너머에 존재하는 사회적 관계들에 관심을 기울여야 한다.

다행히 운명의 장난처럼 위기와 기회는 늘 동시에 도달한다. 최근 들어 다양한 지역과 장소에서 산업화된 세계적 농업을 친환경적이며 지역적인 농업으로 바꾸려는 노력이 이루어지고 있다. 나라 안팎의 여러 지방자치단체들이 지원하고 농민과 도시의 소비자들이 함께 지역화된 농식품 네트워크를 만들어가고 있다. 이러한 활동을 통해 지역 농민들의 안정적 생계유지와 농촌 지역 활성화를 이루어가고 있으며, 도시 소비자들은 안정적인 가격에 품질이 보장된 농식품을 구매하여 개인과 가족의 건강을 지키고 있다.

한국에서는 1990년대 이후 농민과 도시 소비자 간의 유기농산물 직거래를 중심으로 한 생활협동조합 운동, 학교 급식 개선 운동, 생산자 협동조합의 조직, 각종 도농 교류활동, 로컬푸드 운동, 농민 장터 등이 전개되어왔다. 이러한 움직임은 모두 지역적 식품네트워크(local agro-food network)라는 큰 틀에 포함될 수 있다. 로컬푸드를 강조하면, 국제무역의 일환인 공정무역은 나쁜 것이냐는 반문이 있을 수 있다. 공정무역은 여전히 물리적 거리는 멀지만, 중간 유통망을 줄이고 생산자와 소비자가 서로를 인식하는 '얼굴 있는 거래'를 지향하면서 농식품의 생산과 소비 사이의 사회적 거리를 줄인다는 점에서 또 다른 의의를 찾을 수 있을 것이다.

이러한 변화가 뿌리내리기 위해서는 무엇보다 농업 생산과 유통의 경제성만 고려하는 기존의 산업적 관점의 농업·농촌 정책을 다양한 사회적·환경적 가치들을 포용하는 지속 가능한 관점의 국가적 농업 농촌 정책으로 바꾸는 것이 중요하다. 이에 못지않게 소비자의 인식 변화도 중요하다. 내가 먹는 것이 누가 생산한 것이며, 어디에서 오는 것인지 관심을 가져야 한다. 직접 텃밭을 가꾸거나 지역의 농민들과 함께할 수 있는 다양한 활동에 참여하는 것도 정책적 지원 못지않게 중요한 일이다. 나와 내 가족의 먹거리가 바뀌어야 우리 사회와 지구도 좀 더 살기 좋은 곳으로 바뀔 수 있다는 우리 모두의 자각과 실천이 필요한 때이다.

1 지난 일주일 동안 내가 먹은 음식을 노트에 적어본 후, 식재료의 출처를 추적 해보자. 멀리서 온 식재료는 어떤 것이며, 어떤 과정을 거쳐 내가 먹게 되었을 까? 여기에 어떤 이해관계자들이 관여되어 있는지 이야기해보자.

2 '내가 먹는 것이 사실은 석유'라는 말에 대해 생각해보고, 현대적 농식품 체제 를 움직이는 가장 강력한 힘은 무엇인지 각자의 의견을 말해보자.

3 기아와 비만은 영양 결핍의 서로 다른 유형일까? 더 많은 인류가 더 건강한 먹 거리에 접근할 수 있으려면 어떤 과제가 우선되어야 하는지 논의해보자.

4 로컬푸드와 공정무역은 상호 대치될까, 아니면 함께 추구할 수 있는 운동일 까? 각각이 강조하는 가치가 무엇인지 살펴보고, 우리가 실천할 수 있는 방안 에 대해 토론해보자.

참고문헌 및 참고 사이트

1장

- 에드워드 소자, 이무용 외 옮김, 『공간과 비판사회이론』, 시각과 언어, 1997
- 오토 프리드리히 볼노, 이기숙 옮김, 『인간과 공간』, 에코리브르, 2011
- 조명래, 『공간으로 사회 읽기』, 한울아카데미, 2014
- 전상인, 『공간으로 세상 읽기』, 세창출판사, 2017
- 도린 매시, 박경환·이영민·이용균 옮김, 『공간을 위하여』, 심산, 2016

2장

- 니컬러스 크리스태키스·제임스 파울러, 이충호 옮김, 『행복은 전염된다』, 김영사, 2010
- 대니얼 길버트, 최인철 외 옮김, 『행복에 걸려 비틀거리다』, 김영사, 2006
- 레오 보만스, 노지양 옮김, 『세상 모든 행복: 세계 100명의 학자들이 1000개의 단어로 행복을 말하다』, 흐름출판, 2010
- 리처드 플로리다, 박기복 외 옮김, 『후즈유어시티』, 브렌즈, 2010
- 메자키 마사아키, 신창훈 옮김, 『국가는 부유한데 나는 왜 행복하지 않을까』, 페이퍼로드, 2013
- 서울대학교 행복연구센터, 『행복』, 김영사, 2011
- 조명래, 『공간으로 사회 읽기』, 한울아카데미, 2013
- 조지 베일런트, 최원석 옮김, 『행복의 비밀』, 21세기북스, 2013
- 크리스토퍼 피터슨, 문용린 외 옮김, 『긍정심리학 프라이머』, 물푸레, 2010
- Diener, E., and Seligman, M. E., Very happy people, Psychological Science, 13(1), 81–84, 2022
- Dunn, E. W.,Gilbert, D. T., and Wilson, T. D., If money doesn't make you happy, then you probably aren't spending it right, Journal of Consumer Psychology, 21(2), 115–125, 2011
- Fowler, J. H., & Christakis, N. A., Dynamic spread of happiness in a large social network: longitudinal analysis over 20 years in the Framingham Heart Study, Bmj, 337, a2338, 2008
- Inglehart, R., Foa, R., Peterson, C., and Welzel, C., Development, freedom, and rising

happiness: Aglobal perspective (1981-2007), Perspectives on psychological science, 3(4), 264-285, 2008

- Oishi, S., Graham, J., Kesebir, S., and Galinha, I. C., Concepts of happiness across time and cultures, Personality and Social Psychology Bulletin, 39(5), 559-557, 2013
- Suh, E. M., Culture, identity consistency, and subjective well-being, Journal of personality and social psychology, 83(6), 1378, 2002
- Veenhoven, R., How do we assess how happy we are? Tenets, implications and tenability of three theories, Happiness, economics and politics, 45-69, 2009

3장

- 리처드 레이어드, 정은아 옮김, 『행복의 함정』, 북하이브, 2011
- 브루노 프라이·알로이스 스터처, 김민주·정나영 옮김, 『경제학, 행복을 말하다』, 예문, 2008
- 에릭 와이너, 김승욱 옮김, 『행복의 지도』, 웅진지식하우스, 2008
- 오연호, 『우리도 행복할 수 있을까』, 오마이북, 2014
- 윌리엄 데이비스, 황성원 옮김, 『행복산업』, 동녘, 2015
- 박영삼, 「행복은 일자리 '안정성'에 달렸다」, 『한겨레21』 제1133호, 2016. 11. 7
- Abdallah, S., Hoffman, A., and Akenji, L. 「The 2024 Happy Planet Index」, Hot or Cool Institute, 2024
- Fulmer, C. A., Gelfand, M. J., Kruglanski, A. W., Kim-Prieto, C., Oiener, E., Pierro, A., and Higgins, E. T., On "feeling right" in cultural contexts: How person-culture match affects self-esteem and subjective well-being, Psychological Science, 21(11), 1563~1569, 2010
- Schkade, D. A., & Kahneman, D., Does living in California make people happy? A focusing illusion in judgments of life satisfaction, Psychological Science, 9(5), 340~346, 1988.
- UN, 「The world happiness reports 2024」, UN, 2024
- UN, 「The world happiness reports 2025」, UN, 2025
- OECD: https://www.oecd.org/en/data/tools/well-being-data-monitor/better-life-index.html

4장

- 김준수·이강원·최명애·박지훈·황진태, 「인간 너머의 국가론에 대한 다학제적 논평」, 대한지리학회지, 57권 1호, 2022
- 김준수·최명애·박범순, 「팬데믹과 인류세 자연」, 공간과 사회, 30권 4호, 2020.

- 윤창호·임은진, 「인간 너머 지리교육을 위한 방향 모색: 동물지리를 중심으로」, 사회과교육, 61권 3호, 2022
- 최명애, 「동물지리학을 위한 시각적 방법론: 트랩 카메라를 중심으로」, 대한지리학회지, 60권 5호, 2025
- 황진태·김민영·배예진·윤찬희·장아련, 「리슈만편모충은 어떻게 '하나의 유럽'에 균열을 가했는가?: '인간 너머의 위험경관'의 시각에서 바라본 코스모폴리타니즘의 한계」, 대한지리학회지, 54권 3호, 2019
- 황진태, 「한국의 국가-자연 연구 12년, 평가와 전망」, 대한지리학회지, 60권 1호, 2025
- 황진태, 「전략관계적 국가이론의 정치생태학적 의의와 한계」, 마르크스주의연구, 22권 3호, 2025

5장

- IPCC, 기상청 옮김, 「기후변화에 관한 정부간 협의체(IPCC) 제5차 평가 종합보고서」, 2014
- IPCC, 기상청 옮김, 「기후변화 2023 종합보고서(IPCC 제6차 평가 종합보고서)」, 2023
- UN 경제사회처(UN DESA), 「2022년 세계인구 전망 보고서(World Population Prospects 2022)」, 2022
- 세계경제포럼(WEF), 「2025년 글로벌 위험 보고서(Global Risks Report 2025)」, 2025
- 엄은희, 「연무협정 비준 이후 인도네시아의 변화」, EMERiCs 이슈분석, 2017. 6. 15
- Disaster 360 http://www.disasters360.com/climate-change-global-warming-greenhouse-gasses-weather-climate
- RE100(더 클라이밋 그룹) https://www.there100.org/
- UN 난민기구(UNHCR) https://www.unhcr.org/kr
- 국가기후변화적응센터 http://ccas.kei.re.kr/climate_change/menu3_5_04.do
- 그린피스 http://www.greeenpeace.org/korea
- 글로벌 카본 프로젝트(GCP) https://globalcarbonbudget.org/gcb-2025/
- 기상청 기후정보포털 http://www.climate.go.kr
- 기후변화행동연구소 http://climateaction.re.kr
- 아워 월드 인 데이터(Our World in Data) https://ourworldindata.org/co2-emissions
- 환경재단 http://www.greenfund.org

6장

- 김병모, 『고고학 여행 1』, 고래실, 2006

- 김용운, 『한·일민족의 원형: 같은 씨에서 다른 꽃이 핀다』, 평민사, 1987
- 김일림, 「한국적 다문화 이론과 공간에 대한 고찰: 서울의 경우」, 한국사진지리학회지, 19권 4호, 2009
- 구본규, 「다문화주의와 초국적 이주민: 안산 원곡동 이주민 집주지역의 사례」, 비교문화연구 19집 2호, 2013
- 김태희, 「다문화사회와 동화주의정책에 관한 연구: 한국과 호주의 다문화교육을 중심으로」, 한국행정사학지, 38호, 2016
- 데이비드 바트럼·마리차 포로스·피에르 몽포르테, 이영민·이현욱·김수정·송정아·이화용·박현서 옮김, 『개념으로 읽는 국제 이주와 다문화사회』, 푸른길, 2017
- 박경환, 「소수자와 소수자 공간: 비판 다문화주의의 공간교육을 위한 제언」, 한국지리환경교육학회지, 16권 4호, 2008
- 박배균, 「초국가적 이주와 정착을 바라보는 공간적 관점에 대한 연구: 장소, 영역, 네트워크, 스케일의 4가지 공간적 차원을 중심으로」, 한국지역지리학회지, 15권 5호, 2009
- 박선희, 「다문화사회에서 세계시민성과 지역정체성의 지리교육적 함의」, 한국지역지리학회지, 15권 4호, 2009
- 박세훈 외, 「조선족의 공간집적과 지역정체성의 정치: 구로구 가리봉동 사례연구」, 다문화사회연구, 3권 2호, 2010
- 박재영 외, 「서울시 조선족 밀집지역과 거주 공간 확대에 대한 연구: 가리봉동·구로동·대림동을 중심으로」, 탐라문화, 53호, 2016
- 박종대·박지해, 「한국 다문화정책의 분석과 발전 방안 연구」, 문화정책논총, 28집 1호, 2014
- 신지은, 「사회성의 공간적 상상력-신체-공간론을 통해 본 공간적 실천」, 한국사회학, 46집 5호, 2012
- 신혜란, 『우리는 모두 조선족이다』, 이매진, 2016
- 안재섭, 「서울시 거주 중국 조선족의 사회·공간적 연결망: 기술적 분석을 중심으로」, 한국사진지리학회지, 19권 4호, 2009
- 외르크 되링·트리스탄 틸만 엮음, 이기숙 옮김, 『공간적 전회』, 심산, 2015
- 윤일수, 「다문화를 바라보는 현대인의 시선」, 한국사상과 문화, 83집, 2016
- 이찬욱, 「한국의 귀화성씨와 다문화」, 다문화콘텐츠연구, 17집, 2014
- 임형백, 「한국인의 정체성의 다문화적 요소」, 다문화와 평화, 4집 2호, 2010
- 조철기, 「다문화교육의 장소에 대한 비판교육학적 접근」, 사회과교육, 55권 2호, 2016
- 조철기, 「글로컬 시대의 시민성과 지리교육의 방향」, 한국지역지리학회지, 21권 3호, 2015

- 최병두·안영진·박배균·임석회, 『지구·지방화와 다문화 공간』, 푸른길, 2011
- 한성미 외, 「서래마을의 장소 정체성에 대한 연구: 프랑스인 주민과 방문자의 인식 비교를 중심으로」, 한국조경학회지, 37권 4호, 2009
- Siska V, Jones ER, Jeon S 외, Genome-wide data from two early Neolithic East Asian individuals to 7700 years ago, Science Advances, 2017
- 「악마문 동굴人+동남아 원주민⋯ 현대 한국인, 남방계가 더 우세」, 서울신문, 2017. 2. 2

7장

- 발레리 줄레조, 길혜연 옮김, 『아파트공화국』, 후마니타스, 2007
- 박해천, 『아파트 게임, 그들이 중산층이 될 수 있었던 이유』, 휴머니스트, 2013
- 손정목, 『서울 도시계획 이야기 1~5』, 한울, 2003
- 손정목, 『손정목이 쓴 한국 근대화 100년』, 한울, 2015
- 손정목, 『한국 도시 60년의 이야기 1~2』, 한울, 2005
- 임동근·김종배, 『메트로폴리스 서울의 탄생』, 반비, 2015
- 한국도시지리학회, 『한국의 도시』, 법문사, 2005
- 박배균·장진범·이영민·이향아·이동헌·김동완·지주형·김백영·박해천·서대승·장세훈·황진태·박지혁, 『강남 만들기, 강남 따라하기: 투기지향 도시민과 투기성 도시개발의 탄생』, 동녘, 2017
- 이영민, 「서울 강남의 사회적 구성과 정체성의 정치: 매스미디어를 통한 외부적 범주화를 중심으로」, 한국도시지리학회지, Vol. 9(1), 2006
- 이정구, 「이촌향도 성향의 요인분석에 관한 연구」, 지역개발연구, Vol 7(1), 1975
- 지주형, 「강남 개발과 강남적 도시성의 형성」, 한국지역지리학회지, Vol 22(2), 2016
- 김성준·안건혁, 「신도시 조성 이후 신·구도시의 계층변화 및 양극화」, 한국도시설계학회지 도시설계, Vol. 14(1), 2013
- 「판교로 간 덕선이는 얼마나 벌었을까」, 머니투데이, 2016. 1. 17
- Smith, Neil, Uneven development: Nature, capital, and the production of space, University of Georgia Press, 2010
- 국가통계포털 http://kosis.kr

8장

- 박삼옥 외, 『지식정보사회의 지리학 탐색』, 한울, 2012
- 강명구·이창수, 「스마트도시 개념의 변화와 비교」, 한국지역개발학회지, 27권 4호, 2015

- 바니 워프·김걸, 「텔레커뮤니케이션과 사이버공간의 지리학」, 국토, 국토연구원, 2007
- 박삼옥·최지선, 「정보화와 정보기술이 공간구조에 미친 영향」, 한국지역개발학회지, 6권 1호, 2003
- 박승기·이동창, 「사물인터넷 시대의 스마트도시 정책방향」, 국토, 국토연구원, 2015
- 구글데이터센터 www.googie.com/about/datacenters
- 김영롱, 「물리공간의 지리학에서 가상공간의 지리학으로: 정보통신지리학과 가상지리학의 연구동향과 가능성」, 한국경제지리학회지, 22권 1호, 2019
- 「대화 한 번에 '생수 한 병씩'…챗GPT의 불편한 진실」, 한겨레, 2024. 6. 29
- 스마트시티 종합 포털 www.smartcity.go.kr

9장

- 구정화, 『청소년을 위한 인권 에세이』, 해냄, 2015
- 서울시 청년허브, 『청년정책의 재구성 기획연구』, 서울특별시, 2015
- 손낙구, 『10대와 통하는 땅과 집 이야기』, 철수와영희, 2013
- 손낙구, 『대한민국 정치사회지도』, 후마니타스, 2010
- 유시민, 『국가란 무엇인가』, 돌베개, 2012
- 강현수, 「도시에 대한 권리 개념 및 관련 실천 운동의 흐름」, 공간과 사회, 32호, 2009
- 고은태, 「인권의 시각에서 본 주거권」, 공간과 사회 32호, 2009
- 곽노완, 「21세기 도시권과 정의의 철학」, 시대와 철학, 21권 4호, 2010
- 김용창, 「국제인권법 및 인권 규범의 주거권 규정에 대한 연구」, 한국지역지리학회지, 19권 3호, 2013
- 김준희, 「도시공간과 노점상의 권리에 관한 연구」, 공간과 사회, 21권 2호, 2011
- 박세훈, 「해비타트Ⅲ 새로운 도시의제(New Urban Agenda)의 성립배경과 의의」, 공간과 사회, 26권 4호, 2016
- 이재호, 「근대적 인권 이념의 기초와 한계」, 정신문화연구, 29권 3호, 2006
- 정성훈, 「보편적 인권 정당화의 위기와 인권도시의 과제」, 민주주의와 인권, 12권 3호, 2012
- 하성규, 「헌법과 국제인권규범을 통해서 본 주거권과 "적절한 주거(Adequate housing)"확보 방안」, 한국사회정책, 17권 1호, 2010
- 한국도시연구소, 「서울시 청년가구의 주거실태와 정책연구」, 민주정책연구원 연구용역 보고서, 2014
- 한국도시연구소, 「최저주거기준 미달가구의 주거 실태조사」, 국가인권위원회 인권상황 실태조사 연구용역 보고서, 2006
- 황진태, 「도시권의 측면에서 바라본 광장의 정치」, 공간과 사회, 35호, 2011

- 「왜 가난한 사람들은 투표하러 가지 않나?」, 오마이뉴스, 2010. 2. 12
- 「'지옥비'에 우는 청년들」, 한국일보, 2016. 2. 8
- 「서울 대학가 평균 월세 1년새 11.6% 올라」, 뉴시스, 2024. 2. 7
- 서울연구원, 「2022 서울청년패널 기초분석보고서」, 2023

10장

- 클로드 케텔, 권지현 옮김, 『장벽: 인간의 또 다른 역사』, 명랑한지성, 2013
- 김세직, 「경제 성장과 교육의 공정 경쟁」, 경제논집, 53권 1호, 2014
- 변창흠, 「행복과 공간적 정의」, 환경논총, 53권, 2014
- 엄은희, 「환경(부)정의의 공간성과 스케일의 정치학: 밀양 송전탑 갈등을 사례로」, 공간과 사회, 42호, 2012
- 정수열, 「사회경제적 양극화와 도시 내 계층별 거주지 분리」, 한국경제지리학회지, 18권 1호, 2015
- 조명래·박배균·김동완, 「균형발전의 새로운 패러다임 모색」, 충남연구원, 2013
- 최은영, 「학력자본 재생산의 차별화와 빗장도시의 형성」, 대한지리학회지, 39권 3호, 2004
- 「교황의 지시를 어긴 유대인들… 집단 거주시설 '게토'에 갇히다」, 김해뉴스, 2015. 6. 17
- 「김선태 충남도의원 "충남, 대기오염 배출 1위… 기후변화 대응 기금 설치해야"」, 시사뉴스24, 2023. 5. 9
- 「놀이터 쓰려고 하는 다른 동네 아이들에게 '일일이용권' 발급받게 한 경기 OO시 아파트」, 인사이트, 2021. 11. 17
- 「대한민국 0.1%의 계층, 타워팰리스선 어떤 삶이?」, 헤럴드POP, 2012. 5. 18
- 「미국 '인종별 끼리끼리' 살기 여전… 밀워키-뉴욕-시카고 순」, 연합뉴스, 2016. 1. 5
- 「석문 주민의 8년 투쟁 끝에 '지중화' 이끌었다」, 당진시대, 2025. 3. 7
- 「소각장·송전탑에 주민 신음… 수도권 위해 희생되는 지방」, 경향신문, 2021. 10. 19
- 「인종별 '끼리끼리' 모여살기 30년새 심화」, 애틀랜타한인뉴스포털, 2021. 6. 23
- 「입주민 재산권에 가로막힌 아파트 공공보행로」, 부산일보, 2024. 7. 16
- 「[좋은 나라 이슈페이퍼] 한국 사회 불평등 시리즈 9」, 프레시안, 2017. 1. 9
- 「충남 '8년 연속 대기오염물질 배출량 1위'」, 충청매일, 2023. 7. 4
- 「충남 당진은 '송전탑과의 전쟁 중'」, 디트뉴스, 2016. 6. 22
- 「충남 대기오염물질 배출량 1위 오명 벗어… 8년 만에 전남 1위로 밀어올리고 2위 차지」, 시대포커스, 2024. 7. 1
- 「카트리나 충격, 미국은 어떻게 극복했나?」, SBS 8시 뉴스, 2014. 11. 10

- Soja, E. W., Seeking spatial justice, U of Minnesota Press, 2010.
- Why the New Research on Mobility Matters: An Economist's View, The New York Times, 2015. 5. 4
- Santacroce의 세상 이야기 http://m.blog.naver.com/santa_croce/220691860526
- 에너지경제연구원, 에너지통계연보 2024

11장

- 닐 코·필립 켈리·헨리 영, 안영진·남기범 옮김, 『현대경제지리학 강의』, 푸른길, 2011
- 도린 매시, 정현주 옮김, 『공간, 장소, 젠더』, 서울대학교출판문화원, 2015
- 박배균·장세훈·김동완, 『산업경관의 탄생: 다중스케일적 관점에서 본 발전주의 공업단지』, 알트, 2014
- 구양미, 「구로공단 산업구조 재편에 관한 연구」, 서울대학교 석사논문, 2002
- 김원, 「구로공단이라는 장소의 소멸: 90년대 구로공단의 '재영토화'를 중심으로」, 한국학논집, Vol. 59, 2015
- 박세훈·이영아, 「조선족의 공간집적과 지역정체성의 정치: 구로구 가리봉동 사례연구」, 다문화사회연구, 3권 2호, 2010
- 박준도, 「공간 50년, 서울디지털산업단지 노동환경실태와 노동자의 요구」, 심상정 국회의원 자료집, 2014
- 서울역사박물관 기획전시실, 「구로공단 반세기 기획 특별전: 가리봉 오거리」, 2015. 4. 24
- 안재섭, 「구로공단의 산업구조와 공단주변지역의 인구 및 주택변화에 관한 연구」, 지리교육논집, 32호, 1994
- 이상철, 「수출산업단지의 형성과 변모: 구로공단(1963-1987년)」, 동향과 전망 6월호, 2012
- 정성훈, 「서울시 산업지구 재편과정: 구로공단을 사례로」, 공간과 사회, 4권 0호, 1992

12장

- J. K. 깁슨-그레이엄·제니 캐머론·스티븐 힐리, 황성원 옮김, 『타자를 위한 경제는 있다』, 동녘, 2014
- 닐 코·필립 켈리·헨리 영, 안영진·남기범 옮김, 『현대경제지리학 강의』, 푸른길, 2011
- 줄리 넬슨, 안진환 옮김, 『사랑과 돈의 경제학』, 공존, 2007
- 셸벵 다르니·마튜 르루, 민병숙 옮김, 『세상을 바꾸는 대안기업가 80인』, 마고북스, 2006
- 「밥으로 뭉친 외로운 독거남들, 이웃도우미로 우뚝」, 한겨레, 2017. 6. 9
- 「전국 3대 빵집 성장 비결? 나눠먹으면 돼요」, 한국일보, 2017. 7. 9

13장

- 박배균, 쉬진위, 신진숙, 「지방적 주체의 경계 만들기: 대만과 한국의 미시적 경계작업을 사례로」, 공간과 사회, 31권 3호, 2021
- 박배균·김민환, 「단절과 이동의 변증법과 금문 지역경제의 변화: 고량주 경제를 중심으로」, 문화역사지리, 27권 2호, 2015
- Brenner, N., New State Spaces: Urban Governance and Rescaling of Statehood. Oxford: Oxford University Press, 2014
- Massey, D., "A Global Sense of Place." In Barnes, T. and Gregory, D. (eds.) Reading Human Geography, pp. 315-323, London: Arnold, 1997

14장

- 강봉구, 『유라시아지역은 어디로: 재편성의 동학』, 민속원, 2017
- 데이비드 하비, 최병두 옮김, 『자본의 한계』, 한울, 2007
- 사이토 가쓰히로, 장은정 옮김, 『유해물질 의문 100』, 보누스, 2016
- 조동호, 『통일비용보다 더 큰 통일편익』, 통일부 통일교육원, 2011
- 토마 피케티, 장경덕 옮김, 『21세기 자본』, 글항아리, 2014
- 탐 마샬, 김미선 옮김, 『지리의 힘』, 사이, 2016
- 파스칼 보니파스, 정상필 옮김, 『지정학에 관한 모든 것』, 레디셋고, 2016
- 박배균·김민환, 「저단절과 이동의 변증법과 금문 지역경제의 변화」, 2015
- 박배균·김민환, 「단절과 이동의 변증법과 금문 지역경제의 변화: 고량주 경제를 중심으로」, 문화역사지리, 27권 2호, 2015
- 오준방·정근식, 「금문도 냉전생태의 형성과 해체」, 사회와 역사, 104집, 2014
- 한우석, 「전쟁터에서 평화의 섬으로, 대만 금문도」, 국토연구, 통권 358호, 2011
- 한지은, 「전장에서 관광지로: 동아시아의 기억 산업」, 문화역사지리, 27권 2호, 2015
- David Harvey, "Geopolitics of Capitalism," In Social Relations and Spatial Structures, edited by Derek Gregory and John Urry, Oxford: Blackwell, 1985
- Urry, J., Gregory, D.(eds), Social relations and spatial structures, New York: Macmillan; Martins, 1985
- 「가계부채 1400조원 넘어… 5년 새 50% 이상 증가」, 서울경제, 2017. 9. 24
- 「대선 코앞 '색깔론 망령'…1·3번 자리 '인공기' 덧칠」, 한겨레, 2017. 5. 4
- 「중국의 '사드 보복'으로 인한 한국의 경제손실이 8.5조라는 분석이 나왔다」, 허핑턴포스트, 2017. 5. 3

15장

- E. E. 샤츠슈나이더, 현재호·박수형 옮김, 『절반의 인민주권』, 후마니타스, 2008
- 마스다 히로야, 김정환 옮김, 『지방 소멸』, 와이즈베리, 2015
- 한주성, 『인구 지리학』, 한울, 2015
- 허먼 데일리, 박형준 옮김, 『성장을 넘어서』, 열린책들, 2016
- 김준영, 「일본의 총인구 감소와 지역 간 인구 양극화의 진전」, 고용 이슈, 9권 6호, 2016
- 박세훈 외, 「도시 인구감소 실태와 도시계획 대응방안」, 국토정책 Brief(422), 2013
- 박재홍, 「세대명칭과 세대갈등 담론에 대한 비판적 검토」, 경제와 사회, 2009
- 심재승, 「인구감소시대에서의 지속가능한 도시발전에 관한 소고: 콤팩트시티는 새로운 대안인가」, 한국지적정보학회지, 18권 1호, 2016
- 이삼식, 「인구정책의 현황과 과제」, 보건복지포럼, 2014
- 이상림, 「해외의 인구전략과 정책 과제」, 보건복지포럼, 2013
- 이상호, 「노령화와 지속가능성: 인구문제의 딜레마를 중심으로」, 동향과 전망, 2013
- 이연호 외, 「인구변화가 지역경제 성장에 미치는 영향: 충청북도를 중심으로」, 한국산업경제학회 정기학술발표대회 논문집, 2014
- 정경희, 「노년기 독거 현황과 정책적 대응 전략」, 보건·복지, 300호, 2015
- 정기선 외, 「외국인 및 이민에 대한 국민의 태도변화 분석」, IOM이민정책연구원, 2016
- 조현연 외, 「박근혜 정부의 '다원적 두 국민 전략'과 세대갈등: 공무원 연금과 임금피크제 문제를 중심으로」, 경제와 사회, 2016
- 차미숙, 「인구감소시대, 일본의 지방창생전략과 지역공간구조 재편방안」, 국토정책 Brief(555), 2016
- 최유찬, 「한국 현대문학에 나타난 세대 갈등과 극복」, 국어국문학(164), 2013
- OECD Family Databasse http://www.oecd.org/els/family/database.htm

16장

- KBS 명견만리 제작진, 『명견만리: 인구, 경제, 북한, 의료 편』, 인플루엔셜(주), 2016
- 김학훈·옥한석·심정보, 『세계화 시대의 세계지리 읽기』, 한울, 2019
- 아드리안 돈, 위선주 옮김, 『무엇이 세상을 바꾸는가』, 미래의창, 2013
- 앨런 와이즈먼, 이한음 옮김, 『인구 쇼크』, 알에이치코리아, 2015
- 욤비 토나·박진숙, 『내 이름은 욤비』, 이후, 2013
- 재레드 다이아몬드, 강주헌 옮김, 『재레드 다이아몬드의 나와 세계』, 김영사, 2016
- 제임스 E 하프, 강미경 옮김, 『당신의 선택은 글로벌 이슈?』, 양철북, 2015
- 조지 매그너스, 홍지수 옮김, 『고령화 시대의 경제학』, 부키, 2010

- 하름 데 블레이, 유나영 옮김, 『분노의 지리학』, 천지인, 2007
- 하름 데 블레이, 유나영 옮김, 『왜 지금 지리학인가』, 사회평론, 2015
- 해리 덴트, 권성희 옮김, 『2018 인구절벽이 온다』, 청림출판, 2015
- 윤지현·강부균, 「러시아 경기침체가 중앙아시아 해외송금유입에 미치는 영향」, KIEP 오늘의 세계경제, Vol 16, 2016
- 「'아메리칸 드림'이 위험하다」, 시사인, 465호, 2016. 8. 18
- 「멕시코 이민자 트럼프 취임 전 앞다퉈 본국송금… 사상 최대 33조원」, 연합뉴스, 2017. 1. 3
- 「미국판 만리장성…트럼프 "멕시코 국경 3144km에 장벽 세워라"」, 조선일보, 2017. 1. 26
- 「살해될 확률이 백인의 6배…통계로 본 미국 흑인들의 현실」, 경향신문, 2014. 11. 27
- 「정리뉴스: 브렉시트 총정리」, 경향신문, 2016. 6. 18
- 「개도국 이주민의 본국 송금, '경제 생명줄'로 부상」, 한겨레, 2024. 5. 8

17장

- 김종덕, 『음식문맹자, 음식시민을 만나다』, 따비, 2012
- 로런스 부시·알레산드로 보나노, 윤병선 옮김, 『세계 농업과 먹거리의 정치경제학』, 따비, 2016
- 장 지글러, 유영미 옮김, 『왜 세계의 절반은 굶주리는 가?』, 갈라파고스, 2016
- 「'농부가 사라진 나라'…농가인구 300만선 첫 붕괴」, 이투데이, 2016. 9. 27
- 「AI 대책 살처분만이 해법일까? 10여 년째 논란 중인 살처분」, 경향비즈, 2017. 1. 7
- 「농수산물 개방 20년, 우리 식탁 어떻게 바뀌었나? 총 3만km 건너온 밥상 위의 '불청객'」, 경향비즈, 2014. 11. 6
- 귀농귀촌종합센터 http://www.returnfarm.com

사진 출처

P.18
지도를 보는 아이
ⓒ 황규덕

P.26
K-POP에 열광하는 외국인
ⓒ 연합뉴스, 무단 전재 및 재배포 금지

P.29
행복을 경험하고 있는 아이들
ⓒ 황규덕

P.54
지방자치에 참여하고 있는 스위스 주민들
CC BY-SA 3.0
Adrian Sulc, Landsgemeinde Glarus 2006
https://commons.wikimedia.org/wiki/File:Landsgemeinde_Glarus_2006.jpg

P.58
약 2,000년 전 이푸가오족에 의해 만들어진 필리핀 루손섬 바네웨 지역의 계단식 논
ⓒ CEphoto, Uwe Aranas
Banaue Philippines Batad-Rice-Terraces
https://e.wikipedia.org/wiki/File:Banaue_Philippines_Batad-Rice-Terraces-02.jpg

P.73
법인격을 부여받은 뉴질랜드의 황거누이강
CC BY 2.0
Felix Engelhardt, 2008
https://commons.wikimedia.org/wiki/File:Whanganui_River_-_New_Zealand.jpg

P.77
지구온난화에 대한 경각심을 촉구하기 위한 몰디부의 수중 내각회의
CC BY-SA 4.0
Max Milas, 2022
https://commons.wikimedia.org/wiki/File:Figure_3_maldives_underwater_cabinet_meeting.jpg
네팔의 히말라야 각료회의
ⓒ 연합뉴스, 무단 전재 및 재배포 금지

P.83
파리 기후변화회의
CC BY 2.0

P.236
중국 군함
Public Domain
Eric Murata, Chinese destroyer HARBING
https://commons.wikimedia.org/wiki/File:Chinese_destroyer_HARBING_(DDG-112).jpg

P.262
트럼프의 반이민 행정명령에 반대하는 시위
CC BY 2.0
mal3k, Protests in New York City on April 14, 2016
https://commons.wikimedia.org/wiki/File:14_April_2016_-_Trump_NYC_protest.jpg

P.273
미국과 멕시코의 국경선
Public Domain
Sgt. 1st Class Gordon Hyde, Border USA Mexico
https://ko.wikipedia.org/wiki/%ED%8C%8C%EC%9D%B4%EC%9D%B4%EB%93%
9C_%EB%AC%B8:Border_Mexico_USA.jpg

P.283
세계화된 식탁
ⓒ 경향신문사, 무단 전재 및 재배포 금지

질문과 토론으로
한 걸음 더 통합사회

초판 1쇄   2018년 3월 22일
초판 6쇄   2023년 3월 10일
개정판 1쇄 2026년 3월 18일

지은이 김기남, 김대훈, 박배균, 박병석, 엄은희, 윤신원, 윤정현, 임미영, 조해수, 최영진, 황규덕, 황진태
펴낸이 윤혜준 | 편집장 구본근 | 디자인 오필민디자인

펴낸곳 도서출판 폭스코너
출판등록 제2025-000042호(2015년 3월 11일)
주소 서울시 서대문구 서소문로 27 충정리시온 426호(우 03741)
전화 02-3291-3397 | 팩스 02-3291-3338
이메일 foxcorner15@naver.com | 페이스북 /foxcorner15 | 인스타그램 /foxcorner15

종이 일문지업(주) | 인쇄·제본 수이북스

ⓒ김기남·김대훈·박배균·박병석·엄은희·윤신원·윤정현·임미영·조해수·최영진·황규덕·황진태, 2026

ISBN 979-11-93034-40-8 43300